金 深⊙著

# 教育是一场
# 温暖的修行

### 周泽安校长的教育理念与实践

浙江工商大学出版社
ZHEJIANG GONGSHANG UNIVERSITY PRESS

·杭州·

**图书在版编目(CIP)数据**

教育是一场温暖的修行：周泽安校长的教育理念与
实践 / 金深著. —杭州：浙江工商大学出版社，
2020.10(2021.3 重印)
ISBN 978-7-5178-4025-1

Ⅰ. ①教… Ⅱ. ①金… Ⅲ. ①中学－校长－学校管理
Ⅳ. ①G637.1

中国版本图书馆 CIP 数据核字(2020)第 151469 号

**教育是一场温暖的修行：周泽安校长的教育理念与实践**
JIAOYU SHI YICHANG WENNUANDE XIUXING:ZHOUZE'AN XIAOZHANG DE JIAOYU LINIAN YU SHIJIAN
金　深著

| | |
|---|---|
| **责任编辑** | 柳　河 |
| **封面设计** | 林朦朦 |
| **责任印制** | 包建辉 |
| **出版发行** | 浙江工商大学出版社 |
| | （杭州市教工路 198 号　邮政编码 310012） |
| | （E-mail:zjgsupress@163.com） |
| | （网址:http://www.zjgsupress.com） |
| | 电话:0571-81902072,88831806(传真) |
| **排　　版** | 杭州朝曦图文设计有限公司 |
| **印　　刷** | 杭州宏雅印刷有限公司 |
| **开　　本** | 710mm×1000mm　1/16 |
| **印　　张** | 15.75 |
| **字　　数** | 220 千 |
| **版 印 次** | 2020 年 10 月第 1 版　2021 年 3 月第 2 次印刷 |
| **书　　号** | ISBN 978-7-5178-4025-1 |
| **定　　价** | 60.00 元 |

教育是一场自我觉醒，自我修行，觉己觉他的温暖之旅。

——周泽安

周泽安和外语学校三位创办人都来自这个小山村——仙居县湖山大畈村。

这里阳光依然明媚如故。

# 生态体验，让生命润泽靓丽

## （代序）

习近平总书记在哲学社会科学工作座谈会上的讲话中指出："当代中国正经历着我国历史上最为广泛而深刻的社会变革，也正在进行着人类历史上最为宏大而独特的实践创新。这种前无古人的伟大实践，必将给理论创造、学术繁荣提供强大动力和广阔空间。这是一个需要理论而且一定能够产生理论的时代，这是一个需要思想而且一定能够产生思想的时代。我们不能辜负了这个时代。自古以来，我国知识分子就有'为天地立心，为生民立命，为往圣继绝学，为万世开太平'的志向和传统。一切有理想、有抱负的哲学社会科学工作者都应该立时代之潮头、通古今之变化、发思想之先声，积极为党和人民述学立论、建言献策，担负起历史赋予的光荣使命。"当代中国的改革发展面临着一系列新问题，需要理论与实践相结合，更需要理论工作者和实践工作者相结合，勇于和善于思考现实问题，大胆探索和破解实践难题，进行既面向现实真问题，又有迷人故事的研究与探索。

我们手中的这本书，正是在这样一种社会改革大潮中率先觉悟、进行前沿性实践问题探索，有思想、有故事、有丰富实践经验的实践智慧结晶。读是书，识其人，实乃人生一大乐事。

记得那是2011年的四月初，"中国生态体验教育台州联盟"在风景秀丽、富有文化底蕴的浙江天台山举行成立大会。我们在这次大会上为参加会议的教育界领导和校长们做了一个生态体验教育培训。这是一次有意义的培训，我们倡导多年的生态体验理论得到了来自东部发达地区教育实践一线的行政领导和校长们的普遍认同。也正是在这次生态体验教育联盟成立大会上，来自仙居二中的周泽安校长一下子引起了我们的注意。他五十多岁，身材魁梧，精力充沛，说起话来中气十足。深入交谈后，我们深切感受到他是一个有教育情怀的校长。他对教育有自己独到的见解，对生态体验教育情有独钟，且有自己返朴归真的理解。他说："杨梅甜不甜，尝一口就知道了；开水烫不烫，烫过一次就终身难忘；神仙居美不美，亲身体验一次就永远记得了。"

同年五月底，受周校长的一再盛情邀请，国家生态体验教育学术团队组织专家从北京出发，辗转来到这个"仙人居住的地方"——括苍山脉深处的浙江省仙居县。传说宋真宗赵恒曾下旨"以其洞天名山，屏蔽周围，而多神仙之宅"，将该县命名为仙居县。仙居处处是景，就像它的名字一样，令人神往。我们的生态体验培训活动就在仙居县的美景之中。接下来的时间，我们专家团队给仙居第二中学的全体老师和教育局的领导们做了一场定制化的生态体验培训。参加的领导和老师都十分投入，培训非常成功。培训活动结束后，周校长陪着我们一起上山亲身体验采摘杨梅。仙居的杨梅可谓世间一绝，但须亲临大山深处，才能目睹并品尝漫山遍野又红、又大、又甘甜的"仙人果"。这诚如生态体验真言所谓，"一次体验，胜过百次说教"。此情此景，至今记忆犹新。

其时，仙居二中的教改已经全面展开。周校长谈了他的教改设想，准备以生态体验理论和已有的研究成果为依据，改革课堂教学方式，创建基于生态体验理念的自主互助教学模式。体验探索将在课内课外双向展开：课内，建立合作学习小组，组与组、生与生、师生之间协同互助、合作探究、讨论交流，注重情景教学和实验教学；课外，成立学生义工队，组织学生开展社会调查研究和社会角色情景体验等。实际上，仙居二中当时的课外体验活动已经相当丰富多彩了，如组织学生去敬老院体验孤寡老人的困难，去看守所体验遵纪守法的重要，去医院体验病人的痛苦，去贫困山区体验农民生活的艰难，去残疾人联谊会体验残疾人日常生活的艰难，去神仙居体验祖国的秀美山川等。周校长和仙居二中师生的设想和探索,为生态体验教育理论提供了又一个强有力的例证。"周虽旧邦,其命维新",面对今日教育的种种沉疴顽症,我们迫切需要更多像周校长一样的探索者积极行动起来,革故鼎新,为后续者打开一个新通道。

自那以后,周校长带领着仙居二中的一帮人,深入持久地进行生态体验教育实验和探索,取得了丰硕的成果。期间,我们虽然与周校长见面次数不多,但一直保持着畅通的联系与沟通,听到的几乎都是好消息。周校长创建的生态体验"自主互助"教学模式的影响力越来越大,台州市教育局还专门召开了现场会,仙居二中被浙江省确定为 28 所教改试点校之一,各大主流媒体都做了报道,来学校参观学习的队伍一拨接一拨,学校的教学质量也迅速提升,师生和亲子的生命样态也得到了深层次的优化。社会各界对周校长及其团队的认同度越来越高。2012 年 6 月,刚刚退居二线的周校长又到另一所民办学校任职,开始了他新的改革发展历程。

今年,周校长的一位学生给他写了一本书,请我们给他写序。看了书稿,我们深深地被周校长的奋斗故事所感动:一个典型的山里娃,饥寒交迫中长大,初中毕业后做了六年木匠,自学考上了大学,靠不懈努力成长为台州市的名校长,一生致力于学校管理和教育教学改革,把教育当作人生的一场觉人觉己的温暖修行,到哪所学校任职哪所学校的校风就会好起来,教学质量就会高起来,在当地民众中享有很好的口碑。一位扎根基层的校长,虽年过花甲仍老骥伏枥,在布满荆棘的教育路上,怀抱梦想,深耕不辍,探索不止。其人其事,实在令人肃然起敬。

写了上面这些文字,冠以"生态体验,让生命润泽靓丽"之名,权以为序。

刘惊铎　姚亚萍

中央教科所

2019 年,孟冬

# 目　录

# 引　子

走过的道路是艰苦的,坎坷不平的。可是,无论如何,那是一条美好的道路。在那条道路上,即使一步一个血迹,也是值得的。

——罗曼·罗兰

相传，有四川才子读了李白的《梦游天姥吟留别》后，心潮澎湃，按捺不住激动的心情，不远万里来到位于浙江的天姥山。当他登上山顶后，不禁大失所望，叹道："一土丘尔！"

相对于巴蜀之地"难于上青天"的崇山峻岭，浙江的山脉显然是精致而玲珑的。然而正是这样秀丽明媚的山川，孕育了勤劳智慧的浙江人，他们以敢为天下先的勇气与毅力，创造出一个又一个的奇迹。

李白当年吟诵过的天姥山到底在何处，考证还在继续。但是诗仙脚步踏过的这片土地，乃至天台山、剡溪、括苍山、永安溪，在历经数千年神与自然的结合、人世的沧桑、历史的轮回后，已演变成令人向往的神仙之境。唐诗华丽的篇章，沉淀了深厚的底蕴，当人们面对这些充满神性的大自然时，却依然被其所蕴含的庄严、宁静、超然所折服。

地处括苍山中段的仙居县，相传为宋真宗以其"洞天名山，屏蔽周卫，而多神仙之宅"而赐名，意为"仙人居住的地方"。这片土地上的风物人情，至今都有着不可替代的风姿。

周泽安，一个扎根于仙居教育的奇人。带着这片土地上特有的气息，带着台州人的硬气和爽朗、坚毅和果敢，从走街穿巷的木匠师傅到优秀的中学教师，从班主任到政教主任、教务主任，再到名校长，从公立学校到民办学校，即便每一步并非是自主的选择，但每一步都走得踏实从容，每一步都走得精彩纷呈，堪称仙居教育界的一个奇迹。

周泽安在汗牛充栋的教育理论中，梳理出自己的教育思路；在数十年的教育实践中，坚定着自己的教育理想。在人心浮躁的今天，他静心思考教育方法；在狂飚猛进的时代，他精准把握教育潮流。他一生经历丰富，在精神与物质之间努力奋斗；他经历了责难，但依然保持美好情怀；他能享受命运的馈赠，也能承担命运的打击，无论好的还是坏的，他都能将其变成生命里的风景。

他以恢弘的视野，呈现他的教育理想，这理想简洁明了却又影响深远。对他而言，教育不是写在勋章上的标记，而是抒怀着对这片土地的赤诚与挚爱，他是这个时代集理想、情怀、责任感于一身的成功的教育者。经由他的努力，这种理念影响着仙居这个充满灵气的山城的风气，并凝聚成一股力量，这力量仿佛一道光，穿透世俗的时空，铸成亮眼的图章，印在仙居山水间，刻在仙居人的心里。

置于当代大变革的情境中，追溯周泽安教育理念形成的脉络和途径，依然有迹可循。他大半生埋头在校园内，四十年沉醉在象牙塔内百听不厌的书声中，也听闻校外的风声、雨声，亲历变化中国的日新月异；光阴编成了故事，岁月织就了风景，他所阅历的广阔世界，是这一代以及下一代所感受不到的经验，记录下来，也极有价值。本书试图讲述周泽安丰富的人生际遇，勾画出他的心灵轨迹，记录他的教育进程，更多的是阐述他教育思想的起源和变化，着力挖掘他从生命里流淌出来的精神力量。

真挚的初衷，也是理想的起点。以他一个人的小我，见证一个风起云涌的大时代，乃至半个世纪的历史。行到水穷，坐看云起，真实的呈现不仅是个人的经历，还是一个时代的光芒。

性定会心自远，风流人物犹在。

# 苦难是一种财富

（1957—1981）

　　周泽安是一个出生在大山深处的农家孩子。因为祖父是地主，他失去了上高中的机会。为了生计，他做了 6 年木匠，后自学高中课程考上大学走出大山。他性格乐观、坚毅、豁达，是性情中人，但理性地思考着；自嘲"我是一个彻底的悲观主义者，但我又是一个快乐的生活者"。

　　在荒唐潦倒的岁月里，他寻求财富和尊严；在封闭的时空里，他寻找智慧、独立和思想。他的成长经历，使他更能体会别人的疾苦；在艰难困苦的磨炼下，他逐渐成长为有独立人格、坚忍不拔的知识分子。

　　乐观是一种智慧，悲观是一种性格。苦难没有让周泽安变得封闭和充满敌意，贫困的环境没有把他压倒，而是给了他努力奋进的动力，并转化为一种对他人和未来的责任，这才是苦难能够得到安慰或救赎的最好方式。

　　他目力所及的是遥远青翠的群山和随处可见的葱绿大地，面对被时代列车碾压终于沦陷的故乡蕴涵了更多的虔诚和无奈，他想寻找的是乡土、亲友和美好的童年记忆，还有那份生长在这片土地上的温暖，以及伴随着这温暖的感动和希望。

# 童年——饥饿记忆中的佳肴

1957年，外面的世界翻动着浓重的阴云，远在括苍山脉深处的小山村里，阴历八月二十三，周泽安出生了。

读过"四书五经"的父亲给他取的名字也很有深意——周泽安，意为"周虑天下，泽披桑梓，其心安然"。

周泽安从小就深切地感受到了生活的困顿。从他有记忆起，贫穷与饥饿犹如困兽般一直伴随着他的家庭。

他出生的仙居县步路乡湖山大畈村，是一个位于半山顶上的自然村落，最多时也只有三四十户人家。那个时候，村里也开始家家户户扒了灶头，建起了食堂。起初几个月，村民们都很开心，以为过上了好日子。然而好景不长，这样的日子没过多久，粮食慢慢少了，食堂开始削减定量，米饭变成了稀饭，稀饭变成了米汤，到了最后，所有粮食吃光后，大家开始挖野菜、吃菜根。

周泽安正处在长身体的时候，由于食物极度匮乏，他每天都在半饱半饥中度过。他记忆中的美食，是一种玉米壳糊。玉米磨成粉，过筛后，剩下的粗糙壳皮，加水揉和，因为没有粘性，捏不成团子，只好倒在锅里做成糊糊。在粮食充裕的年代，这是猪的美味，但在非常时期，这样极其粗糙的食物，也成为少年周泽安心心念念的佳肴。

记得有一次，他到村食堂领午饭时，排在他前面的本家叔婆从食堂工作人员处领了几个小番薯。他实在饿坏了，就顺手从她碗里抓了一个塞到嘴里。回家后，他父亲看到他嘴里吃着番薯，就问他："你哪里来的番薯？"他老老实实答道："小叔婆给我的。"父亲生气了："你怎么随便拿人家东西呢？"要知道，在食物极度匮乏的年代，这些小番薯或许是救命的。这时候，小叔婆过来，看到父亲举起手来要打他，就拦住了，说："你不要打他，小孩子饿坏了！这些小番薯给他吃吧，我的全都给他吃吧。"小叔婆的疼爱,让年幼的他感受到温暖与善意。

后来,生活越发艰难,村食堂连小番薯也没有了,填饱肚子活下去也成了一种奢望。有一天午饭时,他父亲从食堂分来了一碗番薯藤煮的汤。父亲喂给他吃番薯叶,他吃了一口说不好吃,吃不下。他父亲又用筷子从碗里捞了几根番薯茎给他吃,他觉得蛮好吃,但番薯茎也没几根,几口就被他吃光了!他母亲一口没吃,一声不吭默默地在边上流泪。生活的艰难何至于斯,这么聪明、勤劳、能干的父亲,干农活是一把好手,竟然还无法养活一家老少!年少的周泽安不知个中原委,他被时代的洪流裹挟着在生存的黑洞里拼命挣扎!

他是家里的老大,有四个弟妹。从记事起,他就要为家里分担家务,干些力所能及的事。待他稍微年长,他就承担了砍柴的任务,自己家的,以及年迈的祖父母家的,两家烧饭用的柴火都由他承包。砍柴可不是轻松的活儿,村子附近都被砍光了,要翻山越岭到几公里以外的山上去才有柴可砍。

他开始上学读书后,砍柴的任务也不能落下。他上午上学,下午上一、二节课后再去砍柴,要把两家的柴火都准备好,如果他没准备到位,这一天家里就只能断炊了。两家人吃不上饭,这样的重任,他不敢耽误。

五年级下半学期开始,他转到另一个山村后裘村的学校去读书。在那里他一直读到初中二年级。那个时候,乡村学校办学条件不好,校网的设置撤销比较频繁,大多根据生源情况随时调整班级年级。他所在的山村小学,因公社调整了小学高段校网布局,被撤销了完小教学点,并入后裘村完小,他也只好转学。因为他重任在肩,学校老师了解他家的情况,也允许他上午上课,下午第一节课下课后提前赶回家砍柴。得到这种"待遇"的,全校只有他一个人。

后裘村离他家有五里地,但都是山路,要么上坡要么下坡。这两年半,他每天的安排是这样的:早上起来,先干农活,然后吃饭;吃完饭,他背起书包,在山路上飞奔四十五分钟后,气喘吁吁赶到学校,先到学校食堂把中饭准备好再去上课。

学校食堂实行蒸饭制,每人带饭盒自己蒸饭。周泽安家里穷,买不起饭盒,奶奶给了他一个平底瓦罐蒸饭。食堂管理人员埋怨他："你的瓦罐太占地方，一个顶两个。"到了中午，他把瓦罐从食堂里取来，到教室里吃饭。不知道怎么回事，用瓦罐蒸出来的饭，总是泛着暗红色。多年以后，他才醒悟过来，因为瓦罐没有盖子，上层饭盒滴下来的蒸饭水，直接滴到饭里，他的饭就成了暗红色。即便如此，有书可读有饭可吃，他还是吃得很香，觉得很幸福。在他的记忆中，山道上无数次的来回奔跑，流下数不清汗水，也还有许许多多美好的青春片段。

有一次，他吃完饭，到学校边上的小水沟洗瓦罐。洗好后，他把瓦罐放到一边。突然，一个篮球冲他飞了过来，砸在他脚边。一声脆响，他回头一看，刚洗好的瓦罐被砸成了几瓣！看到这个情形，他的第一个念头是，我没东西蒸饭了，以后中饭怎么办？

在操场上打篮球的同学赶过来，看看被砸碎的瓦罐，又看看苦笑着的周泽安，说："那我赔你一个吧。"但他同学家也很穷，没什么可赔的，他母亲就把家里仅有的装猪油的瓦罐拿来赔他。装猪油的瓦罐比他原来的那只还要高要厚，口也小一些。蒸饭时，别人的饭熟了，周泽安的却常常是半生夹熟。但有吃的总比空肚子好受些，他也就把半生夹熟的米饭吃了下去。也真奇怪，这样的饭吃下去也没见闹肚子。这个瓦罐他用了好多年，直到离开后裘学校到外宅初中时，学校规定只能用饭盒蒸饭，他没办法只好向亲戚家借了一个饭盒，终于舍弃不用瓦罐。至今，这个瓦罐仍是周泽安家中的珍藏。

在周泽安的记忆中，他的年少时代，似乎永远是腹内空空，即便填了些食物，也立马消失得无影无踪。那烧心烧肝的饥饿感，一直伴随着他成长的过程。而村前村后并不茂密的树林、充满鸟声的寂静午后、喧嚣而多变的田野，以及在日光下明灭的山顶上的云霞和远山的雨后彩虹，也都同样留在他的记忆深处，成为他生命中最充足的养分。还有人世间的情谊，宛如一朵闪烁不停的火苗，给他带来丝丝温暖，就像风景如画的大地上留下的当年的山风，带着湿润的清甜味道，吹拂在他的心间，伴随着他的成长。

## 求学——一双破布鞋在雪地里奔跑的温暖

饥饿和寒冷永远是一对孪生兄弟。少年周泽安在忍受着饥饿折磨的同时，寒冷也如影随行。

仙居"八山一水一分田"，括苍山、大雷山如巨大的钳子，紧紧钳住狭窄的谷地和盆地。坐落在高高的山顶上的大畈村，离县城很远，二十世纪六十年代山底下才通了简易公路。在交通不发达的年代，村里不通公路，如果想要出村，只有山路，山路从这山连到那山，从这村连到那村，从村里连到乡里，从乡里连到县城。

那些狭窄的山路在周泽安的记忆中存放了很多年，清晰得如同他的掌纹，偶尔想起，搅得他心绪不宁；山路边的风物人情，犹如一轴画卷，垂悬在他的脑海里，风起时，画卷微微摆动，画里的景象也就荡出脑海，展现在他眼前。

起起伏伏的山丘上，自然生长着高高低低的树木，从轻快的淡绿到深沉的浓绿；山岭之上是七彩的云霞，从刺眼的明黄到躁动的深红，多彩绚丽；碧蓝的天色将大地衬得格外鲜艳，阳光射下来，四周寂静无声；流岚在山间飘过，远处的彩虹在雨后的天空里挂着，就是最高明的风景派画家，也只能感叹天公造物的不可企及。

山谷里，无拘无束的茅草在燥烈的空气里如云似雾，流泉穿行在任意屈伸的树林中，石壁下的茅草高达数米，微风吹过，飒然作响。

日光下若隐若现的山路，通向远方。山路两边沿途都是陡峭的山峰，淡淡的斜阳，照在远处的牛群背上，又渐渐地往西边山峰移去。

然而，少年周泽安并没有心情欣赏如画般美景，他的心思全在那些能当燃料的木柴上。他仿佛是一位追风少年，在褶皱般的山间奔走，他的主要任务是砍柴，从山顶的家里飞奔下山，到山间，到溪边，更多的时候，离家近的山岭上已无柴可砍，要到更远的山岭上去。

翻山越岭砍柴的艰辛，在少年周泽安记忆中留下深刻印迹。更让周泽安难忘的，是冬天里无处躲藏的寒冷。夏天一条短裤，冬天一条单裤，夏天没有关系，脏了洗洗就可以穿，而冬天，那就是煎熬。

1973年上半年，他所在的后裘初中停办了，他只好到外宅中学读初三，学校离家有十多公里，要住校。天热的时候一条短裤、一件背心穿一个星期，脏了他就趁中午人少的时候到学校附近的溪里洗洗，人就躲在密密的树荫下不让别人看见，等不了半小时，就可以穿上半干的裤子，回学校上课。而到了冬天，地处山区的仙居，也常常滴水成冰。周泽安在凛冽的寒风中飞奔在山路上，寒风穿过薄薄的裤子，直抵他的骨头。

记得有一年冬天，周泽安打开房门，眼前白茫茫一片，远远近近的群山变了颜色，门前的山路也无迹可寻。他急忙起来去砍柴。家里的柴火，在这样的下雪天肯定是要准备充足，否则一家老老少少，又冷又饿，可怎么行？他忙完后，匆匆吃过早饭，背起书包就往学校跑去。

山里人勤快，早起的人已把山路踩得稀烂。雪水和着泥泞，山路成了花斑狗。他的布鞋，走了没多久就湿透了。可是家里没有其他鞋子，他只能穿着湿鞋上学去。

风把他的脸吹得变了形，仿佛是有无数根针，穿透了他的身体。他上身穿着卫生衣。这是流行于五六十年代的时尚衣服，里面有绒，也称绒衣。说起这件卫生衣，周泽安心里隐隐作痛，因为他被村里的孩子嘲笑过。这件衣服是他阿姨穿旧后送给他的。枣红色，他拿到的时候也曾犹豫了一下，但是对于寒冷的恐惧，让他毫不犹豫地穿上了它。好几次，村里的人笑他穿女孩子衣服，并叫他"培伙"。培伙是附近村里的一个傻子，衣服破破烂烂，总是用一根稻草绳胡乱系在腰间。不懂事的孩子把他与傻子相提并论，伤了他的自尊心，让他体会到贫穷的耻辱，也坚定了他要改变自己命运的决心。

为了暖和点，他越跑越快，可是再快也抵挡不了风雪的侵袭。他的脚早就失去了知觉，唯有喘出的粗气，在寒风中向后飘去。

他跑出自己的村庄，跑到隔壁的湖山村。湖山村里有他们家的亲戚。他正在干活，看到周泽安从门前跑过，马上叫住周泽安："停一下，停一下！你穿着这破鞋子，早就湿透了，也不回去换一下。这一天下来，还不冻死啊！你等着。"

说完，他转身回屋里取了一双干净的破布鞋递给周泽安，说："你到学校换上。"

周泽安谢过，拿起鞋子又跑了起来。到了学校门口，在水沟边洗了洗脚，擦干脚穿上布鞋，走进了教室。

整整一天，他的脚裹在干燥的布鞋里，暖意从脚底升起，一直暖到心里，荡漾在他的心间，整个人暖洋洋的。这温暖直到多年后想起，都如沐春风般和煦。

周泽安从贫困中走出，饥饿和寒冷的记忆变成他身体的一部分，也深深地影响了他的性格。长大后，无论遇到什么艰难困苦，他都不屈服，就像一个尝过最苦的滋味的人，什么样的味道都是甜的了。在异常艰难的生活困境中，周泽安用自己的热情表达着对生命的热爱，正如诗人加缪所说："在隆冬，我终于知道，在我身上有一个不可战胜的夏天"。

他在山间奔跑中体悟自身的渺小，这让他有勇气去面对因渺小而生成的恐惧，懂得通过互相依靠和信任去安抚恐惧，而不是以排斥、征服的手段去求安稳。缪塞在《五月之夜》中写过这样的诗句："唯有伟大的痛苦，才能使我们变得如此伟大。"伟大，是因为对痛苦的坚守。对于周泽安来说，历经那样的困苦，人生还有什么难关过不去呢？

## 会讲故事的小木匠

周泽安到了四五年级时，认得了很多字，一天到晚找书看。家中唯一的书《毛泽东选集》他看了好多遍，好多篇都能背下来了。实在找不到书看，父亲念的《三官经》、母亲念的《心经》他都看。这些经书小孩子根本看不懂，只是文化荒芜年代精神极端饥饿的山村孩子的"没事找事"。但周泽安记忆力好，看了几遍竟把母亲的《心经》背下来了。寂静的山村夜晚，他依在母亲边上，听母亲虔诚地念经，还听出了母亲有些句子念得不对，慈济人文精神从此就在这个孩子幼小的心灵里种下了因。但对于小孩子，经书也真不容易理解，他只会背，直到后来，上大学时碰到一位老教授，对宗教颇有研究，给他讲了许多关于佛教、道教、基督教、伊斯兰教的知识，给他讲解了《心经》，他才懂了一些。

父母看到他好学的样子，就给他拿来了一包书。周泽安打开一看，《西游记》《三国演义》《七侠五义》《随唐英雄传》……每一本都让他着迷。他把所有的空余时间都投到看书中，白天上学、干农活，到了晚上，他点起煤油灯看书。家里没有书桌，他就在盛稻谷的圆桶盖上做作业，做完作业又接着看书，看得天昏地暗，看得如痴如醉。这些故事在他的大脑里生了根、发了芽。

有时候，母亲从睡梦中醒来，看到有灯光，就问："泽安，你还没睡啊？"

周泽安捧着书本，说："快了快了。"

过了一会儿，母亲又说："早点睡，灯油快用完了。"三毛五分钱一斤的煤油很是珍贵，周泽安知道，母亲是心疼灯油呢。

日子就这么过下来了。周泽安初中毕业后，一门心思想上高中。可是当时高中是分配名额的。因为家庭原因，读高中的名额无论如何都不会分配到周泽安头上。母亲看他很难过，就找人问询。大队领导找借口："你们周泽安成绩不好，没得读。"母亲听到这话，非常生气，又争不过他们，只好气鼓鼓地回家了。

周泽安听到领导信口雌黄，也非常生气，暗暗下决心，如果有机会，一定要用读书来证明自己！

1973年7月23日，他开始跟姨父学做木匠。姨父既做粗木也做细木，其木匠活在上张乡少有名气。当了一年多学徒，第二年师父所在的生产队不允许师傅出来了，没办法他就开始自己做了。过了两年，他也成了带学徒的木匠师傅。一天能挣一块三毛钱，收入也不错。如果承包到项目，还可以赚得更多，更重要的是一日三餐有点心、有酒、有肉。他凭着手艺，改变了自己的生活，也给家里的生活改善提供了些许帮助。姨父的家在上张乡的一个村庄,所以几年下来,周泽安在上张乡众多村庄的家家户户几乎都做过活、吃过饭。日出日落,平淡的生活中出现了一些生机。

四十多年前的木匠活还是一个特别辛苦的活计,对技术和体力要求都特别高,事实上墨斗和刨花的记忆并不美好。3.7斤重的斧头举起、挥下,还得切面平整、墨线不断,低头、弯腰、弓背、叉腿、推刨、锯木、凿孔,哪一样活都是重体力加技术活,稍不小心就会造成肢体损伤,周泽安手上无数个伤痕就是一部厚重心酸的血汗史。这也练就了他一身力气,比掰手腕,老师们都比不过他。

有一年冬天,周泽安和一群木匠伙计在上张乡一个叫茶溪的特别偏远的小山村里造房子,阴阳先生挑的时辰是半夜子时上梁,柱和梁头一天先串成一排,等时辰一到,鞭炮一响,喝喜酒的宾客们一声吆喝,拉的拉、抬的抬,一大排已串好的木头柱子和大小梁就摇摇晃晃立起来了。几个木匠伙计们腰间别着斧头、凿子和锯子,手里拿着绳子快速爬上柱子。但夜里下过小雨,温度又低(零下七度),柱子、梁子都结了一层薄薄的冰,特别滑溜。周泽安爬到了七米多高中央柱子的顶部,手脚都冻僵了。他抛下绳子准备拉起当桁安装到木柱子的顶部上去,恰在此时,因为天气实在太冷,宾客们手脚麻木一松劲,有一排还来不及连上的柱子就倒开了。千钧一发之际,周泽安迅速沿着柱子往下滑行,幸亏反应敏捷,否则后果真不敢想象。

还有一次,他们做完了一场活准备转场。这次转场的地方相距四十多里,师父吩咐必须上午九点半以前到场开工。师傅骑自行车去,他没有自行车只有走路去,还必须挑着七八十斤的一大担子斧头、锯子、凿子、刨子、墨斗、墨尺等全套木工工具去。怕到晚了挨师父骂,又没手表不知道时间,他从上张乡出发一口气赶了十来里路,看看天一点儿也没有亮的意思,就在路边的一座路廊里歇下,等了好久好久,终于天出现了鱼肚白,又开始赶路。又赶了十多里,碰到一个拉手推车的老农,农夫让他把一担子的木工工具装上手推车,他在后面推着一路赶,终于提前赶到步路乡响岩村山背后的一个只有两户人家的小村庄。这户人家吃饭的小桌子挨着装粪便的木桶和鸡窝,粪桶上放着一块木板,吃饭时主人坐上去,绿绿的大头苍蝇就呼的一下飞起来一大群,嗡嗡地叫着在桌子上盘旋。有时候主人叫吃饭他们来慢了点,桌子上就撒遍了鸡屎,碗里饭菜的上面部分都已被鸡先尝了一遍。

做木匠六年,不知尝过多少户人家,多少种风格迥异、好差悬殊的饭和菜,也不知见过了多少户家庭的辛酸苦乐,来自底层民众生活的丰富体验,养成了他不怕苦、不怕累、不怕脏,百折不挠、愈挫愈强的坚强意志品格。对民众的苦难怀有深切的理解和同情,也成了他一生思考理解问题,洞明感悟世事的基点。

墨斗和刨花的记忆中也有一些美好的片段。白天做木匠,晚上闲了下来。乡村里劳作了一天的人们,总算可以歇一歇了。晚饭时,男人们端着碗当街与邻居边吃边聊,女人们则忙着纳鞋底,孩子们吃完饭在土堆上跑来跑去,一会儿就成了小泥猴。大家都走出家门到各处走走,乡村开始热闹起来。

那个时候,没有电视、电脑,也没有其他的娱乐活动,记忆力过人的周泽安发挥了特长,给大家讲故事。他看的一肚子的故事,也有了用处。

听到他要讲故事,大家三三两两围了过来,不多时,在一张大方桌前围成半圆,在高高低低、长长短短的板凳上挤坐一团,饶有兴趣地等说书。

周泽安像说书人一样,神采飞扬地讲起了《三国演义》《西游记》《七侠五义》,讲《秦琼卖马》,也讲《武松打虎》,还有革命战争题材的《平原枪声》,说到高潮处,只听得见众人的喝彩与叹息声。他也像陈家运笔下的说书人一样,沉醉在自己的故事世界里。

"慧生于觉,觉生于自在,生生还是无生。见了便做,做了便放下,了了有何不了?"夜深了,周泽安拣个情节紧要处,说:"明天我还要干活,今天就讲到这里吧。"大家恋恋不舍地散了。第二天,他们又围了过来,催他继续讲。他就是这么一路做木匠,一路讲故事,日子过得倒也充实又丰富。

当他埋头闻着木材清香的时候,当他津津有味地讲着久远故事的时候,似乎没有听到时代变迁的脚步声。

## 夜里独行的小商贩

林坑是个古村,也是周泽安十九、二十来岁时常来的地方。

从路边上的一条小径,过几座小桥进入古村,山水立刻就显出清秀。流连处,是颇有水势的溪流。水中游鱼,溪底水草,都清澈可见。林坑凡有山处皆有溪水,风格迥异的木屋都是沿溪流逶迤展开,使人仿佛置身于色彩鲜明的立体画卷一般。蓝天白云和古朴的村庄遥相呼应,山间的清风,把大片的树林吹得摇曳生姿。

那些错落有致、造型玲珑剔透的木屋,很多都有着数百年的历史,尽管经历了岁月的洗礼,它们至今仍掩映在青山绿水中,古朴自然。石头堆砌而成的台阶、围墙和用竹、木搭建起来的老屋相得益彰,石头缝里的野花、小草给木屋增添了不少生机。

然而,那个时候的周泽安,没有时间和心情欣赏美丽的风景。他到达林坑,大多是在傍晚时分。他挑着担,满身疲惫,顾不得倚廊而坐,急急赶到村口,赶到一个粥摊前,花五分钱买一碗粥,端起碗,几乎是倒进肚子里。

前一天晚上九点多十点来钟,周泽安挑着百来斤的重担,从家里出发,跋涉三、四个小时后就进入括苍山的密林,翻过深山老林,进入温州的永嘉地面。他在道基村后山上的路廊里坐下,拿出头一天晚上母亲为他出门准备的包在塑料袋里的米饭吃了起来。稍作休息便继续赶路,马不停蹄,翻山越岭二十多个小时,傍晚时分来到这里。

喝完粥,他舒了一口气,也放下心来。从林坑村开始,他不用再翻山越岭,不用再手足并用,虽然离他的目的地还有很长的路,但至少前面都是平路了。他放下粥碗,弯腰重新挑起担子,再往前走。

作为家里的长子,周泽安要为身体不好的父亲分担压力,要为父母养活一家人提供一些帮助。他的主业是木匠,木匠活不多的时候,为了赚钱,他卖一些小商品来补贴家用。当时义乌已有商品经济的萌芽,在那里可以买到其他地方买不到的物品。周泽安第一次是与表兄一起跟两位中年妇女去的义乌,从仙居出发,到东阳天就快黑下来了,那个晚上他住在车站边上一个旅社里,二毛五分钱一晚的住宿费,四五十人住一个房间,上下铺,男女混住,房间外天井里有一口水井可以洗漱,不远处有个厕所。第二天早上,到了义乌市场,他很惊讶,这个地方怎么有这么多东西可以不用凭票购买!一行四人,各自买了一些东西就急匆匆往回赶!

温州大山深处的村庄,因为远离城镇,不通公路,日常生活用品成了稀罕物。唯其如此,才有几倍的差价。周泽安动了心。

仙居与磐安交界处五里远的地方有客车停靠站,从义乌买了货物回来的周泽安,就在客车停靠站下车,绕过丁埠头和溪下路村,沿西岙水库引水渠把货物挑到岭下张亲戚家。

到温州去的山路,更是危险重重。仙居一带的山区,山高林密,大山深处隐藏着毒蛇猛兽。再加上古道年久失修,即便是空手行走,也险象环生,更何况周泽安单独挑着重担,又是在无人的夜晚。

有一次,他父亲在温州山中背木材,路过一个特别陡的山道(当地人称为百步瘆的地方)时,突然听到沉重的喘息声,父亲抬头一看,一头老虎正在前方不远处盯着他,父亲被吓呆了,愣在那里不能动弹。老虎可能也没想到,这深山老林里竟然还有人出入,也惊呆了。四目相对了不知多久,远外传来一阵脚步声,一队背木材的人走了过来,老虎知道无法对付,长啸一声,飞奔离去。父亲仿佛刚从梦中惊醒一般,随着众人回到家里。此后,父亲一直恍恍惚惚回不过神来,这条山道他就再也没去走了。

然而,周泽安似乎已经把自己的安危抛在脑后,所有的风险,在生存危机面前,都显得苍白无力。

他大多会选择月亮升起的晚上出发。

山林的夜晚安静，只有"沙沙"的脚步声伴着他。顶着明晃晃的月亮，路滑、坡陡，行人绝迹，陡峭山岭就壁立在眼前，仰视清晰、高大，仿佛望不到头。远远近近虫儿的低鸣，显示了生生不息大自然的生命节律。那里生活着的生灵，有自己的天地，它们的地盘不能轻易触及，周泽安的绑腿就是防止毒蛇入侵的。

翻过六亩田村后的山岗就进入温州地面了。天色微明，周泽安在道基村后山的凉亭里坐下，吃了母亲昨晚为他远行特别准备的包在尼龙纸袋里的米饭，休息片刻，继续赶路。

下山时连小腿肚子也在打抖，一步一步，一步一步，不知爬下了多少级台阶，过了道基村，到了山脚的村庄后又得往山上爬。

已是午饭时间，他来到碧油坑村头的一座小廊桥，放下担子，歇歇脚。又取出母亲准备的还没吃完的米饭，开始吃午饭。廊桥建在一条小溪上，四根木柱子撑起一片顶，柱子边上是两排木头椅子，柱子中间供人行走。廊桥下面是潺潺小溪。他俯身舀起溪中的清水，喝了几口，干粮就着溪水顺到肚子里，他又出发了。

翻过碧油坑村后山，然后又是爬下七里陡坡。黄昏的时候，他终于来到了林坑古村。林坑村的那碗粥给他增添了力气，他重新走进大山深处。

他在深山里的村庄卖货，沿着山村小路挨家挨户叫卖。有时候，他与早年移居永嘉小岭村的本家合伙，货物未必一次性能卖完，他就一路挑着担往前走，挑到小岭村住在亲戚家里继续卖，直到把货物卖光，才回家。

这一趟能赚四五十元。这在城镇职工平均工资仅有二十九元五毛钱的当时，是一笔可观的收入。

回望曾经走过的山路，周泽安有时觉得无法想象。他所面对的曾是何等的举步维艰、荆棘密布、危险重重、孤独寂寞。也正是从那个时候开始，坚韧不屈、胆识过人、永不放弃这些品格在他生命里刻下了深深的烙印；也是从那个时候开始，五音不全的他，没人的时候竟经常哼哼《国际歌》里的那句歌词："世上就没有什么救世主，全靠我们自己"。

## 高考的疯狂岁月

1979 年 9 月，临海师范学校召开新生大会，听校长作报告。校长在台上提到："我们这次招收的 200 名新生，198 人都是高中毕业的，一人是高中未读毕业的，一人是初中毕业的。"

这名以初中学历考上临海师范学校的学生就是周泽安。

两年前，周泽安还是木匠，当时他承包了东方红酒店的一个木工项目，一次就赚了 500 多元，那可是一笔不少的收入，为此，他领着一拨人起早贪黑地干。

晚饭后，他照旧给大家讲故事。有一个听故事的人对他说："你这个小青年，好像很有文化的样子，今年国家恢复高考了，你知道吗？"周泽安说："我不知道啊。"这事让他上了心。

又过了一年，他以前的同村同班同学周日升碰到他，问道："我打算参加今年的高考，你参不参加？"

周泽安想都没想说："好啊，我参加！"

过了几天，他回到家时同学又告诉他说："我帮你报好名了。报名费 6 毛，你可要去考啊，不要浪费报名费！"当时，大学毕业生一个月工资才 29.5 元，6 毛钱可不是小数目。

可是，听说他要参加高考，他的家人、师父，都反对。想想也是，如果他去上学，家里的顶梁柱走掉，怎么办？家里还靠他的工钱过生活的呢。要知道，他背负的是全家的生存重托。他叹口气又拿起木匠活。那个时候他正与师父一起承包上张乡车木厂火烧后的重建工程，每天有好几元钱的收入。

离高考只有 40 多天了。他一边在干着木匠活，一边心里总是纠结、矛盾。到了离高考 18 天的时候，那天早上他在工厂里做着工，做着做着，突然，他把手里工具一丢，围裙一解，头也不回往外走。他师父在后面叫他，他理也不理。

他骑上自行车回家,对父母说:"我要去读书了!"父母亲看着他,都一声不响。过了一会儿,母亲默默地装好一袋米,里面放了包菜干,递给他。

他拎起这袋米,走出家门到了步路外宅中学,这是他原来上过学的地方。他在学校祀堂大殿的乒乓球桌上安了营、扎了寨,经过 18 天的苦斗,结果竟然考上了! 考上中专了!

然而,因为祖父的地主成分政审没能通过,他心底刚燃起的火苗又被浇灭了。没办法,他只好再次回来当木匠。

可是,他不甘心。即便在做着活,他的心里也总是记挂着读书的事。那年过年,他还是决定,再次参加高考!

他又回到步路乡初中复习班学习。周泽安边做木匠边复习功课,如果碰到村民造房子赶日子上梁或婚嫁制作家具什么的任务忙不过来的时候,他就去做工,做完了又回来读书。几个月下来,老师批评他,说他读书不专心。他对老师说:"老师,初中的课程我全会做,没有做不来的。"老师不信,就发了份试卷给他,果真,他全都会做,老师也就不批评他了。

中高考报名的时间到了,他去报名。报名点的老师看到他的出生年月,说:"你超龄了,不能参加初中中专考试,只能报考大专。"

他花了这么多时间复习,耽误木匠活,损失了时间和钱财,就这么放弃? 他实在不甘心,更不能让别人笑话! 他咬咬牙说:"那就报大专吧。"

报完名回来,他心中甚是没底。老师说:"这个复习班是初中的,你不能在这里复习了,你要到高中复读班去上学。"

那个时候,离高考只有 45 天了。

周泽安第一个念头是,高中的课本哪里有? 说来也巧,他的一位复习班的李同学高中毕业,但年龄比较小,允许报考初中中专,所以,他的高中复习用书用不上。他对周泽安说:"我的课本送给你吧。"

教材解决了,但是,到哪里找高复班呢? 他想到了仙居最好的中学——仙居中学。他先找到初中教他的化学陈老师。陈老师说:"仙居中学有个老师我认识，我带你去。"

到了仙居中学，找到那个物理老师，那个姓张的物理老师听说周泽安的情况后，直摇头说："你初中毕业，现在离高考只有 40 多天，你还没读过高中，没用的，没用的。"

周泽安恳求说："那你拿几套试卷给我试试嘛。"

那位老师还是摇头："没用的，没用的。"

周泽安没办法，只好转到城峰中学打听一下。城峰中学的老师也是这话："我们都复习到第三轮了，你连高中都没读过，这样去参加高考，没用的，没用的。"

周泽安站在那里，眼泪都快掉下来了。

旁边一位姓张的女老师看到他的样子，有些不忍心，给他出主意："我们这里是区管高中，你去三桥区校问问，我们这里的校长听那个陈校长的。如果他同意你读，事就成了。"

一下子，周泽安心里的火又被点燃了。他急切地问："到哪里找陈校长呢？"

张老师说："我刚好要去城里，路过那，你跟我来吧。"

周泽安骑车子跟着那位好心的女老师走了。

走到半路，碰到两个人骑自行车迎面过来。那位张老师马上停下来，对周泽安说："那就是陈校长。"

周泽安下车叫道："陈校长，陈校长！"

陈校长停下来问："做什么？"

周泽安说："我高考名也报好了，想到城峰中学去读书，城峰中学不给我读。"他一边讲一边眼泪又快落下来了。

陈校长说："跟我来。"

到了城峰中学门口的时候，正是黄昏时分。很多老师吃完晚饭站在校门口聊天。陈校长带着周泽安骑车赶到后，下了车，陈校长边走边对老师们说："人家要读书，是好事啊，为什么不给他读？给他读有什么影响？不就多张桌子吗？"

听到他这么说，众人都一声不吭。陈校长对站在一旁的总务主任说："老王，你去拿张桌子。"又对周泽安说："你跟他去。"

短短的几句话，一切问题解决了！周泽安的心定了下来。

周泽安跟着王主任到教室，把桌子放到后面，开始了他的高考复习。

晚上第一节课是陈老师的物理课，讲的是洛伦磁力圆周运动。周泽安听得云里雾里，完全像在听天书。他傻乎乎地坐了一节课。

"不行，这样肯定不行。"周泽安心想。

他找到原来在外宅初中时教过他的语文老师，语文老师郑老师一直对他很好，很同情他，说："也就一个月时间了，你住到我宿舍来复习吧。"

跟着听课肯定不行，周泽安打算自己看书。从哪入手呢？他根据初中的学习经验，打算从化学入手。这门课是他在初中时学得最好的一门课。

他花了6天时间，把厚厚的化学高考复习用书全部看完，凭着超强的记忆和理解能力，该记的都记住了，习题也做完了。刚好隔壁住的是化学老师，看他在看化学，就问他："看得怎么样了？我这里刚好有一张非常重要的试卷，你做做看。"

周泽安做了一遍，化学老师改完，说："不错啊，在我们学校，你是第四名。成绩蛮好的。"

这下子，周泽安来了信心：化学学了6天就能拿到第四名，那就过关了。

他接下来攻数学，再攻物理。

学到语文的时候，郑老师说："你在我这里住了这么多天，我都没关心过你，明天考语文了，我给你讲讲语文吧。"郑老师讲了一个晚上的重点内容，通假字、虚词，把重点内容一古脑倒给周泽安。

周泽安朋友给他这套高考复习用书时，缺了一本政治书。周泽安向其他同学借，每当同学不看，他就借来看。政治书很薄，二十几个早晨看下来，他把书都背下来了。同学讲到哪个内容，他就能报出答案，还能说出在哪页上。

这40天里，周泽安每天花近18个小时看书，凭借着年纪轻、体力好、记忆力超强，几乎过目不忘，在那年的高考中，取得了好成绩，尤其是化学，考了84分，是区里的最高分。

他考上临海师范学校了！他以初中学历，考上了高等学府！那一年整个仙居县考上大中专的只有230多人，县广播站连播三天上线考生的名单，体检时县长、县委书记都来看望考生。

每个人一生中都会有过高峰体验，也许只有一次，也许有几次。有过这样的高峰体验，才可以说没有白来世上走一遭。这43天的高考复习，是周泽安人生的高峰体验，他以超人的记忆力和专注力，以及过人的智力和体力，完成了一次看似不可能的超越。

## 师范、教师——冥冥中的天意

"恢复高考"的消息犹如一声春雷，响彻神州大地，瞬间融化了人们冰封已久的心，无数人的人生轨迹因此而改变。对于个人而言，高考是人生中一件具有分水岭意义的大事。

恢复高考初期的大学生，年龄层次跨度大，整整十年的断层，都涌到一个道口，大学生的来源构成复杂。曾看过这样一段文字，描述恢复高考后的大学生：

> 一个戴着眼镜、满脸愁苦的"老"大学生，正在和家里通话。他紧紧抓着电话机不放，先是焦虑干枯的嗓音："还发烧吗？有几度？看医生了没有？吊盐水了没有？"然后一个小小的停顿，声音在突然之间添进了水分，变得柔和："你要乖啊，要听妈妈的话，爸要考试，星期六才能回来。"絮语绵绵之后，他舍不得松开手。摇晃的耳机还没有在电话上站稳，已经在一个久已不耐烦的"小"大学生手里了，他娴熟而干脆利落地

拨了六个号码,又中气十足地吐出六个字:"老辰光,老地方。"就"咔"地一声挂了机。

这一代人,与周泽安一样,是众多人生体验交织在一起的一代人。那个时代已随风而逝,而它留给周泽安的记忆至今清晰。他记得在临海师范学校的每一个早晨,太阳从窗口照射在身上的情景。

然而,选择临海师范学校,毕业后当老师,并非是他的初衷。

他在多年的木匠生涯中,对于家具打造了然于心,相应地也熟悉了建筑、土木工程等专业的相关知识。他在做木匠的过程中,常常自己画图、设计、制作,表现出良好的素质。在这方面进一步深造并有所发展,是对他多年实践最好的提升。所以,他在填报高考志愿时,大多都填了建筑设计、土木工程等专业。当然,他在填报专业的最后一栏,填了"服从分配"。

最后录取的却是他没有填报的师范专业志愿。

当教师?完全没在他的考虑范围内。他认为自己不适合教书,他不太愿意与别人交流。当年师范院校提前录取,师范院校把高考分数从高到低一排,卡到招收的人数,只要填了"服从分配"就全部录取。

在那个时候,周泽安没有不服从的资本,他不敢不服从。

或许,让他当教师,是冥冥中的天意吧。

周泽安在临海师范学校,也是一名独特的学生。他用了 43 天的时间复习,以初中学历考上大学,基础知识无疑是薄弱的。当时的他,已经有整整 6 年的时间,把精力用在木材与家具制作中,用在谋生的艰难中。到了临海师范学校,他的短板就显露出来了。

他不会讲普通话。教师是靠语言吃饭的,他连最基本的要求都没有达到。

他从没学过汉语拼音,也不会查新华字典。他从小没有新华字典,当然也无从学起。他一直用的是康熙字典,那还是祖父留下来的。以前,他看书遇到"拦路虎",他就去翻康熙字典,如果上下文能看明白,他也就一带而过不管了。不认识的字读半边音，读错音也是常有的事。

高中是人生非常重要的阶段，很多的知识都是在这个时候打下基础的，缺少高中的教育，基础就不扎实、不完整。周泽安没有高中基础，因此知识没有形成系统。

到临海师范，真是土木匠来到了大观园。所以他只能把所有的时间投入到学习中来。一方面学习师范的专业知识，另一方面，从头开始补基础知识。他像一块海绵，努力吸收各种各样的知识。

两年下来，他不仅学好了师范的专业知识，连高中的知识也扎扎实实学了一遍。后来当高中班主任时，自习课下班辅导他很自豪地对他的学生说："除了英语我不行，其他学科题目你们尽管问。"他甚至与其他学科的老师开玩笑："夜自修你们都不用来，我应付没问题。"

这个阶段的埋头补习基础知识，对后面当校长也有很大好处。如果各个学科的基础不扎实，只知道自己的学科，会被其他学科老师看不起。设想一下，如果一个校长不能全面掌握高中基础知识，他去听各科任课老师的课时，怎么进行指导？如何评价老师的任教水平？怎么能讲到点子上？

在临海师范学校，他还赢得了"才子"的美称，这也给了他很大信心。

那是有一次，学校里组织现场作文比赛，他随意写了一篇文章，竟然获得了第一名。他经受的挫折磨难比较多，人生阅历比其他人都丰富，也有很多感想，写作素材信手拈来，像讲故事的小木匠一般，一肚子的故事。他写出的文章，特别吸引人。此后，学校的黑板报向他约稿，他在校园里拥有很多读者。

恰逢二十世纪八十年代初，"伤痕文学"比较流行，当时年轻人解放感与压抑感、理想与虚无、崇高与卑微、骚动与迷惘、郁闷和狂欢等复杂情感交织在一起，也有许多想法要倾诉，形成了文学的盛况。周泽安也动起了笔。他写了一篇小说，拿给班主任看。班主任看了以后，说很好，让他去投稿。

他找了一份文学杂志，按地址把自己的小说寄过去。可是没有回音。

那个时候是手写稿，抄一遍也很难，这一篇寄出去没有回音，他也就作罢了，就再也没有在写作的路上继续走下去，断了当作家的念想。

　　或许，以他丰富的人生经历和讲故事引人入胜的本领，应该是个好作家的苗子。但是，命运让他坚定所学的方向，不让他改变人生轨迹，或许，这也是上苍最好的安排吧。

　　在大学里，周泽安与一批同样优秀的同辈人相互交流、切磋，彼此激励，学到了很多。这给了他深远的影响。

# 仙乡有子　觉性如斯

二十世纪八十年代，我国刚刚实行改革开放，经济迅猛发展，各种价值理念蜂拥而至，秩序体系更迭变化。周泽安在变化中执著于自身的发展，他辗转于仙居各个中学任教，一方面致力于教学，不断积累着教学经验，提高教学水平；另一方面又如饥似渴地学习专业知识，从温州师范学院的脱产进修到浙江师范大学的函授学习，把所有精力都放到吸收各种知识上，他像获得了新生一般，生机勃勃，渴望着知识和能力的提升。在他的努力下，其中学的政治教学达到了一个新的高度。

周泽安结合教学实践提升理论水平，并以此为契机，慢慢形成了"快乐学习，幸福生活"的教育理念，并以此作为他的终生使命，开始了一段不平凡的人生。

# 上张初中来了一位"全能"的木匠老师

1981年，周泽安从临海师范学校毕业，被分配到上张中学当老师。

上张是仙居的一个乡，距县城40多公里，仙清线穿境而过，是台州、温州两市的边界乡，境内一千米以上山峰连绵不断。

"日出东方一点红，漂漂四海影无踪。三岁寒童千两重，宝珠过海去京东。"这首起源于上张的打岩号子，展现了打岩人为谋生而不得不离家去寻求出路的情形。打岩号子，是打岩人在打岩搬石头等劳动中按照劳动节奏，形成的一种流传于民间的顺口溜。

周泽安到上张中学教书，也如打岩号子里所唱的那般顺畅。

改革开放之初，一切百废待兴，到处都是欣欣向荣的样子。上张中学也开启了新篇章。然而，乡村中学的师资比较匮乏，老师大多是民办老师，水平和素质相对低下。

当从正规师范学校毕业的周泽安到来后，马上显示了巨大优势。那个时代的大学生就像被海浪推到沙滩上的贝壳，稀有而珍贵。

到了上张中学之后，周泽安教过语文、物理，还有政治，但是，不管哪个学科的题目，都难不倒他。

学校里有位教化学的吴老师，一直把他当成"救命稻草"。

周泽安正年轻，贪图睡个懒觉。常常，他还在睡梦中，就听到急促的拍门声："周老师，周老师，快起来。"

周泽安打开门，睡眼惺忪地问："什么事？"

吴老师说："这道题快帮我解一下，我马上要讲课了。"

周泽安二话不说，拿起题目解了起来。不一会儿，就解了出来。吴老师说："哦，是这样啊。明白了。等下学生要问我的。"说完，他夹着书飞快跑到教室里去了。

化学是周泽安的强项，只要是初中化学题目，没有周泽安做不出来的。不仅如此，其他科目也一样，他都能轻松解决。如果某道题周泽安做不出，那上张中学就再没有人能做出来了。

周泽安成了上张中学的知名人物。

他在上张中学有名，不仅是因为他是全能型老师，还有一个原因，上张乡是他做了多年木匠的地方，上张人都认得他。

有一年，上张车木厂（当年的工艺品厂）发了一场大火，把厂房烧了大半。车木厂重建的时候，周泽安与他师父一起承包了所有的木工活，在车木厂干了很长时间。在做木工期间，他又发挥特长，给工人们讲故事，与车木厂的工人都很熟，工人们都是他忠实的听众。

所以，当车木厂的工友们听说周泽安来当老师了，又新奇又欣喜，都跑到学校里来看他，一时间，"上张中学来了个木匠老师"传遍乡里。

他也成了乡里的知名人物。

在上张中学当了两年全能老师，他遇到一个机会，温州师院招收有编制的老师进行学历再进修。

尽管上张中学的氛围给了他荣耀感，他成了老师中的老师，但对知识的热爱，早已成了他内心不懈的追求；再加上在上张中学，他似乎总有一种没有对手的寂寞感，他期待着有新的成长和突破。

周泽安再次参加考试。经过临海师范学校的学习，又在上张中学积累了两年的教学经验，考试对于周泽安来说已经不在话下。他轻松通过了温州师院的入学考试，而且成绩非常好。

选择专业的时候，他犹豫了好长时间。最后，因为对法律感兴趣，他做出慎重的选择，报了政治系。不久，他离开了上张中学，中断教学工作，再次步入课堂，成为一名学生。

两年的教书生涯，让周泽安成为上张中学的匆匆过客，却也成为上张中学的骄傲。

# 小县城的新闻——城中的周老师在北师大杂志上发表了论文

有这样一则故事。富有的父亲带着儿子从城里去乡下旅行,想让他见识一下穷人是怎样生活的。在农场一户最穷的人家家里,他们度过了一天一夜。旅行结束后,父亲问儿子:"旅行怎么样?"

儿子回答:"好极了!"

"这回你应该知道穷人是什么样的了吧?"

儿子回答:"是的,我知道了。"

"你能说一下富人和穷人的区别吗?"

儿子想了想说:"我们家里只有一条狗,可是他们家里却有四条狗;咱们家只有一个水池通向花坛中央,可他们竟有一条望不到边的小河流;夜里我们的花园里能看到几盏灯,可他们的花园里却有千万颗星星;还有,我们院子里只能停几辆小汽车,可他们院子里却有几百头奶牛。"儿子说完,父亲哑口无言。接着儿子又说:"等我长大了,一定要过上像他们一样富裕的生活。"

孩子心中的富有和成人心中的富有是不同的,正如孩子心中的快乐和成人心中的快乐不同一样。

从这个故事中可以看出,要想真正走进学生的心灵,就要把握学生的思维方式。只有把关注力投射到学生的兴趣点上,才能提高学生的成绩。否则就如上面那个故事所说的那样,父子间所思所想完全在两条道上。

周泽安深知这一点,他注重教学中努力提高学生的兴趣,从而提高学生的成绩。如何提高学生的学习兴趣呢?尤其是中学政治这门学科,主要内容是政治学、经济学、哲学等,对成年人来说都枯燥万分,更别说尚未步入社会的中学生了。

年轻的周泽安在政治教学上做了积极探索,并决定把自己的教学心得写出来，与更多的教师探讨与分享。

在初为人父的那个冬天，太阳非常暖和，周泽安时常抱女儿出来晒晒太阳，也在太阳下做一些思考。或许这几年的教学生涯让他积聚了一定的能量，或许是新生命给了他灵感，在冬日暖阳的照射下，他开始写出自己教学的心得。

他根据教学经验，在上政治课时，常用举例子的方法，由此及彼，深入浅出，让学生了解知识点；而在举例子的时候，要举身边的例子，举中国的不如举浙江的，举浙江的不如举仙居的，要遵循时空接近原则，让学生感同身受，这样才能激发学生的学习动因和兴趣。他从实践出发，也没有故作高深的概念堆砌，完全是他深入思考后的真实感受，语言平实，叙事精炼而不拖沓。

他洋洋洒洒地写了一篇《政治课教学中如何培养学生学习兴趣的一点体会》，写完找了家杂志社投了出去，就抛之脑后。

过了不久，学校的值班员接到电话有人要找"周泽安"。

那个时候，全校只有一部电话，还有专门的值班员负责接听电话。值班员找到他："周老师，周老师，你有北京来的电话。"

周泽安很惊奇，心想：谁会从北京给我来电话？

他赶紧来到值班室，接起电话，对方说："我是北师大思想政治课教学编辑部的，你的文章我们准备录用，但你的字比较潦草。有几个字需要核对一下。"编辑把有疑问的字一一向周泽安落实。几天后，他收到了 80 元稿费。编辑又给他打电话："总编说你的文章是按最高的稿酬标准发放的。"对许多人来说，这可不是一笔小数目啊。

他在北师大《思想政治课教学》杂志 1986 年第 10 期上发表文章的事，一下子在小县城传开了，学校、教育局、县里，大家都在传："城峰中学有个年轻老师，会写文章，还在北师大的杂志上发表，可了不得了。"一个小县城的教书匠，写了一篇能上北京杂志的文章，这不能不说是一件轰动仙居的大事。

知名收藏家马未都在电视上曾谈起自己的经历。年轻时他在工厂里当工人，业余时间写小说。当他的第一篇小说被《中国青年报》录用后，仅隔 73 天，就被调到《中国青年报》当编辑,从此命运发生翻天覆地的改变。地处文化中心的京城尚且如此,更何况偏居一隅的仙居。在二十世纪八十年代的中国,一篇文章引起轰动,一篇文章改变一个人的命运,是常有的事,这也从另一个侧面,反映出一篇文章的影响力。

他发表文章的新闻,也惊动了县里的最高领导层。县里分管政法的副书记看中他的才能与潜力,想调他当秘书。副书记与分管教育的周副县长谈了想法后,周副县长一口拒绝:"不行,不行,这个人我要用的。"不管副书记如何做工作,周副县长就是不同意。

周泽安的人生还是按着原来的轨迹,继续在教育战线上前行。

做一行,爱一行。周泽安既然还在教育战线,他把精力仍投入到教学上,他深入探索学生的内心世界,研究学生的认知能力、心理特征,认识学生思维,把学生带进教科书,又引导他们产生兴趣。在这样的课堂教学中,师生间的对话才会撞击出火花;学生也能在充满活力的课堂里快乐学习、健康成长。

这个时候周泽安流露出的教育思想,如林中云烟,冷静中不乏智慧的闪动。

## 那一年下中政治学科的成绩竟然超过了台州中学

人们提起宁波市镇海中学的时候,"镇中题库"是无法跨越的话题。在镇海中学,每个教师为学生精选一道道题目,形成精品题库。他们精选的题库里,每一道题,都是科学的训练,让学生的思路更加开阔,而老师为准备这样的题库,花费了大量精力。教师们珍惜学生的每一分钟,他们认为学生的时间就是生命,如果重复做一些题目,就等于浪费了生命,这正如海明威的"冰山理论"。海明威把艺术作品比作浮在海面上的"冰山",露出水面的八分之一是冷静凝练的文字,水下的八分之七则蕴藏了作家大部分的情感和思想,需要读者去领悟和挖掘。"镇中题库"也从另一个侧面印证了"冰山理论"。老师拿给学生做的题库,只是浮在水面上的八分之一,水下八分之七,则是老师们像蜜蜂一样采了无数朵花,费尽心思、千辛万苦所搜集的资料。

周泽安在城峰中学任教时,他就有意无意地把这样的思路引入到他的教学上。

1985年,周泽安从温州师范政教专业毕业,到城峰中学任教,教初三政治,兼班主任。周泽安的政治教学,知识面非常广,天南地北,大千世界,侃侃而谈,精彩纷呈,学生听得聚精会神,引得学生们用敬佩的眼神看着他。他对学生要求也很高。他要求学生把课本知识牢牢掌握,又要求学生把课本的知识拓展出去。如果学生没有掌握好,他会很严厉地提出批评。学生们既喜欢他、敬他,又怕他。

学生们都说"没想到政治课这么有趣",翘首盼着上政治课。偶尔有几次,周泽安上课迟到了,学生们就来找他,学习兴趣特别浓厚。城峰中学的初中政治成绩,在全县都是一流的。

教完初三,暑假放假前,校长找周泽安谈话,让他教高三。接手高三后,周泽安在暑假里开始准备,把这几年的试卷及教材认认真真看了一遍,仔细备课。他教高三的这一年,学生学习兴趣同样非常浓厚,成绩也提高得很快。

到了第三年,高考成绩出来,城峰中学考出了好成绩。校长又找到他,提拔他当政教主任,社会上办高复班的也请他去教。许多有经验的老师都知道,高复班对教师的成长非常有利。高复班的学生,有些都参加过好几年的高考,常有意为难老师,如果能让高复班的学生满意,那教其他任何年级都没有问题了。

1988年,周泽安到下各中学任教务主任兼高中政治老师。政治学科的教学有它自身的特点,它对于基础知识的积累并没有像其他科目一样重要。此时的周泽安,经过数年的磨炼,对于政治学科的考点倒背如流。每个考点是什么层级的,在考试中以什么方式呈现,去年是怎么出现的,前年又是以什么方式呈现的,某个考点已经三年没考了。诸如此类,他都摸得一清二楚。他把考点分为四个层级,第一层级,学生记住就可以了;第二层级,通常以选择题的形式出现;第三、四层级,是简答题和应用题,每个层级对于学生的要求都不一样。他把政治课的内容分类后,大大减轻了学生的负担。

过关的方式,他也别出心裁。他要求学生之间相互提问,你问我答,做到人人过关,一个也不放过。经过这样的训练,学生基本掌握了他所要求的内容。

政治学科还有一个重要的内容,就是时事政治。这方面内容与课本无直接关系,题目全都从当年的时事中选题。如果让学生每天看新闻了解时事,对于"一寸光阴一寸金"的高考学子来说,那肯定是事倍功半的事。

周泽安对学生们说:"时事政治,分国内与国际两个方面。国内占 10 分,国际占 5 分。这 15 分你们就交给我了,你们安心复习,不用管了,我保证你们得 12 分。"

学生们安心复习其他内容去了。

在离高考还有几个月的时间里,周泽安开始用心选题。他搜集国内国际时事内容,按文化、体育、政治、经济等类别进行分类,并研究判断,哪一类最有可能考到。

等到高考前两个星期,他对学生们说:"我讲时事政治了,你们听好。我不发讲义,只在黑板上写,你们记。"

学生们一下子紧张起来,拿起笔等待着。他用两节课的时间,讲了 30 道题,国内时事他选了 20 道题,国际时事选了 10 道题。讲完后,他向学生们保证:"如果你们把这 30 道题背全了,考试得 12 分没有问题。"

学生的负担减轻了,他们轻松上阵,把精力投放到其他学科上。那年高考,下各中学的政治成绩平均分竟然超过了台州中学!

要知道,台州中学是台州地区最好的中学,而下各中学只是仙居县下属的乡中学。两所中学差了好几个级别,乡中学的成绩超过台州中学,这是完全不可想象的,也是仙居教育史上的佳话。

周泽安在仙居教育界名声大震。1992 年暑假,他在浙江师范大学教室里听老师讲课,学校政教系传达室突然来了一个电话,说教育局已经决定调他到仙居中学任教了。

# 小荷才露尖尖角

（1993—2000）

二十世纪九十年代，从城市到乡村，到处都被变革的光芒照亮，一切都勃发出无穷的生机和活力。政策的红利在不断释放，给了每个人无限的空间发挥潜能，让每个人都有机会出彩！

人们终将铭记这一时代，它在惊心动魄的不寻常中，以更加复杂的形式在融合、在生长、在博大，并形成滚滚洪流，席卷人们朝前走去。周泽安试图在洪流中找到自身的定位，在变化中丰富着自身的经验。他在白塔中学任职的几年间，以超强的勇气和智慧、耿直的性情、坦荡的个性，坚持原则，平息了风波，终究不辱使命，终结混沌，使其从此步入稳定发展的新轨迹。

这是一个离梦想最近的时代，值得我们每个人记录、奋斗和回忆！

## 当校长是一个艰难的选择

白塔中学附近一个村的村支书几十年来在村里执政，全面掌控着上街村。

学校的临街围墙有百米多长，在他看来，校园围墙围住的是钱财，怎么可以让钱财白白流失呢？于是，他暗地里派人把所有造房子的建材准备就位，水泥、沙子、砖头，叫好泥工待命。等到一天晚上的八九点时，他一声令下，手下的一帮人一齐动手，"哗"地一下把学校围墙推倒，往里倒进三米，马上开始砌墙建房，几乎一夜之间，临街造了 28 间店铺，干部们很快把它分掉，并各自出租，店铺就开张了。

白塔中学傻眼了！这平地而起的店铺，明明是占用学校资源，可是推不倒、赶不走，还有一群人围着学校做生意，校园外成了热闹的集市。这严重影响了学校的正常教学。

教育局得知消息后，开会讨论解决这件事。局领导提出，要找一位硬气的人当校长，这么乱的地方，没两把刷子，管不了。

他们想到了周泽安。

当时周泽安正在仙居中学当政教主任。他也震惊于这个事件，但他没有意识到接下来的事件发展会与他有关。那时他刚从下各中学调到仙居中学不久，教学上得心应手，生活和工作都处在平稳安宁的状态。再加上那时城乡差别巨大，一个教师进入仙居中学工作十分不易，孩子也需要在城区小学读书。

教育局领导找到周泽安，对他说："你业务水平好，人也硬气，调你去当白塔中学校长，只有你才能镇得住。"局领导知道周泽安当过木匠，人长得高高大大的。

周泽安不想去。他在仙居中学当政教主任当得好好的，再说白塔中学在白塔镇，离县城有 30 多公里，公交车来去十分不便，他刚从乡下的学校调到城里的学校,不愿意再回到乡下的中学。即便破格提拔,连升两级,他也不想去。但经过几番思想斗争后,周泽安还是决定接受这个"挑战"。

他来到白塔中学,着手调查围墙被拆事件。

几个月下来,他和工作组的几个同事把问题调查得清清楚楚,并写好报告,上报教育局。

就这样,他从政教主任破格提升为校长,开始了他的校长生涯。

他知道,这个校长不好当,白塔中学还有一堆烂事等着他呢。

## 正义连着法律,也连着勇气

白塔中学是创办于二十世纪五十年代的老学校,历史悠久,师资力量雄厚,是一所老牌的县属完全中学,在当地小有名气。

而现在,因为校产被占引起的种种矛盾,影响了正常的教学,连初一招生都停止了。

没有了学生,老师就闲了下来,学校也乱了起来。

周泽安第一次当校长,并没有太多的管理经验,但他有一个信念,让学校正常化,同时建立规范的学校管理制度。

新官上任三把火,他的第一把火是恢复招生。他不仅招初一学生,也招初二的学生。这项规定遭到了非议。因为白塔中学初一没有招生,学生就分流到其他学校。他出的这招,影响到了其他学校。但周泽安也是无奈之举,家不能断炊,学校不能中断招生。学校一断招,教师工作安置,学校文化延续,都有问题。

他的第二把火,是调整有能力的干部到合适的岗位。当时白塔中学在村支书的搅和下,学校管理受到干扰,人浮于事。

最重要的第三把火是他制定了岗位职责、奖惩制度,让学校走上了正道。

三把火过后,学校就走入了正轨,内部开始稳定,并有了活力,正常教学秩序慢慢恢复。

于是,周泽安开始着手处理学校外部事情。

他向县委、县政府、县人大、县政协等有关部门反复说明情况:校园是国有资产,村支书这么做,肯定是违反法律和有关政策的,有关部门必须要主持公道。如果不主持公道,会影响尊师重教的风气,会助长不法分子的嚣张气焰,同时,还会引发类似事件发生,其他地方也会效仿,后患无穷。这不仅是学校的事,也是政府的事。对于这种违法乱纪的行为,有关部门不能不管!

周泽安多次写报告,向上级领导汇报这里的情况。只要是领导接待日,周泽安都会去反映情况。这么一来,不仅在舆论上占有了上风,让相关领导和人员了解了情况,也让相关人员意识到了这件事情的严重性,开始着手处理这起事件。

尼采曾有一句名言:如果你向深渊窥视,深渊亦将窥视你。也就是说,对于将来未知的威胁,最好不要去想它,否则越想越害怕。但反过来说,你不畏惧威胁,威胁也就望风而逃。

在解决这个事情的过程中,周泽安曾多次与村支书进行正面交锋,并用自己的气势震慑住了对方,向我们揭示了正义或许会迟到,但绝不会缺席这一至理。


## 从乱到治——一首难唱的歌


白塔中学的校群关系一向比较紧张,尊师重教未成风尚,少数百姓经常找学校麻烦,在校园运动场晒稻谷、举行送葬仪式等现象时有发生。要办好学校必须祭出硬核,中止此类事件继续发生,排除其对学校教学管理的干扰。

周泽安到任后,白塔中学发出的招生通知中,招生对象未包含拆墙建房开店的村里的学生。其实这只是周泽安为解决问题所采取的一个迂回策略。

不明缘由的村民炸锅了。他们找到周泽安："你们学校建在我们村里,在我们家门口办学校,其他人都可以读,我们反倒不能读? 你还讲理吗?"

周泽安说:"这里有理吗? 你们占用学校的房子,这是讲理吗?"

村民吵吵道:"这是由中国共产党领导的天下,朗朗乾坤,由你校长说了算?"

周泽安说:"外面你们说了算,这里就是我说了算。就是不能读!"

村民讲不过周泽安,气呼呼地回去向村支书讨说法。

村民并没有从这件事中得到好处,现在却要村民承担由此产生的后果,村民当然有意见。他们找到村委会,对村支书说:"现在学校不让我的孩子上学,你说怎么办?"

村支书又带着十几个人到学校,质问周泽安:"你为什么不让我们的孩子在这里读书?

周泽安还是那句话:"我说不能读就不能读!"

村支书又说:"你还讲法律吗?

周泽安理直气壮地说:"如果讲法律,这些房子能乱造? 这些房子不处理,你不管告到哪里,我就是不让你读。"村支书自知理亏,只能灰头土脸地回去了。

周泽安的做法在意料之外,但又在情理之中。

马上要开学,村民们急了,孩子读书可是大事,耽误不起。

村民们再次来到学校找周泽安。周泽安说:"那行,可以来读,但是要收赞助费,交了钱就可以读。"这显然又是一个策略。

村民们当然不愿意。家门口的学校竟然还要交赞助费,他们就找村支书要钱。村支书无奈只好说:"赞助费村里先贴。"

周泽安:"可以,村里帮着交钱,我就给你读。只要店面房的事情解决了,我就把钱退给你们。"

周泽安被逼无奈采取地"以其人之道还治其人之身"这一计开始起作用了。

由村里补贴赞助费,毕竟不是长久之计,在这种压力下,村干部们也出现了不同意见,毕竟这事儿是村里理亏。再加县委、县政府一直在督促尽快处理此事，他们只好坐下来协商，把所建的商铺转给学校。村支书后来也受到了处分。

此事终于告一段落，胜利来之不易，成功需要坚持不懈，斗争更需讲究策略。在校外经历着这一场两年之久的没有硝烟的战争的同时，校内也进行着另一场对周泽安的校长职业生涯来说更为重要的变革。明确学校每一个教职工的岗位职责，制定教学质量和学校各项管理目标考核细则，试行量化考核办法。这些做法在今天看来似乎很平常，但在二十世纪九十年代初，在教育管理界还是人治盛行的时代，实为不易；近三十年前初上校长岗位的周泽安的教育管理思想里就已经有了规范管理、依法治校的初步构想，更为可贵。校外安宁、内部稳定了，学校里秩序井然，并有了活力。再也没有村民来学校晒稻谷、找学校麻烦的事情发生，老师也兢兢业业，有了真正为人师表的样子，白塔中学从此走上了稳定发展的轨道。

## 从学科思维到大教育思维是一个名校长成长必须的蜕变

经过三年多的不懈努力，周泽安基本完成了在白塔中学的使命——白塔中学从乱到治，教学质量稳步提升，已经步入正轨，此后再也没有出过乱子。周泽安向教育局打报告，建议教育局把他调回来，重新派一任校长过去，这样可以改善校群关系，有利于学校的长远发展。

教育局收到报告后，认为周泽安说得有道理，就把他调到仙居二中当副校长。半年后，又把他调回教育局。当时教育系统正在进行行风整顿，需要一个正气、有能力、脑子灵活的人主导这件事，周泽安处理问题有法律意识，政策把握比较准确，是个当行风办主任的合适人选。行风整顿完成后，周泽安转到教育股当股长，半年后普职教科分设，他改任普教科长。

他到普教科，恰逢教育教学改革热潮兴起之时，教育行政部门开始倡导素质教育，他刚从校长岗位上转过来，带着来自第一线的实践思考和经验总结，对学生和老师的教与学的矛盾、痛苦及快乐有更切身的感受。这也更有利于做好普教科长的工作,给教育行政领导提供更多的反映基层意愿和诉求的合理化建议,使教育行政机关出台的决策更接地气。

中国的行政机关是藏龙卧虎之地,教育行政机关也一样,集中了教育界的许多优秀人才。普教科是县级教育行政机关的主要业务科室,上下、纵横联系都十分广泛。作为普教科长有很多机会与教育专家联系交流,也有很多机会参加各类学校的评估,有很多学习的机会。周泽安把北京、上海等地走了个遍,广泛与教育专家、名校校长接触交流。正是这段经历,拓宽了周泽安的视野,让他从更高更广的空间观察教育、思考教育,并结合自己丰富的人生阅历慢慢形成自己的教育理念。

在周泽安看来,决定教育理念形成的关键,是在各个岗位的实践中,不断学习,不断思考。比如,从马车到火车、飞机的运输革命,是位移速度的提升;从书本到电视、电影、网络的传输革命,是信息传递速度的提升;从奴隶制、封建制到民主制的政治革命,是政治组织层次的提升;而从教师到校长,再到有自己独特思想的教育家,是更高层次的教育理念的升华。

从知识点到学科知识、学科思维,从学科思维到大教育思维的形成是一个漫长的过程,也是一个教师成长的蜕变过程。一个新教师从师范大学毕业,踏上讲台当教师,经过几年的努力,完成一个学段教材的研读,对所教学科知识点的构成、分布、应试要求及近三年高考、中考的呈现方式,都了然于心,到这个时候无疑是这个学校的学科教学骨干。但要成为一个名教师还得继续往前走,对所教学科的理论建构、知识点之间的相互关系、学科发展历史等有较深度的了解,形成学科思维,且能熟练运用教育学、心理学及丰富生动的媒体技术等教学技能,名师的头衔就非他莫属了。但要成为一名教育家或名校长或优秀的教育行政管理者,还得继续往前走,思想必须再次蜕变,突破学科思维的藩篱,具备一定的大教育思维。因为你的工作,你面对的教育实践及其丰富多彩的教育个案的解决,都需要跨学科、跨学段思维。有句话很现实,"屁股指挥脑袋",屁股坐在哪里,思考问题就从哪里出发，受其影响，所以一个人成长十分需要多岗位锻炼。"没当过班主任的老师再好也只是一个教书匠"，这句话有一定的道理。

周泽安从当班主任开始他的职业生涯，从政教主任到教务主任，从校长到教育股长，从普教科长到教育局党委委员，一步步走来，踏实而从容，随着屁股底下岗位的不断变动，迫使自己的教育思想不断蜕变，不断自我否定；迫使自己不断学习思考，不断开阔视野。作为政治老师的他，要当好教务主任、校长时就不能仅仅从自己专业的政治学科考虑学校的教学组织和安排，还要考虑到数学、语文、物理、化学、历史、地理等其他学科，跨学科去思考问题，在这里就成为做好工作的必须。

同理，当屁股坐上普教科长位置时，他就必须把眼光放得更高更远，跨学段思考教育就成为必须。幼儿园、小学、初中到高中各个学段的任务、目标、特点各不相同，普教、职教和成教差别更大，学生不一样，老师也不一样。各个层级的老师怎么去管理，完全不同，用管理小学老师的方法去管理高中老师肯定要出乱子，用教育小学生的方法去教育高中生同样会出乱子。

教育是复杂而多面的，教育价值的判定更是复杂而多维度的。人们因知识结构、人生阅历、理解角度的不同，对教育的理解有差距。人们谈起教育，自然地以自己所处的环境和角度来理解它，当时下的环境"随风潜入夜"般地替换了教育环境，难免出现偏差或错误。

多年后，周泽安在对自己的教育职业生涯进行反思时，深有感触地说："近四年的教育局机关工作，使自己学到了很多东西，在评价别人的同时，看到了自己短板；在这个岗位上也有幸结识了教育界的许多专家、学者和同行，在与他们的交流中感悟了许多；结合自己的人生阅历，慢慢地有了自己的一些想法。"

周泽安认为："当好一个好校长或一个称职的教育行政部门领导，必须具备两个眼光看教育。一是历史的眼光，上下五千年的教育历史演变，了然于胸；二是世界的眼光，了解世界上主要教育大国教育变革的风云变幻和发展趋势。"2009年3月26日，全县的校长、副校长在仙居中学体育馆集中，周泽安作了一个颇有理论高度的学术报告——"基础教育改革的方向、路径和出发点"。也许从这个十多年前的报告中我们可以看出周泽安教育思想形成的脉络。在这次的报告中,他提出了三个关于基础教育改革的原则性观点。

## 一、必须从教育演变的历史进程中把握未来

周泽安认为:"历史是延续的,明天是昨天和今天的自然延伸,未来就蕴藏于昨天和今天的历史和现实中,读史以明鉴,教育改革的未来走向也只有从历史和现实中去寻找。

"有了人类,就有了教育。在文明的史前时期,生存极端艰难,为了生存,传授和学习制作工具、狩猎、捕鱼、采集等劳动技能自然就成为生存的第一需要、教育的核心内容。教育的目的简单、明了、直接,让受教育者有能力向大自然获取物质财富,过幸福的生活。

"到了农耕时代,教育的内容、目的都发生了极大变化,'学而优则仕''格物、致知……修身、齐家、治国、平天下',不再把传授技能向自然获取物质财富作为目的,转为'治人',掌握治人的本领,向他人掠夺财富,使自己过幸福生活。

"工业文明的到来,'赛先生'走上历史舞台,人文让位于科学,教育的核心内容是征服改造自然的知识,教育的根本目的是提高征服改造自然的能力,向大自然获取更多财富,过幸福生活。

"但财富的增多、科技的进步,并非全是福音,幸福也没有同步增长。大自然的报复使我们生活在恐惧之中,人文精神的失落,使我们的内心更加寂寞、痛苦,科技的滥用使我们的生命健康受到无以复加的威胁。"

说到这里,周泽安从心里发出了一个疑问:"在这里,教育扮演了什么样的角色呢? 难道就没有一丁点的责任?"

接下去,周泽安又向校长们娓娓道来:"三四十年代,人们认为学校学的知识足够一生消费,工业革命的成功,使人们对知识的崇拜也进一步升温,将人类累积起来的知识一股脑儿地倒给学生成为教师的唯一使命。教师们信奉的格言是

'知识就是力量'。六十年代后期,信息技术广泛应用,知识爆炸,更新速度加快:一是知识多得教不完;二是教了很快就用不上。以能力本位为价值取向的第二次课堂教学革命就此展开。教师们信奉的格言是'方法比知识更重要''想象力比知识更重要',具有广泛迁移价值的知识得到教师们更多关注。二十世纪末,人们突然醒悟,科技的进步并不完全是福音,以掠夺性为标志的工业文明已走到尽头,社会的先知者首先认识到仅仅传授科学知识是不够的,或是可怕的。教育要承担起传承人文精神的责任,以人本位为特征的第三次课堂教学革命就此兴起,至今未衰,教师们信奉的格言是'还教育另一半',人文精神复兴,'德先生'又回到舞台,情意态度价值观受到更多重视,给受教育者以更多的终极关怀。联合国教科文组织一再呼吁:学会生存,学会学习,学会合作,学会做人。课堂教学赋予教师的使命正在改变,也许我们能从这里明白一些未来教育改革的走向。近年来,关于教育"三生"的本质,即生命、生活和生态的讨论正在兴起,值得我们注意。

## 二、必须在对教育价值的哲学思辨中探寻教育改革的目的

周泽安说:"毕生从事教育工作,有一个问题我们必须认真思考:在教育的价值体系中,最核心、最重要、最永恒的究竟是什么? 在教育的参与主体中其动机和目的一样吗? 人生苦短,但却有1/3的时间要在学校里度过,而且这一历练过程并不轻松、快乐,更多的或许是竞争的血腥,求知的迷茫、苦涩。但又何苦呀?! 慈爱的家长又为什么决然、毅然、不惜血本地将幼小的子女送入学校? 社会、国家、政府口袋中的钱本来就不够用,但又为何非办教育不可? 他们有共同追求吗?

"不可否认,在教育游戏的三个参与主体中,动机和目的是不一致的,各有所图,但说到底还是不能离开人。因而,人的生存、发展;人的自由、解放;人的幸福、愉悦,就理应成为教育存在的最核心、最永恒的价值,也是教育所理应给予人类的终极关怀,也即是我们所要苦苦探寻的答案:'教育就是为了人的幸福。'也许这就是我们此行的目的地。"

### 三、教育改革要从对现行教育的批判中寻找出发点

现行教育的缺陷制约着教育元价值的实现,改革的出发点就必须从其存在的缺陷中探寻。

譬如:现行教育的制度性安排上存在的官本位管理和过度管理现象。学校和教师的自由空间过于狭小,特色学校、品牌名校,名师名校长缺少成长的土壤,教育家又怎能凭空产生。

再譬如:现行教育的建构性缺陷。专业化、知识化、实证化是现行教育的三大特点,也是现代教育的伟大成就之一,问题的严重性就在于这一纬度的过度膨胀,从而忽视了方法论上另一个也许更为重要的纬度。专业化的培养模式虽然有利于极大地缩短人才成长的周期,减少教育成本,但无可避免地会使人才成为跛脚鸭,社会学专家缺乏科学理性素养,自然科学家也由于缺乏人文素养支撑成就不了大家。知识化使人成为知识的容器,在其光环掩盖下忽视了人的内心体验、心灵感受,幸福并没有随着知识的增加而增加;实证化诚然是现代科学的根基,问题在于其过度强调量化、实验、数学分析,从而忽视了其主体有血有肉有情有意的人的存在。核武专家脑里想的只有物理、化学公式和数学模型,医学专家眼里看到的也只有人的物体的零部件及其分子结构。引发人文危机、生态危机、伦理危机也就不足为奇,令人深思。所以,所以关于教育问题的探索和改革也就必须从这里出发。

再譬如:现行教育的社会性缺陷。大家都在喊减负,减轻学生负担,其实单从学校入手是远远不够的,其根源在于社会竞争日益加剧,传导到学校里来,学校和教师也是被迫和无奈的。机关一天工作6—7小时,而教师从鸡叫工作到鬼叫,谁愿意啊!什么都要考,只要选拔性考试存在,91分就当然比90分牛,高考一年考100次也没用,负担可能更重。城市化工业化必然伴随着农村的萎缩和城市的繁荣,人才、资本各要素都流向城市,"聪明人"都到城市去了,教育又怎能独善其身、保持均衡?不均衡就要择校。人往高处走,水往低处流。不均衡,又

不能择校,把你捆死,永不翻身,其恶大也！教育投入不足,大学录取师范类分数最低,优秀人才不当教师,素质下降、待遇低、压力大。再加上教育功能和责任的泛化,学校和教师再也不堪重负。

　　这些关于教育改革的问题一个比一个宏大而严肃,反映了这一个时期周泽安对于教育问题思考的深度和广度,也反映了周泽安思维的高度敏锐。难能可贵的是,他看到了这些问题,却并没有因此丧失对教育的信心。他说:"这些问题的存在,作为学校,作为教师也很难力挽狂澜,严重地压缩了我们行动的自由空间,影响了我们苦心施教的目标达成。但我们还是要坚强地往前走！积极寻找有限的自由空间,坚定地守望教育理想。"他仿佛就是一只在山顶上盘旋的老鹰,远眺远山近水;又如一位古希腊的智者在默默地思索、指点着教育的未来,清晰地看到地平线上慢慢出现的一个大教育的边际和轮廓。

　　曾任哈佛大学校长的鲁登斯坦曾私下对普林斯顿大学的一位老师说，哈佛大学如果想要把全美国所有高中的第一名统统找来做学生，完全办得到。可是一个正常的社会，有第一名、第二名、第三名、第四名……我觉得现在社会的高等教育，想要把全部人训练成全美国第一名的高中生，就会有"过度规划""过度教育"的问题。这是忘了社会是多样的，你要在多样里面生存，里面就会有很多名不见经传的人冒出来。我们生活在其中的现实，不是可以完整地规划出来的。从鲁登斯坦的话中可以看出，教育的目的并非只是追求第一名，因为社会是纷繁复杂的，有各种可能，也有各种选择，教育就是要尊重个体的生命体验，为学生呈现更多的可能性，带领学生去更远的地方，探索更宽广的边界。

　　2000年，周泽安调任安洲中学校长，他仅用了短短四年多的时间，就使安洲中学这所教育质量落后的新办学校成了仙居初中学校中的领头羊，在当地被誉为教育界的奇迹。几十年的学校管理经历，为周泽安积淀了丰富的学校管理经验，尤其是在安洲中学的十年间，他潜心钻研中外教育理论，对教育形成了自己独到的认识与见解，他认为，教育的核心价值是让学生懂得什么是幸福，并有能力获取和感受幸福，他说："教育是慢的艺术，不能太功利，不只是分数，其终极目标是为了人的幸福。"

　　在"快乐学习，幸福生活"这一教育使命的强烈驱使下，他用了十年的时间，在安中这块热土上，深耕细作，负笈追梦，踏歌前行，开展了一系列具有远见卓识的教育教学改革创新举措，用十几年后今天的眼光看仍然具有其前瞻性的价值和意义。

## 吵一架,安中这校长竟不能不当

2000 年,仙居教育系统发生了一件大事。因为某种原因,仙居中学、仙居二中、安洲中学三所中学的校长都出现了空缺。城区几所知名学校没有校长,影响很大。学校怎么能没有校长？教育局紧急物色人选,任命校长。经过挑选,周泽安又成了救火员。

教育局长、分管教育的副县长都来做他的工作,让他服从安排。

周泽安在教育局普教科长岗位上干得非常出色,已经习惯了机关的工作,他断然拒绝去当校长。他对局长说:“你们再也找不到比我做得更好的普教科长了。”

但是在教育局领导的眼里,再好的普教科长也没有校长重要。学校里人心惶惶,这样的状态,会影响教学。对于教育局来说,再大的事,也没有学生的事大。

这是教育局的当务之急。周泽安硬气正直,业务水平过硬,每当关键时刻,领导都把他推出来解决问题。

当时的教育局局长是周泽安的同学,他看到周泽安态度坚决,于是想了一招,找到周泽安比较尊重和信任的老领导,让他出面做周泽安的思想工作。

老领导也没能说服周泽安。周泽安铁了心,就是不同意去当校长。教育局局长很生气,同学间说话也比较随便,两个人几乎吵起来了。

这一来,两位老同学都动了气,把话赶到死胡同里,他们就僵住了。

很多人出面做工作,想打开僵局。周泽安在众人的劝说下,心想不就是去当个校长么,也没什么大不了的事！于是,就去当了校长。

那么,到哪所中学当校长呢？

因为是被点名去当校长,周泽安有了优先选择的权利。他可以在仙居二中、安洲中学两所中学任选一所。二中是仙居的老牌学校,也是最好的中学,每年的升学率遥遥领先,每年仙居中学(重点高中)高一招生300多人,二中考入重点高中的人数有150人以上,占全县重高招生数的50%以上,是家长争相送孩子去的学校;而安洲中学,是城区东西两个片区合并的新初中,创办仅六年,学校条件也比较差,只有一幢教学楼,一片泥地里几条石子铺就的小道;民办教师比较多,素质比较差。教育局当初创办这所学校,是想办成仙居二中的层次,与二中展开竞争。但安洲中学不争气,教学质量怎么都上不去。教育局急于求成,一看教学质量上不去,马上更换校长。在这之前已经有了四任校长,也就是说,差不多一年更换一任校长。学校教学质量的提高不是一蹴而就的,这么频繁地更换校长,教学质量更加上不去,每年考上重点高中的人数只有30人上下,仅是仙居二中的五分之一。

对比如此鲜明的两所学校,一般人想都不用想,会去仙居二中当校长。但是,不按常理出牌的周泽安,却选择去安洲中学当校长。这大大出乎众人的意料。

面对大家的疑问,他回答道:"安洲中学有上升的空间啊!我到仙居二中,去锦上添花?没多大意思。做好了,也是沾了前任校长的光,没什么新玩意。但如果去安洲中学,升学人数增加30人,那就是成倍增加了。我怎么做也差不到哪里去,这已是最底线了。这样的学校,只有搞好,没有办砸的道理。"

他是这么说的,也是这么想的。因为一所不好的学校,它肯定不仅仅是教学质量不好,其他各方面行为规范肯定也不好,比如一个孩子如果行为规范好,彬彬有礼,他的成绩是不会差到哪里去的。如果这个孩子学习习惯不好,思维方式有问题,做人等各方面都会差人一等,成绩也肯定不会好的。学校也是同样的道理。他有信心提高学校的教学质量。

仙居古称乐安。有一年发大水,把县城毁掉了,重建后改县名为永安,因穿城而过的永安溪而得名。仙居出了很多道士,宋真宗好道,有好事者对他说,永安这个地方,山好水好,道家第三十六个洞天也在那里,特别适合修行。宋真宗就下了诏书，将县名改为仙居——神仙居住的地方。县城东边有一山现名管山，古名安洲，仙居最早的学校就是安洲书院，安洲中学也因此而得名。

周泽安在安洲中学任校长的近十年时间里，学校发生了巨大的变化，从外部环境到内在教学质量，从文化墙到学校规模，最重要的是，安洲中学升重高的人数，与仙居二中掉了个个儿。这惊人的变化，凝聚着周泽安的教育智慧。他也因此被推选为县第十三届人大代表，台州市第三次党代表，台州市名校长。

安洲中学这 10 年，是周泽安成为名校长的重要一站，具有里程碑的意义。

## 能搞卫生就能当校长——管理就从这里开始

一位仙居的校长谈到学校的管理经验时说，我们现在评判学校好与差一般看两点：一个是学生集合的时候能不能安静，几千个学生一下子能安静下来，这个学校差不了；还有一个看厕所，学校里的厕所能管理好，说明这个学校最基本的后勤都管理得很好，这个学校肯定能管好。这是学校管理的两个层次，这两点做不到，不管校长如何介绍成功经验，肯定不是好学校。

这个管理经验，传承自周泽安。2000 年，他走马上任，到安洲中学当校长，做的第一件事，就是组织全校教职员工打扫厕所卫生。他一再强调："学校是我们工作、学习的地方，也是我们生活的地方，生命中的一段并不短暂的美好时光将在这里度过。学校的环境卫生整洁程度不仅关乎全校师生的工作和学习的质量，也关乎全校师生的生命健康和生存质量。"

周泽安到安洲中学校园里几圈转下来，看到学生根本没有卫生意识，乱丢垃圾，男生在厕所大便处小便或便到小便槽外面去也毫不在意，新建房子的厕所里有一层黑黑的污垢，臭气熏天。

周泽安把管事的一干人带到厕所，亲自示范如何打扫。他卷起袖子，拿起清洁球，蹲下身子，对着瓷砖擦了起来。一遍两遍三遍，把厕所的每一块瓷砖，擦出了瓷砖本来的颜色。他指着干干净净的瓷砖，抬头对他们说："就按这个标准，打扫厕所卫生!"周泽安还给大家讲了一个故事：据说希尔顿老板也是自己擦厕所，他擦完厕所后，还把厕所里的水舀起来喝一口。故事不知真假，但至少有一点，他自己觉得舒服。

他把厕所分包到人，校长、副校长、中层干部、党员各包一间，清清楚楚。校长都这个样子，其他人还能怎么办？也只好照样做。然后让学生也按照这个标准把教学楼的卫生间打扫干净。厕所卫生搞好了，校园里其他方面卫生就好搞了。

全校教职员工捏着鼻子擦厕所，开始的时候，大家接受不了，心里犯嘀咕：我们是教书育人的，哪能成清洁工呢？这叫什么事？

周泽安到安洲中学的第二件事，是抓纪律。

他的标准是，校长或是其他人从教室窗外走过，所有同学要做到充耳不闻，把屁股坐稳，两眼只盯着黑板、盯着书本、盯着作业本，风声雨声，不闻不听，一心只读圣贤书，两耳不闻窗外事。

在周泽安看来，如果老师从教室门口经过，学生的注意力马上被吸引，这样的学生肯定读不好书。如果有人从教室门口经过，这个班级的学生能熟视无睹，这书肯定读到心里去了。

这两件事做下来，学校里有了非议。有人说，新来的校长只抓卫生、抓纪律，不搞教学。周泽安听后置之不理。他们根本不知道周泽安心中的丘壑。爱好下围棋的周泽安知道，至少得把第三步以后的局势算清楚了才能下子。周泽安在教育局普教科长的岗位上历练过，见过众多名校的教学理念，他自有布局，早有计划、有安排、有方案、有步骤，他有绝对的自信，让学校朝好的方向发展，可谓是一切尽在运筹帷幄之中。干着干着，大家看出点门道，慢慢明白周校长的良苦用心了。打扫厕所并非是他的目的，而是他要从细节做起，把细处做实，并以此作为切入点，让大家静下心来找方法，找到问题的症结，期待在某个时候找到突破口。从体育教学的角度说，当学生跑到600米的时候，跑不动了，产生了瓶颈，也就是出现极点的时候。这个时候，老师可以指导学生进行一下调整，等过了这个点，又可以继续跑下去。师生们理解了他的初衷后，干什么都顺理成章，就像下棋找准了关键点，整盘棋都活了。

纪律和卫生是学校整个德育系统的核心和基础，是学校环境育人的重要手段，也是学校实现有序管理、规范管理的基础。基础不稳，地动山摇。任何最现代最时髦的学校管理，都必须从这里开始，离开纪律和卫生谈学校管理肯定是无稽之谈。

但这只是名校成长漫漫征途中的第一步，胜利还在远方。

## 自主管理、自主学习、自我教育——校园的夜晚静悄悄

听说安中的夜自修老师都不到教室管理，偌大的学校，几千个学生竟然没一个老师在管理，这还得了！学生不得吵翻天？夜自修到学校去学习还有没有效果啊？家长有疑问，社会有传闻，教育局也不放心。家长不信就陆陆续续来学校教学楼看；领导不放心就带一批人来突击巡查。果不其然，整个教学楼里看不到一个老师，老师或在办公室里批改作业，或在认真备课，间或有几个学生来找老师辅导。整个教学楼灯火通明，安静得能听到学生翻书的窸窸窣窣声。

周泽安始终认为："做人比读书更重要，德育比智育更重要。""路要学会自己走，饭要学会自己吃，这书也必须学会自己读！"为此，必须下大力推行"自主管理、自主学习和自我教育"。组织、指导学生参与学校日常管理，既能最大幅度地减轻教师的日常管理负担，又能唤醒学生的主体意识，使学生在参与学校日常管理实践中学会管理，锻炼成长。学校不仅仅是学生学习文化知识的地方，也是学生心智全方位成长的地方。在学校做小主人，长大了出校门就可能成为社会的主人。

学生能做的事让学生做，学生能管的事让学生管，这一做法在周泽安看来至

少有四个好处。一是零成本。因为学生做事情一般是不用给其支付工资的。二是实现无缝管理。老师和学生不可能二十四小时在一起,在管理上就肯定会有或多或少的空档期,只有学生和学生才能二十四小时在一起,才能实现无缝管理。三是能唤醒学生的主体意识,为将来成为具有主体意识的社会公民做好充分准备。四是自定的戒律最有效。这是周泽安总结的安洲中学德育系列改革亮点之一。

当年魏书生老师,身兼校长、局长、班主任、语文老师等数职,还经常外出讲学,但他教的班级的课也不安排别人代课,班级的工作也由学生自己管理,到期末考试时语文成绩仍然很好。周泽安刚到安中的时候,就强调学生自主能力培养的重要性。"不愤不启,不悱不发",学生的课堂要让学生做主,学生能自主学习的老师就不能越俎代庖,学生能自我管理的老师就放手让学生去管,只要老师组织好、指导好,信任学生的自主管理能力,班级的事务肯定能做好。他给老师们做培训,推行契约管理模式,把班级里的事务分配到每一个学生的头上,让他们觉得有责任、有义务去管理班级——这是我的班级,我要尽一份力。

在传统的学校管理中,班级管理的主体是班主任,班主任在管理中起着主导作用,班主任事无巨细,事必亲躬,不愿也不敢让学生自己去做、去管理。眼睛一睁,忙到熄灯,既苦了自己,也不利于学生主体意识的唤醒和能力的培养。学校的日常管理任务,既多且杂,不胜其烦,大量地牵制着老师们的时间和精力。为了改变这一状况,让学生成为学习活动的主体,也成为"学校管理的主体"。周泽安认为,如果把中学生能胜任的那一部分,交给学生自己去管理,就能大幅度地减轻老师们的负担,让老师们抽出更多的时间和精力,用于更新教育理念和技能,筛选知识,研究教学方法,以提高教学质量。

让学生参与学校的管理,这不仅有利于维护学生的利益、唤醒学生的主体意识、增进师生的理解,更有利于培养和锻炼学生的实践参与能力、管理协调能力。如参与厕所管理后,学生就知道,在大便处小便及洗手后在盆外甩手等习以为常的事都不是小事。在大便处小便会使边墙积垢、发臭，从而影响厕所卫生；洗手后在盆外甩手，人多了，地面瓷砖容易积水，看上去不干净，而且易打滑、不安全。学生也就理解了学校对这类行为进行处罚的原因。

为此，安洲中学实行值周班制度，让每一个学生都有机会参与学校的管理。学校改造了学生会组织，成立了各专门委员会，负责校内各项事务的日常管理。如仲裁委员会，就负责学生日常违规行为的处置和学生间轻微矛盾的调解仲裁。

周泽安引导安洲中学的老师在平时教学中注意渗透和指导，进行多元化、多层次、多功能的教学，树立"教是为了不教"的思想，不只是要教给学生知识，更重要的是要教给他们自主学习的方法，鼓励学生通过自主学习掌握学习方法，定期开展学习方法交流，让教育成为学生实现自我，体验成功，感受快乐而有意义的校园生活。

周泽安在教学副校长等一群骨干的共同努力下，还大胆地在各个学科尝试性进行了导学案的编写和使用。老师编写导学案，学生自学、互学，然后再老师教。老师得到学生反馈后，把学生分类，哪些是学生学了的，课堂里不用教；哪些是学生不了解的，课堂里讲；哪些是学生学得比较好的，在课堂里交流。老师还安排一些弹性题目，让学生根据自己的知识水平挑选，扬长避短，以便更好地激发"自主"学习的兴趣。例如，语文老师在布置作业时，要求学生根据自己的喜好，有选择地把自己认定的好词佳句摘录下来，熟读成诵，把书本语言转化成自己的语言。这种情况下，优等生会选出一些带有思考性、创造性的句子，中等生则是根据教材内容，在自己获得知识的基础上，找出一些变换角度的句子，而后进生选出的大都是基础知识方面相关的句子。这样的练习，一方面帮助学生学习有关知识，培养了他们独立学习能力，另一方面又使学生的需求得到满足，促进了学生自主学习，成为学习的真正主人。

"头脑不是一个被填满的容器，而是需被点燃的火把"，老师的责任就是点燃火把，努力创造条件，让学生充分发挥主观能动性，主动地、有见地地学习，并将所学的知识运用于实际,变"要我学"为"我要学""我爱学",发展自我调控的能力,在学习过程中不断实现自我超越。

真正的教育是培养一个人的责任感,激发出自我的教育。所以,在日常教学中,周泽安提出,不要让学生只是感觉自己是一个被教育者,一定要让他们成为教育者,学生之间彼此取长补短,相互影响,让他们看到自己身上的优点在另外一个人身上体现出来,也就增强了学生自我约束、自我发展的信心,也成为学生自主学习、自我教育的动因和源泉。

给学生权利,让他们自己去选择;给学生机会,让他们自己去体验;给学生困难,让他们自己去解决;给学生问题,让他们自己找答案;给学生条件,让他们自己去锻炼;给学生空间,让他们自己向前走。安洲中学实行自主管理、自主学习、自主教育,是管理的最高策略。这种成本最低的管理方式,经过探索和尝试,不断总结和反思,充分挖掘了学生自身的潜能,使学生在学习时表现出来自觉性、积极性、独立性、责任心、管理能力日渐增长,让学生拥有主动、自我发展的机会,获得自我表现的机会和发展的主动权,使学生自觉掌握思想方法,做到老师在与不在一个样,也使班集体更加团结、更健康和谐地发展,从而促进学生形成良好的个性与健全的人格。

给予学生足够的信任,这是教育的理性和科学,也是教育的艺术。正如德国教育家第斯多惠所说:"教育的艺术不在于传授本领,而在于激励、唤醒、鼓舞。"

一位从德国回来的女士谈及亲身经历的一件事,这与周泽安倡导的教育方式有着异曲同工之处。那是一个星期天,她领5岁的儿子到公园玩。儿子用一只"纸飞机"换回了德国小朋友的一辆电动"小汽车",这件事使女士大吃一惊。因为那只纸飞机充其量只值5美分,而这辆小汽车至少也要值20多美元。开始她以为儿子说谎,当找到小汽车的主人和德国小孩的妈妈时,这位德国母亲说:"小汽车是属于孩子的,该由孩子做主。"她还说:"你儿子喜欢,小汽车就归他了。过会儿,我会领着孩子上玩具商店,让他知道这辆汽车值多少钱,能买多少个纸飞机,这样他就不会第二次做这样的蠢事了。"

　　尊重学生的选择，不干预、不阻止，也不单纯批评学生的做法，而是采取有效措施，对学生进行循循善诱的教育。尊重学生的选择，或许并不能保证学生的每一次选择都是正确的，甚至可能会使其摔几个跟头，走一段弯路，但学生的选择能力却在一次次尝试中得以提高。

　　周泽安一直认为，做人比读书更重要，能力比知识更重要。没有成绩是不行的，仅有成绩是不够的，它形不成品牌，成不了名校。在理想和现实之间行走，现实是地，理想是天，必须着眼现实、守望理想、坚定信念、克难攻坚才能把教育事业推向前进，才能实现自己的教育理想。

　　周泽安没有规定老师一定要坐班。他的方法是，班主任老师去不去我不管，但教室必须安静。学校是学习的地方，需要安静。每个老师都是领导，这个班交给你，45分钟内想办法管住课堂纪律，是老师最基本的职责。管好课堂纪律不单单是班主任的责任，也是任课老师的责任。他不给老师这样的借口：我坐在那里了，学生吵我也没办法，要么校长你自己管。

　　"我的领地我做主，校园卫生我主人，学习自主更有劲。"安洲中学在周泽安的带领下，唤起学生的主体意识，发展学生的主动精神，促进学生生动活泼地成长；实行学生自主管理，特别是夜自修交由学生自行管理后，教师不坐班，有时候整幢教学楼都看不到老师的影子，但秩序照样井然。学生在学校管理中所表现出来的能力、水平和认真、负责的态度，有时甚至连老师也难以赶上。

　　如果在夜自修时踏进安洲中学的校园，穿过安静的走廊，发现每个班级的学生都低头认真学习，你一定会被这样的场景所感动。这样的学习氛围，是安洲中学成绩飞跃的基础。

　　成功的教育方式，收获的必定是教育的成功。

## 社会服务课——唤醒生命意义课

"纸上得来总觉浅,绝知此事要躬行。"在周泽安看来,学生接受教育,仅仅停留在课堂里听老师传授文化知识,是远远不够的。社会是一个大课堂,有许多有价值的东西在等待着学生去尝试,去体验,去感知。让学生走出校门,在社会这一大课堂中接受教育,学会生活、学会生存,从而学会保护自然环境,关注社会热点,关心社会民生,思索生命意义,将校园所学的知识在实践中转化为行动的能力、提升为生命的素养。

周泽安有一句名言,"书可以少读,甚至不读,但是人不能不做。"要想让学生在学习课本知识之余,通过社会实践,弘扬和培育慈济人文精神,为家庭、学校、社会提供服务,养成勇于承担、关怀他人、力行仁爱的素质,使学生体悟人生意义,丰盈润泽心灵,必须让他们走出校门,接触社会,开展综合实践活动。在实践中体验,在体验中感悟,体验人与自然和谐共处的自然生态,体验人与人之间互助交流的社会生态,体验生命自我意义的精神生态。

社会服务课是安洲中学学生的必修课。对此,有些家长有意见。周泽安亲自向家长说明情况。家长听后,释然于心,表示理解。家长说,让孩子养成好习惯,非常有必要。

为使社会服务活动取得实效,学校在活动开展前,给全校学生家长发出了《关于开展社会服务活动的公开信》,同时联系社区服务点,聘请了校外辅导员。活动开展后,学生处印制《社会服务登记卡》,发放给每个学生,要求学生在每一次服务活动后,先在《社会服务登记卡》上填好服务日期、对象、内容、时间,再由服务对象或校外辅导员作为监证人,在评价栏里填上服务评价结果,并签名。学生处协同班主任对学生的社会服务活动进行不定期检查,班主任再根据服务卡上监证人的评价效果,确定该同学本学期社会服务课的成绩,并记入该同学素质教育报告单，作为学生年度评先、评优、入团，享受奖学金、助学金的必要条件，还与是否发放毕业证书挂钩，如果没有达到要求，只能发结业证书。

社会服务课要求每个学生每周服务不少于 45 分钟，一学年不少于 30 小时。社会服务课的内容十分丰富，范围很广，可以为自己、为家人服务；也可以为社区服务，其中公益服务不得少于 15 小时。

通过家庭服务，整理房间、拖地、洗碗、洗衣服、做饭等，让学生们感受到要把鸡毛蒜皮的家务事做好，真不是那么容易的，持之以恒地做更是难上加难。正如有一位学生说的，牛仔服穿着是好，可洗起来还真麻烦，又重又硬，搓也难搓，拧干更难，如果不是这一次学校有要求尝试一下，哪里知道这么辛苦，母亲长年累月，默默地为我们所做的一切多么不容易啊。

通过社区服务，为孤寡老人送饭、剪指甲、整理房间，为公园扫地、捡纸屑、捡果皮、清理污垢，为车站乘客提行李、搬重物、照看小孩等，这看起来都是细微的小事，但对于整个社会来说是非常有意义的，它不仅能够把学生平时所学的知识应用于社会，回报给社会，而且还能够增强学生的责任感和服务意识。如初二(6)班的蒋珊珊同学，在帮助孤寡老人整理房间时发现，因老人手脚不灵活，买菜做饭不方便，家里饭桌上放着的咸菜已发臭，冷饭已发霉，根本无法再食用，珊珊同学就主动为老人买菜做饭，使老人非常感动。

社会服务活动的深入开展，不仅使学生们的道德品行得到了强化，慈济人文精神得到了弘扬，关爱他人之心得到了培养，也使他们的社会协调、参与能力、实践能力得到了锻炼。安中学生的良好形象得到了进一步的确立，受到了社会各界的一致好评，扩大了安中的社会影响，《文汇报》《浙江教育报》《浙江青年报》《台州日报》《台州晚报》、仙居电视台等多家新闻媒体都先后作了报道，给予了高度的评价，社区群众、有关单位也都多次对这项活动、学生们的公益行为给予高度肯定和赞扬，仙居汽车站还特地送来了锦旗，福利院的老人还给学校写来感谢信。

多年的社会服务活动，促进了师生心灵的净化、慈济人文意识的唤醒，也有效地提升了学校的知名度和影响力。学校相继被评为浙江省示范性初中、浙江省现代教育技术实验学校、浙江省绿色学校、浙江省中学生素质拓展计划试点学校、台州市文明单位等。

　　周泽安在安洲中学的十年中,持续坚持开展常态化、制度化、课程化的社会服务活动,把人文关怀的种子种到学生心中,培植关爱他人之心,勇于承担,做到以人为本,以善为志。周泽安认为,学校必须通过价值观培育,壮大整个社会向善的力量,壮大社会文明基石。这力量或许是微弱的,但是滴水穿石,必然会在将来的某一天,汇成洪流,成为社会前行的方向。

　　周泽安对于善的追求,对于慈济人文精神的认同,源自于母亲的宗教信仰。母亲是虔诚的佛教徒,他从小在母亲的颂经声中成长,也感受到母亲与人为善的温情与善意。周泽安对宗教颇有研究,会背诵和讲解《般若波罗蜜多心经》等佛教经书,后来,他对于慈济精神的进一步了解,还源自于台湾证严上人所倡导的爱与慈悲。证严上人因一念不忍之心才因缘汇合,有了慈济创立之初的"五毛钱"救人的故事,有了现在慈济的"慈善帝国"。1966年,证严上人知道了一个产妇因没有钱生孩子而死于难产时,号召她的30位跟随者每天捐出5毛钱放到竹筒里。渐渐地,加入5毛钱捐赠队伍的人越来越多,慈济开始救助一个丈夫去世,贫病交加又不能回大陆的八十多岁老人。慈济请人帮忙来送一日三餐,并帮忙日常照顾和看病,直到老人离世。从此,"五毛钱真的可以救人"开始传颂,将佛教的慈悲化为人间的爱,佛教便有了人间的温暖,慈济也开始有做不完的救助。

　　世间的很多运气,往往源自累积的善良。周泽安引导学生从做一个友善的人开始,用柔软的眼光看世界,用更温柔的心对待生活,对待万事万物。对世人真诚友善,与陌生人相处也温和平静,关怀他人,慈爱济困,这不是比读书更重要吗?

　　通过各种社会服务活动,唤醒生命的意义,学生找到了幸福,感知了生活的美好。这是周泽安几十年来教育思想的本质,也是周泽安最基本的教育理念。

提到人生幸福的关键，大部分人首先想到的都是钱、名望，或者成就感等，但事实却告诉我们幸福和这些都无关。

哈佛大学罗伯特·瓦尔丁格教授在一次演讲中介绍了一个长达75年的"格兰特研究"报告。这个研究以两组人员为对象。

一组为当年哈佛大学本科生中的268名高材生，另一组是波士顿贫民区456名家庭贫困的小男孩。在76年的时间里，这些年轻人长大成人，进入到社会各个阶层。有人成了成功的商人、医生、律师，也有人沦为酒鬼、职场失意或者患上了心理疾病。有人从社会最底层一路青云直上，也有人掉落云端。

多年来，研究员询问和记载他们的工作、生活和健康状况，最终将他们的一生转化为一个答案：纵观一个人的人生，决定人生幸福的关键是社交关系。

社会服务课，正是安洲中学培养学生社交能力的最好方式。

## 研究性学习——来自大洋彼岸的启示

当年，在仙居县官路、下各、南峰等街道、乡镇，耸立着一座座被当地老百姓称为"地老虎"的砖瓦窑。这些砖瓦窑像是土地上长出的"毒瘤"，正在无情地吞食着大片良田。"黑窑"一般每座占地一二十亩左右，它肆虐的地区，环境污染日益严重。当地村民纷纷诉说"黑窑"带给他们的灾难：黑烟滚滚，灰尘漫天飞，他们甚至白天都不敢开窗，周边的农作物更是遭了殃，死的死，蔫的蔫。农田被毁现象触目惊心！黏土资源被滥取，良田的保肥保水功能被破坏，这大大降低了良田的自然排涝抗洪能力，造成水土流失、山体滑坡、河床抬高……砖瓦窑生产过的土地，往往是一片废墟，一些破旧窑虽然已倒闭，但却给土地留下了难以医治的疮疤，非法"黑窑"成了土地永远的创痛。为此，安洲中学小砖瓦窑调查小组进行了专题调查与探究，写出了《哭泣的土地——仙居小砖窑危害状况调查》的报告。

这是安洲中学组织的研究性学习的项目之一。调查研究使学生深切地感受到一份沉甸甸的社会责任，明白了保护环境，让天更蓝、让地更绿、让水更清、让花更艳，不给环境增加负担，也不给社会增加负担，是每个人的责任和义务。

研究性学习，作为一种思想与方法，首先必须在教学中得到贯彻，也必须在教学中进行尝试。在周泽安看来，学生成绩必须要好，没有分数过不了关，但学生仅仅学好课本知识是远远不够的，还必须对自然有一种探究精神，这样才能使一个人走得更远。他结合数十年来的教育研究心得，围绕这个教育思想，设计教育模式，从教育存在的问题找缺点，找切入口。

当周泽安成为校长以后，安洲中学从 2001 年 9 月份开始实践研究性学习。针对研究性学习这个新课题，周泽安从一开始就设计了方案，并亲自做示范，给老师们上课。如何立课题，如何开展课题研究，如何结题、展示成果，周泽安一一给老师们讲解，然后让老师按照他的方式上课，慢慢地，这个课题开展起来了。

安洲中学的研究性学习课题，学生可结合自己的特长和爱好，不受学科分类的限制进行选题，要求所选课题能够立足校园、贴近教学、关注社会、联系热点。选好课题后，学生自由组织课题组，课题组人数一般是 3 至 6 人，但必须考虑到同学间彼此特长和爱好的互补性。小组中选定组织能力相对较强的一名同学为组长，负责课题工作的分工和协调，选定写作能力较强的一名同学做课题的记录和各类报告。然后选聘相关科任老师，指导教师可以选多名。但具体的研究工作是由课题组同学来完成。制定研究计划或方案，筹划课题的正式名称、课题组成员及分工、当前课题的动态、可行性分析与假设、具体的实施步骤、实验与调查等，然后由一人执笔形成报告，研究方案通过后，小组成员就可以分头行动了，并根据需要相互配合和协作，同时接受指导教师的指导。

研究性学习使学生已有的知识获得一次整合的机会。如种兰花的实践，使美学知识、经济学知识、植物学知识得到一次整合；对永安溪水质污染情况的调查，使环保知识、化工知识、水文知识、经济学知识得到一次整合，环保观念得到强化;整合后的知识内化为学生的生存技能,从而达成学会生存的企求。

研究性学习使学生有机会体验知识的生发过程,如"力使坚硬物体发生形变的实验装置"的课题研究,尽管学生最后发明的装置尚不足以申请国家专利,以至生产出产品,服务于生产、生活实践,但这种体验在年轻学生的记忆深处留下了深刻的痕迹,类似的体验如果得到足够多的强化,就有可能凝聚成探索自然、社会奥秘的恒久动力,从而达成学会创造这一教改企求。

从另一方面来说,研究性学习也顺应了当前的中考、高考改革需要。中考自然学科生活化的考题占 50% 以上,在语文、数学、英语、社会等学科都同样占相当大的比例。生活化、综合化已是一个趋势,综合实践课也必定进入考试范围,高考的改革起步更早,步子也更大,通过考试内容、方式、思想、策略的改革,达成素质教育的企求已十分明显,开展研究性学习已是应试的需要!

开展研究性学习的效果是综合的。学生在各类调研中,要与相关部门打交道,如社区街道、环保局等,各方面联系很多。这是综合能力的培养,它不仅培养了学生探究知识的能力,还有组织分工、协作能力,沟通能力,它的意义不在于考试成绩,而在于终身发展。

安洲中学的研究性学习,也契合了教育部的思路。当安洲中学开展研究性学习到第五个年头的时候,教育部发出通知,要求在全国中小学开展研究性学习,并进行研究性学习成果评比。这五年来,安洲中学积累了很多成果,他们报送的课题,从县里、市里、省里,一直评到教育部,安洲中学成为全国中小学学生研究性学习成果评比一、二等奖获奖项目最多的学校,很多省全省的成果不如安洲中学一个学校多。到 2010 年初周泽安离开安洲中学时,其学生研究性课题已有 400 多项结题,参与项目研究学习的学生达 6000 多人,60 多项课题在省、市获奖,周泽安主持的课题《城镇初中开展综合实践的运行机制和策略研究》也获得了浙江省优秀结题,同时获得了台州市科研成果二等奖。

安洲中学所创建的综合实践课程主要包括学生研究性学习和社会服务课两大部分。安中的典型性意义主要在于:一是开课早,比教育部向全国发文早了五年,具有首创的意义;二是所创建的课程模式成为后来者学习仿效的典范,台州市综合实践课教学现场会后各校纷纷效仿,其模式也就成为台州市的教学模式;三是直至本书写作的今天,已近二十来年,这所学校一直坚持在做,参与人数26860人,完成的学生课题达529项,其中在省、市、县获奖的有289项,特别不容易的是有37项学生研究成果在省、部级以上评比中获奖。学校也因此被评为全国综合实践活动实验区学校,成为仙居县教育方面一个说了十几年还可以继续说下去的特色。

安洲中学研究性项目学习,取得如此大的成绩,并非是周泽安先知先觉,而是他作为处于教育第一线校长,在实践中不断学习、思考的结果,也是他丰富的人生阅历的外化,更是其深厚的乡土教育情怀的体现。这种根植于大地故土的教育情怀,也是最朴素的教育思想,顺应时代变化的潮流,有着巨大的优势。

在周泽安看来,作为校长,必须要有深邃的目光和宽阔的视野,要有不断学习和实践的能力,才能引领学校朝着更高更好的方向前行。数十年来,他潜心研究我国几千年来的教育理论及实践,研究世界先进的教育模式,吸收各国教育经验,从实际到理论,再运用到实践,达到了一般校长难以企及的高度。

他选择了三个典型的国家的教育实践,密切关注它们的发展方向,就如看万山时,把最高峰作为自己的目标,这样才能达到光辉的顶点。

他密切注意美国教育方面的新动向,关注美国的教育发展与沿革。美国是科技创新大国,能够保持这么多年旺盛的生命力,肯定与它的教育有很大关系的。美国是最重视研究性学习的国家。它们的老师从小学三年级就开始布置学生尝试一些课题探究,撰写研究性报告。从小培养孩子们发现问题、研究问题、探索问题的能力和精神,为长大了服务国家、服务人类文明进步创造有利条件。

周泽安也研究德国的教育模式。他十分相信德国制造的品质,德国制造源于德国的工匠精神,归根结底根植于德国的教育。因此,后来他在仙居二中任职时还辗转联系了一所德国中学，与他们结成对子，每年师生互派，相互学习。

另一个国家就是日本。不得不承认，日本的教育非常成功，一个是国家重视教育，另一个是学生的文明礼仪守纪律，自律性非常强。这也与教育有很大关系。

周泽安认为：现代教育有两个方面目的，从国家层面来说，教育是培养接班人；从普通人层面来说，就是追慕人生的幸福。普通人企求通过教育改变人生的命运，从教育中获得生存和发展的能力，能够有能力追求幸福，并拥有获知和感受幸福的能力。有时候，幸福就在身边，有些人就是感受不到。比如音乐这么美好，有些人就感受不到，只有通过教育他们才懂欣赏音乐；一幅画那么美，有些人就是感受不到，就要通过教育让他们感知到美。发现美、感知美、欣赏美、享受美的能力，不是先天具有的，是需要后天的教育赋予的。这也许就是普通民众不惜代价、想尽办法让子女接受更优质教育的最大企求吧！这也应是教育工作者理应努力予以奉献之所在，也理应是教育改革的方向和选择。

正如蔡元培先生所说："中学的学生，当以科学、美学铸成有自治能力的人格。"

# 契约管理——拉勾上吊一百年不许变

在安洲中学，流行着这样的班级协议：

擦黑板由××同学承担，每节课前将黑板擦干净，确保老师正常上课，学校来检查不扣分，得×分；

整理讲台由××同学承担，保证老师上课前讲台的整洁，学校来检查不扣分，得×分；

擦玻璃由××同学承担，保证教室玻璃窗干净，下雨天记得关窗，学校来检查不扣分，得×分；

多媒体由××同学管理,确保多媒体正常使用,并摆放整齐,学校来检查不扣分,得×分;

……

班主任把每项班级事务都分解开来,列成一张表,明确权利和义务,按难易程度约定不同分值,由每个学生自主认领承包。每个学生都有权利提出要求,有些事务完成难度比较大,也可以由两名或几名学生合作承担。

学生认定好后,由班主任与学生签订协议。每完成一项,打勾登记。每星期班主任作总结。

在实施的过程中,如果完成有困难,也可以请外援。比如,擦玻璃窗是技术活,可以请父母帮忙。

如果学校检查某项事务完成得不好,就会扣班级的分,那班级就扣学生的分。

一个学期结束后,统计得分,得分最高者就是先进,也可评三好学生、优秀班干部,这么一来,连评比的环节都可以省略,公平公正。考核分还与社会服务课一样,可以储存起来,像银行储蓄那样。

安洲中学实行了契约管理后,班务工作细化、量化,将卫生、纪律、作业、劳动等各个项目下放到所有学生的手中,分配给学生,让所有学生都有事可做,有责任可负。有同学专门负责擦窗台、灯泡,收拾讲桌,清扫讲台,捡粉笔头,检查书桌清理、个人卫生、卫生用品摆放、卫生值日情况等。

契约管理以培养优秀品质为主,树立学生的主人翁责任感,让学生知道自己是班集体中不可缺少的一分子。初中三年的契约管理,培养了学生的责任意识,使学生有了主动承担意识。同时,做班级的事务,培养了学生劳动技能,使其可以掌握更好的生活技巧。

周泽安在安洲中学推行契约管理,出发点就是要培养学生的契约精神。

周泽安在温州师范学院政治系学习的经历,使得政治、法律等知识深深印在脑海里。法律意味着讲究规则,法律的根本就是契约论。契约精神犹如白昼的光，能透过各种缝隙，使人与人的之间的关系变得清晰而明了。周泽安熟知欧洲法律体系跟东方法律体系的不同，了解东西方立法的不同理念；他对于将来中国社会市场和法制的走向，有更深刻的理解。契约就是权利的让渡和享受，政府和老百姓之间需要契约精神，人和人之间需要契约精神，有了契约就是有了约定，就要千方百计遵守诺言。

中国自古就有"一诺千金"的美好品格。相传在秦末汉初，有一个人叫季布，重承诺、守信用，把信用当作生命一样珍惜，楚地人多流传，得黄金千两，不如得季布一诺，随后"一诺千金"这个成语便流传下来。

遵守规则并非每个人都能做到，一个人信仰契约取决于内心的坚守。在美国纽约哈德逊河畔，离美国第18任总统格兰特陵墓不到100米处，有一座孩子的坟墓。在墓旁的一块木牌上，记载着这样一个故事：

1797年7月15日，一个年仅5岁的孩子不幸坠崖身亡，孩子的父母悲痛欲绝，遂在落崖处给孩子修建了一座坟墓。后因家道衰落，这位父亲不得不转让这片土地，他对新主人提出了一个特殊要求：把孩子的坟墓作为土地的一部分永远保留。

新主人同意了这个条件，并把它写进了契约。100年过去后，这片土地辗转卖了许多家，但孩子的坟墓仍然留在那里。

1897年，这块土地被选为总统格兰特的陵园，而孩子的坟墓依然被完整地保留了下来，成了格兰特陵墓的邻居。

又一个100年过去了，1997年7月，格兰特将军陵墓建成100周年时，当时的纽约市长来到这里，在缅怀格兰特将军的同时，重新修整了孩子的坟墓，并亲自撰写了孩子墓地的故事，让它世世代代流传下去。

那份延续了200年的契约揭示了一个简单的道理：承诺了就一定要做到。

正是这种精神，孕育了西方人的诚信观念。他们认为，人与人之间与生俱来的天分和财富是不平等的，但是可以用道德法律的平等而代之，从而，让在最初状态不平等的个人，在社会法律权利上拥有完全的平等。

而当今中国,有些人更崇尚的是"聪明"而非诚信。正是因为这种崇尚"聪明"的社会风气,使得人与人之间的关系被破坏,最明显的表现是彼此防范。城市楼房里家家户户都有防盗门、防盗窗,遍地都是高高的围墙,但生活得仍然不安全。周泽安是从学生成长、从整个社会需要的角度出发,培养学生的公民意识,让他们成为有道德、守法诚信的公民,这也是学校教书育人的最根本的宗旨。

每个学生终将会步入社会,成为社会公民。如果学生从小养成这种契约精神,将来他到社会上就会成为一个诚实守信的人。一个社会诚信的人多了,社会诚信度就会提高。这是周泽安推行契约管理的价值所在。

"拉勾上吊,一百年不许变",这句流传了多少年的童谣,一直印刻在每个孩子的心里。周泽安用"契约管理"的方式教育学生,是让他们形成法制的思想、契约的精神、诚信的品德。这个时代需要周泽安那样崇尚契约精神的园丁,把契约精神像种子一样植入学生的心田,并随着他们长大而成长,在任何风云变幻的时代,始终保持一诺千金的美好品格。

## 学校来了"洋鬼子"——打开另一扇窗户

仙居有位中学老校长,有一次,他带队到澳大利亚去考察。在澳洲,他要找厕所,向当地人询问。他翻遍肚子里的角角落落,把所有与厕所相关的英语单词全都说了一遍,别人都听不懂。他又查百度,还是没有人能听懂他的话。为内急的事,他更急了。要知道,他可是从事中学英语教学的老师,而且他的教学水平蛮高的,学生成绩都不错。

这件事在仙居教育界引为笑谈。周泽安在笑过之后,也陷入了深深的思索。也就是说,我们花了近十年时间进行英语教学,培养的学生与外国人交流还是有很大困难。语言最大的功能是沟通,可是,我们学习的英语,连最基本的功能都没有达到。为什么很多中国人学的英语是哑巴英语，只能应付考试？为什么学校里学的英语，到外面去都不好用呢？我们学习外语的目的，就是为了考试得高分？

周泽安把这些问题想清楚后，他认为，不能把哑巴英语当成学习目的。他要请国外老师，让学生与他近距离接触，让学生即使没机会到外国生活，也可以了解外国人的日常用语。他要给学生打开一扇窗，一扇了解外国人表达方式的窗，一扇让学生了解外来文化的窗。

仙居是山城，与大城市不一样，大城市里外国人很多，而仙居街上如果有外国人走，都是很稀奇的事。周泽安思考的是，我们祖祖辈辈生于斯长于斯，也终老于斯，但在这新的时代，地球已经成为一个"村"，我们的下一辈、我们的孩子们，却是要从大山深处走出去，走向世界的，若不能深入地了解我们的外部世界，不能与外国人顺利沟通交流，不了解他们的文化和生活方式，那又如何走向世界？又怎能为人类的文明进步贡献中华民族的智慧呢？显然聘请外教对处于大山深处的仙居的老师和学生具有特别重要的意义。

周泽安向教育局申请聘请外教，教育局并不鼓励，有的老师也有想法。有老师问，聘请外教能提高外语成绩吗？那你聘请外教的目的是什么？周泽安回答是让学生了解外国人的生活习惯、文化背景、思想理念，零距离与外国人打交道；它可以引导学生深入思考，外面的世界也许更加丰富多彩。

逐级报批，省外事办同意，终于审批下来，同意安洲中学聘请外教。

外教到了学校以后，他打招呼的方式，就给了周泽安不同的感受。比如他早上遇到周泽安，总是笑眯眯说一声："Morning！"

从小到大，我们的英语课本，都是正儿八经教导学生问候方式："Good morning！"而且回答也有一定的套路。但是这个新来的英语老师，这个外教，他从不说"Good morning！"。

后来，周泽安了解到，"Good morning！"是在非常正式的场合里才这么问候的，而不是日常人们打招呼的用语。

这就是语境问题。在不同的场合,语言有不同的表达方式,正如前文所说的那位到澳大利亚考察的校长一样,他到了那个语境,却没有运用那个语境的语言,所以无法让别人理解。

除了让学生了解到不同的语境,这位初到安洲中学的外教,还带来一种新的文化,对于整个校园文化都有推动作用。他带来很多的新观念,不仅启发学生,也启发周泽安。

初到安洲中学的外教,是一位加拿大来的年轻姑娘。她到学校的第一步,就是自己动手,按自己喜欢的方式,把分配给她的宿舍用油漆刷一遍,重新布置。她全身被油漆糊得乱七八糟的,但她毫不在意,爬上爬下,不亦乐乎。其实她也就与学校签了一两年的合同,但她这么不将就的样子,好像要在这里住一生一世。

她还到超市里把日用品全部买齐全,餐具炊具,自己买菜自己做。做的东西,乱七八糟一大锅,就那么吃了,引得师生发笑。

她对校园里开展的各项活动都积极参与。

她非常用心备课,自己制造教具,也准备得非常到位,一心扑在教学上,让人感觉如果让她多上课她也不会介意。但是,让她合同外加上一节课,她却很在意。

学校当初怀了小算盘,想与她多签约几节课。十二至十八节。课排了十六节,即便协议签了十八节课,她也一句怨言都没有。但如果在合同之外,多增加一节课,她很不高兴,反应非常强烈。

她的维权意识很强,休息就是休息,上班就是上班。休息时不要打扰她。休息时让她上班,让她加班上课,就要依法依规付给她加班工资才行。

放假了,如果学校要补课,她也很有意见。

还有节假日,给她礼包,她非常高兴。这是她意外的收获。

这位外教带给了周泽安全新的感受,也给师生们打开了解世界的一扇窗。窗外有仙居山城里看不到的无限风景,窗外也有无限可能。

## 教育是慢的艺术——灵魂的成长需要等待

在外语学校,有一次学校里举行教师作文竞赛,周泽安给老师们出了一个材料作文题目,要求老师们阅读后,依据自己的联想或感悟写一篇文章。

他给的材料是这样的:"老师父给三个弟子每人一颗珍贵的千年古莲种子,要他们种出莲花来。拿到种子后……

大弟子想要第一个种出来,于是找来锄头,把种子埋在雪地里。可等了很久也没有发芽,他愤怒地刨开了地,摔断了锄头。

二弟子从解决怎样能种出花来入手,查找了种植莲花的书籍,挑出最好的花盆,放在最温暖的房间,用最名贵的药水和花土,种下了种子。不久,种子发芽了,他又用金罩子罩住它。他坚定信念一定会种出千年莲花的。然而,小芽不久就枯死了。

三弟子感慨"我有一颗种子了"。他小心地把种子装进小布袋,挂在胸前,和往常一样去买东西,扫雪,挑水,做斋饭,散步。春天来了,他在池塘的一角,种下了种子。不久,种子发芽了,眼前一片新绿。盛夏的清晨,温暖的阳光下,千年莲花绽开了清新纯净的笑容。

叶圣陶先生说:"教育是农业,而不是工业。"要像农业一样慢慢浇灌,而不能像工业产品那样迅速出炉。孩子的成长不是一个工业产品的加工过程,批量生产,整齐划一。不同的作物有不同的生长季节、不同的栽培方式,不能揠苗助长。

这也许正是周泽安内心深处的一个真实思想。他始终认为教育是农业,不是工业,需要耐心等待智慧种子慢慢发芽、慢慢长大,等待秋天收获季节的到来。

等待的过程,需要教育者有极大的耐心,也需要有较高的智慧。

首先，发现禀赋，顺从自然。"种瓜得瓜，种豆得豆"，种子不同，花果各异，生长周期不同，栽培季节、播种方式不一，对土壤、肥料、光照、水份、温度的多种要素的要求更是大相径庭，只有懂得种子先天禀赋的农民顺从不同种子的自然生长规律才能种出好庄稼，收获好果子。一个学生就是一颗独一无二的种子，教师和父母要做的就是发现其禀赋，顺从自然，从"具体的人"出发，饱含更多的同情和理解。其实对于很多学生而言，有很多东西是注定的，很难说他还能有多大的腾挪空间。如果都只给他一条应试的窄道，那么他的梦想就会被剥夺。作为教师，可以给学生保留梦想的机会和能力，可以给学生施展才华和梦想的空间和平台，顺从自然，敬畏生命。

其次，及时施肥除草，松土除虫，为生命成长保驾护航，提升品质。种子从播种到发芽、长大、开花、结果，这是一个艰难曲折、充满风险的过程，需要农民精心呵护，该除草时及时除草，该除虫时坚决灭除，更需要农民改善土壤、及时施肥、排涝抗旱，提升品质，才能收获丰收的喜悦。学生的成长也一样，需要老师、父母们遵从生命成长的规律，精心呵护，保驾护航，真正把学生看成是"具体的人"，给予更多的耐心、智慧、艺术和胆识，去成全怀着梦想的生命种子。

最后，耐心等待收获季节的到来。种子的成长过程是一个十分缓慢的过程，等待需要十分的耐心，不能像大弟子一样，禁不住耐心时不时刨开地看一看，更不能拔苗助长；也不能像二弟子一样，过度溺爱，用金罩子罩起来。老师和父母要做的就是遵从生命成长的规律，耐心等待生命的种子慢慢成长，等待收获季节的最后到来。

"不是槌的打击，而是水的载歌载舞，使鹅卵石臻于完善。"这是印度诗人泰戈尔在《飞鸟集》中说的一句话。教育原本就是一种慢的艺术，需要有水滴石穿的耐性，需要留足等待的空间和时间，需要有舒缓的节奏，需要潜移默化的生命成长历程，需要有"静悄悄的革命"。

"慢"，是一种心境，更是一种艺术，一种开始被我们遗忘的原始本真。不知几时开始，我们的世界开始变得这样急功近利，这样物欲横流，高效率，高回报，一切都以"快"字当头，也许这也是一个工业社会所应该具备的特点吧。但是，教育是需要期待的，它是一种固守、一种耐心；是一份信任、一份宽容。正是急功近利让我们渐渐地疏远了这份耐心，渐渐地不再习惯于等待。因为恨铁不成钢，我们恼怒不已，批评指责；因为恨铁不成钢，我们越俎代庖，揠苗助长；唯独忘了对孩子轻轻说声：别急，我等你……人的成长，并不仅仅是知识技能的积累，更重要的是精神和灵魂的发育、成熟和提升。知识是容易教的，技能也是容易训练的，但精神和灵魂的成长却需要信任与耐心，需要期待的目光长时间地注视，需要潜移默化，渐渐熏陶。当事物最终以生命的形态呈现在我们的面前时，别忘了，让我们用农人的耐心来观察生命的演变，因为"慢"的艺术，是信任和宽容的结晶，是生命成长的催化剂，也是孕育生命智慧的土壤。

张丽是周泽安的学生，她中学毕业后，考上了师范学院，后来成为周泽安的同事。她说自己刚当老师不久发生的一件事，让她印象深刻。

当时的安中正是发展迅猛的时期，在周泽安带领下，老师们都拼命地抓成绩，生怕自己慢下来，赶不上了。她那个时候，刚担任语文老师，把教学重点放在学生的成绩上，恨不能班里的学生都考得好。她天天加班加点，可是班里学生成绩还是不如意，她心里很烦躁，开始焦虑："唉，我们班学生真是很笨的，我讲了十遍还没明白。"周泽安看到她的状态，与她谈心。

周泽安当时正在阅读张文质教授编写的《教育是慢的艺术》，他就与张老师交流读书心得："把学生培养成人，要慢慢来，你不仅要关注他在课堂上的状态，其实更重要的是培养学生的能力。你觉得语文学科最重要的是什么？在教学中应该更重视能力。今天期中考完后、期末考完后过去了，这个成绩对于学生来说没用的。培养学生说话的能力、阅读的能力、思考的能力，要关注学生学了之后在课堂之外运用的能力。这才终身受用。"

周泽安继续说："有的老师业务水平很高，上的课从欣赏的角度看堪称完美，但教师过于以自我为中心，上课速度过快，他等不及学生的思考和反馈，教师成了课堂里唯一的知识输出者，没有挑战，没有临场的智慧，一切是那么顺利，但一切又过于顺利,教师教得好,但孩子到底学好了吗?""教育就像孩子学走路,孩子还没有迈开第一个脚步,你就去牵引他,甚至一会儿捉住他的右腿,一会儿抓住他的左腿,帮他迈步,那孩子也许永远也学不会独立迈步。"

周泽安还讲了一则寓言。有一天,上帝交给智者一个任务,叫智者牵着一只蜗牛去散步。可是蜗牛爬得实在是太慢了,智者不断地催促它、吓它、责备它。它却用抱歉的目光看着智者,仿佛在说:"我已经很尽力了!"智者又气又急,就去拉它、扯它,甚至踢它。蜗牛受了伤,反而爬得更慢,后来干脆趴在那里不动了,而筋疲力尽的智者也只好看着它干瞪眼。无奈之下,智者不禁有些奇怪:上帝为什么叫我牵着一只蜗牛去散步呢?

又有一天,上帝还派智者牵着那只蜗牛去散步。看着它蜷缩的身体、惊恐的眼睛,智者不禁起了怜悯之心。智者不再催它、逼它,干脆跟在它的身后,任蜗牛慢慢地向前爬。咦,这时候,智者突然闻到了花香,原来这是花园。接着,智者听见了虫鸣鸟叫,感到了温暖的微风,还看见了满天的星斗。陶醉之余,无意中向前一看,呀,蜗牛已爬出好远。等智者跑步赶上它时,它用一种胜利者的姿态迎接。未等智者开口,它已经带着自信,奋力向另外一个"驿站"爬去。智者忽然明白:原来上帝不是叫我牵这只蜗牛去散步,而是叫这只蜗牛牵我去散步!

"我们听过很多种美,有乐而美、洁而美、快而美、懒而美、简而美……其实更有一种'慢而美'。你要慢慢来,慢也是一种艺术。"周泽安如是说。

张老师听后,开始反思:"我是不是把学生当作考试机器了?我的初心是好的,但是有急功近利的心态,对于学生来说,未必是终身受用的。我应该把学生看成一个个鲜活的生命,而不仅是学课本知识的人。"

周泽安是把教育作为慢的艺术来雕琢的。他说,教师不仅仅是知识的传递者,更不是机器的制造者,教师是在塑造人、影响人、润泽人,而且是一个具体鲜活的生命。一切都应该从慢开始,慢的言语、慢的动作、慢的提问、慢的过程、慢的生成、慢的生发、慢的升华,最后再从慢回到原点、教育的原点——对生命的尊重。

曾经有一次，周泽安在上张乡初中任教时，接任了一个新的班级，对学生还不是很了解。上课时，他提出一个问题，其中一位学生怯怯地举手了，他很开心地示意他起身回答问题，那一刻几乎是全班的同学在说，老师他不会说话，老师他不会回答问题，老师他很笨……就在那么千分之一秒钟的时间里，他的脑海里闪过了几个问题。这里的学生怎么了？没有尊重、没有修饰地去诋毁自己的同学。这里的老师怎么了？那么直接、那么随意地在学生面前去评价、去定性一个学生。现在，面对这种状态，我应该怎么办？

在一秒钟之后，他微笑着示意同学们安静，鼓励那位学生回答问题。当时那位学生无声地站立着，几秒钟时间，却让他似乎觉得很久，他觉得时间就在那一刻的空气中凝固了。那位学生回答了。他在倾听中寻求他回答的闪光点，给予认可和赞赏，并要求全班同学鼓掌，作为对他内心损伤的一种补偿。

周泽安相信同学们的掌声中，含有真诚，因为那位同学回答得很好。之后，他花了近五分钟的时间就学生之间如何相处、交往、尊重进行了交流。老实说，他的这堂课并没有达成预设的教学目标。

课后，周泽安就在反思："这样的课，我对了吗？"在教育成功和教育本身成功，在教育本身成功与教育失败中，应该如何正确抉择？

在课堂中，老师用慢的身体动作、慢的说话语速、慢的问题讨论、慢的学生回答、慢的课堂流程进行教学，慢给予了空间，慢给予了思考，慢给予了内化，慢给予了构建，慢给予了时间。教师不要为了完成自己的教学目标，为了完成教学任务，为了完成完美的课堂设计，去赶时间，去赶节奏，去赶学生，去赶一切可以赶的空间，因此而忽略了学生的体验、学生的原生态想法，学生的这些体验和想法有可能会成为课堂的生成性素材，有可能让学生一生受益。

慢是一种对学生主体的尊重。智者对蜗牛主体尊重，才让他享受到散步的快乐。教师是一个知识的传受者，学生是知识的懵懂者，就像蜗牛只能在求知的路上慢慢爬行，因此教师应该用适合学生的速度向前走。

慢是一种对学生主动的尊重。智者对蜗牛主动尊重,才让他看见了蜗牛胜利者的姿态。在教学过程中,要真正做到以学生为本,真正地将这种行动和原则贯彻到课堂中,学生能快的则快,需要慢的地方就慢。慢才能实现课堂的高效,最终实现美。康德说:"不能把人当作手段,当作工具。"那么教师首先应该不要把自己工具化,让自己的课堂慢一些,更慢一些,多融入一些情感和色彩的元素,这样的课堂才会更鲜活,更饱满,更有意义!

教育是一种"慢"的艺术,正如智者受上帝的委派带着蜗牛在广袤的知识旷野中缓慢地前行,从知识的一个驿站爬向知识的下一个驿站,是需要期待的,精神和灵魂的成长需要信任与耐心,需要期待的目光长时期地注视,需要潜移默化,不能急功近利。教育在短期是看不出效果的,甚至是几十年后才看得出效果。我们阅读一本书,在短时间里很难确定它对你有多少影响,也许几十年后才知道你的人生轨迹已经因此改变了许多许多。

泰戈尔说:"不要着急,最好的总是在不经意间出现,我们要做的,就是怀揣希望去努力,静待美好的出现。"慢也是一种境界,人生的境界、教育的境界、艺术的境界!


## 把孩子的户口弄到安中学区去——高处不胜寒


随着社会经济迅速发展,人民生活水平有了很大的提高,当基本的物质需求得到满足之后,人们的需求中心就转到精神生活方面来,于是人们对教育的期望值越来越高,家长"望子成龙""望女成凤"的心理越来越热切。

"不要让孩子输在起跑线上",数十年来,这一句耳熟能详的话,让无数个中国家长奔波于各种培训班。中国家长为孩子而焦虑,为孩子择校而焦虑。

择校从"孟母三迁"开始,古今中外都无处不在,在当前中国尤趋白热化,它折射出人们对高质量教育服务的追求,是家长为孩子人生转折点的精心安排。

有人总结：小升初最难，中考最容易，高考介于二者之间。

每年4月底，各个学校报名开始。报名第一天，学校外就排了长队，报完名，问了什么时候入学考试，家长就回去给孩子临阵磨枪去了。很多家长带着孩子们都报考了多所学校，家长们也历经了多场校园宣讲。"到底哪所才是最好的学校？"这真是每个家庭最头疼，也最难解的一个问题。没有放之四海而皆准的教育体系，也没有一所完美无缺的学校，但是升学率就是择校的风向标。

有位家长这样说："择校，于我而言不是选择名气，我选择的是一个优秀的集体，集体优秀才能成就个人优秀。优秀的集体可以培养成员负责任的态度和能力；优秀的集体可以培养成员优秀的品格；一个优秀的集体可以发展、完善成员的个性。"

随着就近入学原则的贯彻，仙居城区里开始"划分学区"，每一所中小学都覆盖一定的"学区"范围，只有居住在该学区内的居民子女才有资格进入该学校读书，在学区之外的学生，则因不符合"就近"而被挡在门外。于是"学区房"的概念也就应运而生，人们发现，在很多地方学区房比普通房子贵20%左右。然而，既然就近入学，优质教育的资源始终是稀缺的。

仙居一年一度的择校季，搅动着家长的神经，也搅动着教育部门的神经。家长为孩子择校主要看重两方面问题：一是升学率，到底有多少学生能考入重点高中；二是办学理念，特别是如何让孩子充分发挥他的特长，能够配合学生去收获他想要的东西。

2000年，周泽安选择到各方面条件都相对较差的安洲中学当校长，那个时候安中考上重点高中的学生人数仅30人左右，而同期仙居二中考上重点高中的学生人数达160人。这悬殊的差距，让仙居人毫不犹豫地选择了仙居二中。有本事的家长都把孩子的户口迁到二中学区去，甚至安中的老师也把自己家孩子送到二中去。前几任校长为学校招生想尽办法，甚至学校招生时让食堂煮好粥，给来报名的家长和孩子吃，也无济于事。年年完不成招生任务，学校规模也无法扩大。

　　一年以后,安中考入重点高中的学生人数并没有增加多少,仅有 38 人。短视的家长议论纷纷,说周校长来了之后,升学率并没有提升啊。他们还是选择了仙居二中。

　　第三年,成效显现出来,安中考入重点高中的学生人数增加到 70 多人,比前一年翻了一倍,又过了一年,就超过了 100 人。到了 2004 年,就全面超过二中,考试的平均分比二中多了十几分,考入重高的人数也比二中多了三四十名。二中从 160 多人下降到了 130 人,安洲中学最高达到了 190 人。

　　与此同时,仙居初中教育的整体水平,也得到了大幅度的提高。原来二中一枝独秀,每年考入重点高中的学生有 150 多个,占全县的 50％多,但全县的中考最高分还达不到台州中学的最低录取分数线,这是一个多么恐怖的结果,反映了仙居初中教育的质量与临县的差距有多大!经过这四五年的拼搏,特别是安中的超预期勃起,全县教育这盘棋就激活了,中考成绩与兄弟县市的差距一年比一年缩小,如果按达到台州中学的录取线计算,上线人数已经达到了几百个,仙居中考成绩在台州市也从最差进入中上水平。

　　奇迹总在不经意间发生,短短四五年时间,安中教育教学改革项目一个接着一个,一个比一个亮眼,教育质量稳步上升,中考平均分相对成绩提高了近 60 分,升入仙居中学的人数急剧增长,把二中拉开了一大截,成为仙居初中的第一位,学校规模也迅速扩大,学生人数从原来的 1300 多增加到了 2500 多。学校呈现出一派生机勃勃的景象,涌现了一大批全身心致力于教育教学改革的市县名教师,安洲中学也成了浙江省城镇示范性初中。

　　事物的发展总是具有两面性,安中超期待勃起,二中就显得相对走衰。这乐坏了安中学区的群众,但也愁煞了二中学区的家长,有门路的家长又开始想方设法把户口往安中学区挪。一次关乎孩子前途命运的户口大挪移再次拉开大幕,只是和五年前的挪移方向掉了个头。教育局也一样,周泽安没去安中任职前,安中发展起不来,教育局压力山大,领导着急,几乎一年换一个校长,现在安中终于发展起来了,一开始教育局感到很欣慰,但随着其与二中的差距越拉越大,学区户口大挪移的愈演愈烈,欣慰又变成了压力。到了 2004 年,教育局下决心调整了二中校长,但两所学校兴衰态势并没有因为校长的调整而有丝毫改变,安中越来越好,影响越来越大,与二中的差距也更大了。到了 2010 年初,安中一家独大,家长们像潮水一样涌动着,纷纷把孩子迁入安洲中学学区。

教育局犯了难。这可咋划分学区?如果处理不当,家长可是要吵翻天的,激动的家长甚至有可能把教育局局长的桌子掀掉。同样,这事也惊动了县委领导。

教育的问题,是民生最关切的问题,如果处理不好,会影响仙居的稳定。

教育局局长对周泽安说:"这个问题是你造成的,把安中搞过火了,我没法工作,影响仙居稳定了。你要想办法解决。"的确,各校间均衡化发展,促进教育公平,也是教育部门的职责之一。

周泽安哭笑不得,难道把学校办好也错了?他只得说:"我有什么办法?"

"把你调到仙居二中当校长。"

这一年,周泽安已经虚岁 54 岁了。根据仙居政策规定,校长 54 岁要退居二线。

周泽安说:"我不去了,再过一年多点我就要颐养天年了。"

教育局局长说:"不行,哪能再等一两年。等不了了。"

周泽安说:"就算我到二中,这个学校已经走了 10 年的下坡路,现在让我用一两年的时间,让它兴盛起来,不可能的。教育不是一蹴而就的事。"

教育局局长说:"那就多搞几年!"

话说到这个程度,周泽安只得支持他工作,同意到仙居二中当校长。

周泽安说:"那等这个学年结束再去二中吧。"

教育局局长说:"马上去报到,不能等到暑期再去二中,这样会影响暑期招生的。"

树欲静而风不止,周泽安想在安中退休的愿望又落空了。

人们在路过雅典娜神像时，不知是否还会想起普罗米修斯当年偷神火的悲壮故事？

在漫长而痛苦的教育反思中，对当前教育存在的种种弊端，周泽安萌生了强烈的教改冲动；在对教育价值的不断追寻中，周泽安明确了教改的方向，厘清了教改的思路。

而这个思路，正契合了国家中长期教育改革和发展规划的方向。2010年制定并实施的《国家中长期教育改革和发展规划纲要》指出，把育人为本作为教育工作的根本要求，尊重教育规律和学生身心发展规律。2011年，修订后的义务教育学科19个新课程标准发布，减少了课程容量，更加注重创新精神和实践能力培养。教改就是要推进教学方式方法的改革创新，倡导启发式、探究式、讨论式、参与式教学，引导学生掌握科学的学习方式，提高学习的能力和效果。

2010年初，周泽安奉命调任仙居二中任校长，成为仙居二中的掌门人，二中教改的大幕就此拉开。

仙居二中创办于1964年，有着40多年的办学历史，曾是仙居初中里的翘楚，教学质量一枝独秀，最辉煌时考上重点高中的人数超过全县总数的50%。然而，因为长期缺乏危机意识、闭门造车，造成了这所老牌初中在发展中落后。2005年，仙居二中被快速崛起的安洲中学迎头赶上，传统的"县中模式"被抛弃已成为历史的必然。

昔日的辉煌已成为历史，今日的华彩乐章正待续写，在走马上任的周泽安眼里，学校的发展不仅只是扭转教育质量下滑的局面，而且是实现教育的理想——为人的幸福而教育，为学生明天的幸福奠定基础。仙居二中的发展亟需解决两个问题：一是理念的引领；二是行为的改进。理念是学校发展的航标，在学校开设的"教育大讲堂"上，周泽安向全体老师诠释了"为人的幸福而教育"的内涵，并提出了"让今天的学习更快乐，明天的生活更幸福"的办学理念，赢得了领导班子和全体老师的一致认同。理念的落实需要行为的跟进，在深入课堂教学的基础上，借鉴国内外教学改革的经验，学校领导班子通过反复研究，提出了以全脑教育和生态体验教育理论为指导，推行书香校园行动、生态体验教育和构建自主互助学习课堂教学模式三项教学改革。

既然置身于改革，就应该意识到前路的艰难，周泽安坚定自己的初衷和理想，当决心下定以后，他排除来自各方的阻碍，以惊人的果敢和智慧奋力一搏。他用了短短的两年半时间，硬是再一次打出一连串新牌，仙居二中的教改兴盛之路走出仙居，走出浙江，延伸全国。周泽安成为仙居教育界的骄傲。

## 打趴下是一份荣耀，扶起来是一种情怀

古老的二中，拥有崭新的校舍、全县最漂亮的校园，占地 150 多亩，是仙居初中教育的龙头老大，是山巅上的一面旗帜，前前任的张校长就因此成为仙居教育的名人名校长而载入史册。作为安中校长的周泽安，殚精竭虑十年，终于把二中甩开了一大截，使二中再也没有与之较量的勇气，他所开创的教育教学改革为仙居教育添光增彩，显然这是一份无上的职业荣耀！但世事无常，万物轮回，周泽安想不到自己又来到了二中，成为二中的校长。屁股总要指挥脑袋，既然当了二中的校长，就得尽其所能再次花更大的努力把自己打趴下的对手扶起来，用自己老残的身躯为古老的二中注入新的活力，用自己退休前的短暂时光为仙居教育再树一面旗帜，与自己花十年努力树起来的旗帜斗芳争艳！

时不我待，时光无多，周泽安心里十分清楚，自己距教育局规定的退线时间已不到两年，二中校长的任职时间屈指可数，若不抓紧干，在短时间内打开局面，做出业绩，不仅有负于领导的信任和仙居民众的期待，也必将有损自己几十年努力打拼换来的民众口碑。

当时的仙居二中，教师队伍建设问题较多。教师素质包括多方面，如学历、职业道德、教学能力、科研能力等。素质教育的提出与新课程标准的推行已多年，但仙居二中的课堂教学改变并不大。仙居二中是个老牌的学校，老教师人数众多，观念陈旧，新教师缺乏有效培养，敬业精神严重不足。老教师仍在"死教"，学生们仍在"死学"。面对今日二中的衰败和无奈，背负昔日辉煌的老教师们走出校门甚至都不敢说自己是二中的老师，人心涣散，失望悲观的情绪笼罩其上。老师们丧失了自信心，连社会上的民众也失去信心，纷纷议论：这样的学校，来什么校长都没用！

对于习惯了社会和公众羡慕眼光的老二中人来说，学校的衰落是一个难以

承受的伤痛。

二中的这种状态，激起了周泽安的豪情，他是一个在挑战面前从不退缩的人，他充满豪情地说："你们跟着我做，三年肯定翻身。"他开始大张旗鼓搞教育改革，把教育改革的旗帜举得高高的。他用教育改革凝聚师生的心，用教育改革唤醒师生的觉醒，把师生的心热起来。

教育改革要遵循教育的规律。提高教学质量，是教育改革的基础，也成为周泽安教育改革的方向之一。此前，联合国教科文组织也对教学质量给予了极大的关注，因为"低劣的教育质量将损害以教育为杠杆推动经济增长和发展的努力"。

提高教学质量的基础是提高教师素质，周泽安从抓教师队伍入手，从调整教师岗位入手。李嘉诚曾经有一段关于鸡蛋的理论，引起了很多人的共鸣。他说，鸡蛋，从外打破是食物，从内打破是生命。如果主动意识要改变，那就会产生一个完全不同于以往的结局。周泽安从抓教师队伍入手，是学校内部的改变，也是提高教学质量的关键。

他首先采取措施，把不称职的老教师调离第一线，减少他们的工作量，从而增加有能力的青年教师的工作量。青年教师开始因为不能及时掌握先进的教学技术，再加上信息闭塞，对这样的改革缺乏足够的热情。周泽安不厌其烦地做思想工作，改变青年教师的思想。他对青年教师说："增加课时，是对你的信任，也是你施展才华的机会。"他反复强调："通过改革，你就可能成名成家，成为名师。"在周泽安的苦口婆心下，原来是多上一节课都不愿意的青年教师，有了荣誉感、责任感，上课时也就用心了。通过这种方式，周泽安把一部分表现不好的教师的课分掉。

周泽安还在青年教师中采取"最后一名考勤制度"，给不称职的教师施加压力。学校有检查作业的项目，对于学生考试成绩好的教师免检，教案也不用检查，作业批改也不用查，更不用查考勤。但是对于学生考试成绩最差班的教师，学校就必须检查他们的考勤。他们每天从校门进来，要先考勤。

周泽安一般早上七点前到校，他在大门口站着的时候，需要考勤的教师不好意思看着他，都是快速考勤，然后马上溜走了。这是无形的压力，也是动力。学生考试成绩最差班的教师就盼着把"帽子"摘掉，给别人戴。但是"帽子"总有人要戴，最后这几位都很怕，这也就产生"鲶鱼效应"，形成竞争的压力，教师队伍活了，整体教学水平就提升了，青年教师工作表现明显好转，教学水平也不断提高。

在周泽安的鼓舞和激励下，仙居二中教职员工紧跟改革大潮，学校风气开始转变。

教孩子学走路，远比抱着孩子辛苦；教会孩子学习，也比单纯传授知识难得多。一年中，周泽安狠抓教师素质，把教师带到了山东杜郎口中学、杭州勇进中学、杭州四中、绍兴实验中学、金华四中等优质学校，让教师们开阔了眼界；他开设了教育大讲堂，请名师主讲，专家、学者相继来校讲学，让老师们接触了前沿理论；他与台州市最好的学校组成了台州八校平台，名师资源共享，期末统一考试；他还组织了"二中兴衰，我的责任"演讲比赛、导学案编写评比、论文比赛，教改之星和课堂之星评比等，激发了老师们参与课改的热情。

在周泽安的引领下，学校的学术氛围越来越浓，正所谓"随风潜入夜，润物细无声"，在办公室里，老师们兴致勃勃地讨论导学案，开展教学反思；在学科组的评课会上，老师们七嘴八舌地提意见，既不留情面地指出课堂的不足，又竭尽所能地挖掘同事的优点；在宽敞舒适的书吧里，骨干教师们经常开展学术沙龙；在学校会议室里，教改研究小组成员一次次讨论课改中发现的问题；过年期间，尽管没有一分钱补贴，老师们还是认真编写导学案……

教师们的工作是辛苦的，但他们的内心是快乐的。"我工作着我快乐着，我创造着我快乐着。"这句话成了二中教师的口头禅。为了更好地激发教师的工作热情，周泽安还改革了教师评价制度，首先是每个班生源均衡，让老师们处于同一起跑线；其次是制定"仙居二中教职员工工作量化细则"，一年评出 30 名先进教师。在此基础上，他还给予老师们许多人文关怀。教师工作做得好，就可以跟他一起出去参观考察，可以坐飞机去当地的风景区走一走；教师工作忙碌，他就组织教师们去爬山、去野炊、去游戏,给游戏中得奖的教师们发一些小奖品;学校年轻老师多,他们结婚时学校总是会送去花篮和礼品,他和副校长们也会尽量抽出时间去参加。

在提高教学质量和教师素质的基础上,周泽安深入研究全脑教育、生态体验教育两大教学理论,他创造性地在仙居二中开展了书香校园行动、推行生态体验教育和全脑教育、构建自主互助学习模式"三大行动",营造学习氛围,为学生终身发展打下坚实基础。

系列的改革措施让教师们有了追求方向,考评制度、管理制度有了提升。教育改革如同一针强心剂,不仅触动了教师的心弦,也给学生留下了一段刻骨铭心的记忆。如今,仙居二中的教师终于不再落寞,连走路也变得昂首挺胸了。古老的仙居二中,焕发出新的生机和活力。

通过教改,仙居二中成了省里知名学校,也成了浙江省 28 所教改联盟学校之一。来校交流、学习、取经的人越来越多,校门口每周都有很多来自省内外的大巴车,一年至少有 1000 多人。慢慢地就有外地的学校邀请仙居二中教师去作报告和讲课。就这样,一部分老师就走出来了,成了专家,也有了自信心和荣誉感。

一次,周泽安遇到一名乡干部,当得知他就是二中校长时,乡干部对他说:"周校长,我的孩子就在你们学校当老师,他从来没有像这段时间这么用功,都流鼻血了。"周泽安一惊,问她怎么回事。她说:"我儿子每天都工作到深夜,研究教案,他现在整天就想着这个东西,想得都快发疯了。"还有一次,周泽安遇到一对同在学校任教的教师夫妻,妻子对他说:"我的丈夫被你迷上了!"他又吓了一跳,妻子解释说:"他每天回家都唠叨着教改的事,如果有人说教改不好,他马上火气就上来了。"

也许,生命的真正意义,并不在于多高的收入或多大的住房,而是在于勤奋工作后停下来观看风景的片刻——一泣、一笑、一声礼赞!

也许,此时的周泽安,内心深处最强烈的感受不是自己因为教改的成功所带来的人生价值实现的满足，而是因为教改使古老二中所焕发出来的勃勃生机、因为教改带给学生的巨大变化而欣喜，他脸上洋溢着自信、从容和主动。此时的他，已经没有了当初任安中校长时因为成功所带给他的那份职业荣耀感了，更多的是一种作为教育者的沉重责任和一份至厚至深的教育情怀。

## 书香校园行动和校园文化建设——让灵魂有个家

作为父亲，周泽安对于女儿的培养，有着自己的心得。为给女儿的学习创造一个良好的环境和氛围，在她的成长过程中，特别是高中三年，女儿在家夜自修时，周泽安几乎每晚不出门，陪她读书。周泽安不上网，只在书房里看书，女儿在旁边做作业。她遇到问题，周泽安帮忙解答，如果解答不了，就请专业的老师解答；如果妻子要看电视，他让妻子到别人家去看，不让她影响女儿。直到女儿考上大学的那年暑假，家里才开通网络。

古人云："近朱者赤，近墨者黑。"环境对于每个人的发展都有着至关重要的影响。"孟母三迁"的典故，讲的也是这个道理。孟子的母亲为了防止孟子沾染恶习，不惜三次举家搬迁，最终落户"学宫之院"。而孟子也正是由于被学院里传来的朗朗读书声所吸引，继而对学习产生了浓厚的兴趣，从此发奋读书，终成大儒。周泽安始终认为：一个良好的学习环境对于学生的发展起着不容忽视的作用。人们到庙宇去，远远看到黄色的墙，进山门就听到诵经声，香烟缭绕，心就安静下来。他们或许原本不信宗教，但此情此景却让他们感受到信仰的力量。同样，学校营造的浓浓的文化氛围、浓浓的书香，使学生们哪怕闻一闻它的香味，也能受益无穷。

当前，人们生活在一个实用的甚至是急功近利的现实之中，对于书籍的欣赏在很大的程度上被功利所取代。因此，周泽安非常重视氛围对学生的塑造作用。他到仙居二中做的第一件事，就是构建校园文化。在周泽安看来，学校就应该是书香满园的,他在"道德经典大家读"集会上,与全校师生分享了一则有关读书的故事。

达尔文大家都很熟识,他研究生物演变的现状,前后 30 多年,积累了无数的材料,但却始终想不出一个原则去整统他的材料。后来无意中他看到了马尔萨斯的人口论,说人口是按几何级数成倍成倍地增加,粮食是按数学级数增加。达尔文研究了这个原则,忽然心动,就把这个原则应用到生物学上去,创立了"物竞天泽"的学说,遂成一部石破天惊的名著,给后世打开了一个新的纪元。读了经济学的书却解决了生物学上的难题,这便是读书的功用! 所以要多读书,读的书多了,头脑里就添加了许多可参考的材料,思考问题时容易受启示,遇到疑难时,思路就比问题多,成功就比失败多。

一本好书,每一次读它的时候,都会呈现出以往未曾发现的新意。一本书,用惯了,它也会成为身体的一部分,它就是头脑的扩充,就会和情感历程、心路历程连在一起,成为面向世界的目光的一部分。古人说"开卷有益"也正是此意。读书不是单为成绩、为考试、为功名,读书还有更为重要的价值。书籍可以供给学养、知识,读书可以丰富内涵,提升品位,成为一种美好的生活方式。正像中央电视台播的一则公益广告说的一样:"读书虽然不能改变世界,但可以看到更好的自己。"

书香校园行动分"静态"和"动态"两大部分。静态的书香是"硬文化"建设,包括静态文化布置和校园环境改善;动态的书香是"软文化"建设,包括教师、学生、家长三个层面的文化活动。

不知从哪一天起,仙居二中的学生们发现原来单调的校园变得丰富了,"咦,这儿怎么多了几个字?""那儿怎么冒出一幅画?"很快,从大门口到教学楼的每一面墙都布置了文化主题,有励志文化长廊、古代勤学故事经典文化墙、古诗文休闲文化长廊、锦绣中华世界之最博览园、仙居名人墙、特色生态文化墙、学生文化创作墙……随着静态文化的布置,学校的活动也缤纷起来了,文化艺术节、书画作品展、古诗词朗诵、英语讲故事比赛、生活百科知识竞赛、音标操比赛、语文组的阅读考级、辩论赛等一个接着一个,点燃了师生的热情,形成感染力,不知不觉中陶冶了师生的高雅志趣与儒雅品德,书香的氛围营造起来了。

学生们被扑面而来的浓浓的人文与书香气息所吸引。校门口的励志文化长廊会令学生顿生"以天下为己任"的豪情;古诗词休闲文化长廊会唤起学生"为人性僻耽佳句,语不惊人死不休"的冲动;经典与原创的人生格言长廊引起学生对生命真谛的深思;世界与中国之最文化长廊让学生感受世界的博大;生活科学百科知识文化长廊让科学与生活亲密接触;仙居名人文化墙向学生诉说这片神奇土地曾经的辉煌;古代勤学故事经典文化墙令学生的心灵受到经典文化的浸润;文化创意墙向学生展示着二中人的个性与风采;长长书报亭散发着浓浓的书香,沁人肺俯;美丽的中心广场向学生诠释着二中的博大;电子显示屏代表热情的二中人对学生们的到来表示最诚挚的欢迎。一物一景,一草一木,一树一花,都宛如无声的歌、无言的诗,诉说着悠悠的文化传统,散发着浓浓的书香气息。流水吟诗,花草作画,石头唱歌,墙壁说话,天然和人工浑然一体,诠释着学校的育人理念,像空气一样围绕着受教育者,使学生不知不觉地接受着熏陶和教育。

周泽安的学校文化墙建设并非是从仙居二中开始的。早在 2001 年在安洲中学当校长的时候就已经开始实施了。那个时候,仙居还没有做学校文化墙的专业公司,周泽安专程从杭州请来了一家公司,学校负责挑选和编写反映符合自己倡导的教育价值观的内容,公司负责施工设计。后来这家公司的老总对周泽安说:"你们学校的文化墙内容编得很好,我们公司在绍兴、杭州好多学校都用了。谢谢你!"在仙居是首创,教育局领导一表扬,各校都纷纷效仿。

校园是无声的教育力量。书香校园行动,以积极向上的文化力量,让学生在困难中可以看到更多的希望,愿意面对困难、挑战困难,从而战胜困难,就更愿意接受更大的挑战!用周泽安的话说:"让灵魂有个家"。

仙居二中举行的"书香家庭"评比也别出心裁。比赛时,可以把家里人叫来,可以把家里最有学问的三个人找来,一起参加比赛。然后整个学校 PK,获胜者颁发"书香家庭"证书。这项活动带动了社区的读书潮,在校内校外形成良好的氛围。学校开展学生辨论会的时候,周泽安每场都参加,到最后决赛,他在点评时,学生都无比兴奋!

文化是一面旗帜,文化是一种氛围,一种工作的氛围、学习的氛围、奋斗的氛围、创新创业的氛围!名校的发展史就是一部校园文化积淀的历史,也是一部师生与学校共同进步的成长史!

周泽安对校园文化建设颇有研究,在他写的《校园文化建设的意义解构和路径思考》一文中,对此做了全面的阐述。

他认为,任何一种文化的产生、发展都有其特定的历史渊源和现实需求,不会空穴来风。学校文化建设要从实际出发,尊重学校的文化积淀,还要顺势而为,把握文化发展的趋势。

他认为,学校文化和校园文化是两个不同的概念,不能混用。学校文化强调的是"人无我有,人有我优,人优我廉",本质上是经济学概念;而校园文化所强调的是校园精神文化、环境文化、行为文化、制度文化所具有的教化功能,是一个教育学概念。

他针对当前文化概念滥用的现象进一步提出:文化是有层次的,有大众文化也有分众文化。卓别林写给爱因斯坦的信上说:"你的相对论,世上没有几个人看得懂,你真伟大!"爱因斯坦回了一封信说:"你的艺术为这么多人所欣赏,你真伟大。"校园文化、学校文化应该是一种分众文化,是一种较高层次的文化,应该有自己更高的道德和科学诉求,不能堕落为庸俗文化,这是一个值得注意的问题。

文化是一个历史演变过程和积淀的结果,具有差异性和多样性。有个笑话说:"中、美、日的三个姑娘走在同一海滩上,突然刮起一阵风,美国人慌忙按住帽子,日本人按住裙子,中国人既按住帽子也按住裙子。"因为美国人重利,帽子会被风刮走,裙子不会,大不了露出屁股,日本人要面子,屁股不能露,中国人则都要。

文化价值也同样存在相对性和两重性。如中国的饮食文化,有好的一面,方便交流,促进沟通,改善人际关系,增强团队、家庭的温馨。但也有糟粕,如不用公筷,容易传播疾病;油炸、煎炒太多,讲究口味、花样,美了眼球,乐了舌头,苦了肠胃,害了健康。

文化一旦形成传统,就有可能产生阻抑作用。传统不能与时俱进,就会产生僵化和保守。如儒家变成国学后,排斥百家,自我封闭、僵化,就成了阻碍社会文明进步的力量。心理学家做了一个实验,将5只猴子关在一个笼子里,顶上挂香蕉。猴子们想吃香蕉,但一碰香蕉,有一个装置就会喷出水来,其它猴子就有意见。所以几番下来,5只猴子都不去碰了。换掉一只,又去碰,余猴打它,一次次换掉所有猴子,最后把喷水装置去掉,不碰香蕉的"传统"却保留了下来。

当你接受某种环境的制约而失去反省及思考能力时,你将永远不会找出新的解决方法来,个人的能力就成为负成长,长此以往将成为寙臼。传统是一种信息,在时空中被不断编码和流播,真伪和悖论就是常态。学科教学都有一个建模、入模和出模的过程,建模、入模是必须的,没有建模、入模就没有规范,但若不能出模,就将成为阻抑的力量。在课堂上老师讲、学生听成了传统,教改叫老师少讲老师就不习惯、不放心,叫学生自学,学生也不知从何入手,慢慢就失去了自学能力。

重视校园文化建设,在当前是一项政治任务,体现着国家的"软实力"。文化是学校的灵魂,精神文化则是核心,校长的办学思想、教育价值观则是关键。校长必须思考一些关于教育教学的根本性问题,并给出自己的答案。电视剧《神雕侠侣》中有首歌唱得好:"你从哪里来?你到哪里去……""你从哪儿来"是价值问题,"你到哪里去"是方向问题。学校就得回答学校是从哪儿来的;国家的钱从来就不够花,为什么要用大量的钱来办学校;家长为什么要送幼小的孩子到学校读书;人为何要读书,还要读几十年。这是办学的价值问题,回答清楚了,校长的办学宗旨、价值观就出来了。

"你到哪里去",这是办学的愿景、规划。一位有思想的校长,还必须思考得更多些、更远些。校长必须了解几千年来教育发展的历史走向和世界各国教育发展改革的现状和趋势。只有明确了这些,才能正确地指引学校的发展。

还有一个问题,是怎么去?这是策略问题,通过什么样的载体的战略行动,持之以恒,坚持不懈,达成目标。

因此,周泽安提出了校园文化建设必须重视精神文化建设、环境文化建设、制度文化建设和行为文化建设四大任务。环境文化建设包括绿化、净化、美化和文化校园四大方面。卫生是一种生活的观念,是一种文明水准的表现,也是一种人生态度。在香港吐一口痰要罚1500元,你还吐不吐呢?在新加坡吃口香糖把渣吐地上有可能要在大庭广众之下受鞭刑,你还敢吐吗?制度文化在校园文化建设中的重要性不言而喻,其具有持久的力量,维系着学校的正常秩序。"没有规矩,不成方圆"。有个分粥的故事,想必大家都听说过,四种方法,四种结果,大不一样。7个人分粥,一人一天轮着分,6天饥一天饱,饱的是自己分的那一天;推选德高的人分,权力产生腐败,会讨好的人分到的就多些;3人分4人管,扯皮,粥都凉了,不好吃;最好的结果是,轮着分,但分的人最后吃,这就公平了。这就是制度的力量!二中的老师今天之所以这么拼命,不是因为崇高的理想,人一般没有这么崇高的理想,在你我的灵魂深处,魔鬼和天使毗邻而居,而是因为我们改了制度,质量评估制度、职称制度、工作考核制度、绩效工资制度都改了,周泽安的口号是把质量第一的原则贯彻到底!安中之所以崛起,是因为这个制度已坚持了10年。

## 推行生态体验教育和全脑教育——打造智慧课堂

以周泽安几十年的教育研究成果,以及安洲中学奇迹般的逆反,到仙居二中当校长的时候,即便他什么都不做,也足以自慰平生。但是,周泽安从来不是守成的人,从来不是安于现状的人,何况,在他的内心深处还有那份至厚至深的教育情怀在,因此,无论如何,他都必须尽力一搏,回报仙居故土对他的厚待以及父老乡亲对他的深切期望。到仙居二中后,他思考的问题是,如何在短时期内弯道超车，让学校实现质的飞跃！

这势必要有"绝活"。

一个偶然的机会，让他认识了中央教科所生态体验教育理论的创始人刘惊铎教授和脑图词汇快速记忆教学法创始人沈鹤渝教授。他对两位教授所提出来的教育理论，进行了深入的研究，发现与他一直以来主张的自主学习、自主教育、自我管理的理念十分契合，也与他一直在尝试的体验式教育不谋而合。刘惊铎教授认为，内生态、类生态和自然生态是人生活的三重生态。三重生态都必须和谐平衡，任何一种平衡的打破都会产生十分严重的后果。内生态严重失衡就会精神分裂，类生态严重失衡人际关系就无法想象，自然生态严重失衡就必然遭受大自然的恐怖报复。教育的终极价值就是达成三种生态的平衡，让人在生态平衡中获享幸福。

生态体验教育要求回归生活实践，关注生态，凸显体验，其模式要求回归生活，诱发唤醒生态阅历；超越个人的有限视界，借助群集智慧陶养生态人格；全脑贯通，激发生命潜能、洞开复杂思维；切合核心认知、认同核心价值观、注重基础品格陶冶；引导师生身心合一、多样性分享；扎根文化土壤，汲取学校、社会和民族文化滋养。

周泽安结合自己丰富的人生阅历，深入研究后认为，教育教学的效果与人的体验存在正相关。人体感觉器官参与得越多，学习的效果越好。就拿老师上课来说，中国几千年的教育模式都是老师讲、学生听。从老师的角度看，这个模式最为简单，在规定时间内，把内容讲完，但效果最差。学生只有耳朵一个器官参与教学活动，据研究成果表明，这种方式只有5%的效率。也就是说，老师讲、学生听，过了一个星期后，学生能记住的只有5%。如果把书发给学生看，效率增加到10%，如果学生也参与教学活动，这样能记住15%。为什么会这样？因为感觉器官参与得越多效果就越好。一个是只有听觉器官参与，而另一个加上视觉器官和其他器官了，效果就成倍递进。感觉器官参与得越多，脚、手、身体，所有的感觉器官都参与了，学习效果就成倍地增加。

　　同时，人体感觉器官参与得越深刻，印象越深刻，教育教学的效果越好。比如，对小孩子说："这开水烫，小心，小心。"小孩子并不相信。直到有一天，孩子真的被烫了，他会永远记住。有人说："梨子甜不甜，吃一口就知道了。"周泽安举例说："在岸上你永远学不会游泳，司机只有在驾驶实践中才能学会驾驶。搓麻将也是一样，若写成一本书，让大学生去读三年也学不会搓麻将，但一字不识的老太婆，只要在麻将台上玩几天，就能很轻松地学会。所以，体验过了，就印象深刻。"周泽安说，你若到过仙居神仙居一次，你就会永远记住。三十年后某一天不经意间想起，其景其色仍然记忆深刻。教育就应当尽可能多地给学生创造丰富的体验机会，让学生充分地、广泛地体验。体验有两种方式，一种是课堂体验，一种是课外体验。课堂体验是学生之间相互讨论，相互争论，带他们到实验室去，体验实验的成功，也体验实验的失败。让学生提问题，让学生说话，让学生练习，让学生有机会试错等。课外体验就是走出校门，到大自然去，到生活实践中去，有机会面对困难和问题，动脑筋想办法，丰富孩子们的人生阅历，丰富学生的人生感受。

　　众所周知，人的左右脑从结构到功能都不一样。根据现有的脑科学研究，左脑是低速运转的意识脑，掌管的是逻辑、文字、数字、判断、分析、直线；右脑是高速运转的潜意识脑，掌管的是韵律、想象空间、颜色、大小、形态。从教育的角度看，右脑具有一些神奇的功能，如图像化存储功能，可用影像方式输入文字、数字、符号等。

　　在孩子的成长过程中，学习大多通过练习、反复记忆、测试等方法，而这些方法无一例外地只开发了左脑，很少用右脑。对于左脑的过度开发，使右脑受到抑制，右脑的能力逐渐消失，不用则废也就顺理成章。如何唤醒拥有巨大潜能的右脑，给人一个完整的智慧，是当前国际教育改革的一个探索方向。

　　在生态体验教育和全脑教育理论的指导下，仙居二中开展了一系列的课堂教学改革，构建了"自主互助课堂教学模式"（下一节专门阐述），开发了课堂互动教学辅助游戏。师生们在英语课上做各种各样有趣的游戏，如唱反调（我说英语,你说汉语;我说汉语,你说英语)、看手势(三个手指表示齐读三遍,五个手指表示齐读五遍)、音乐指挥家(如 baseball,一组读 base,二组读 ball,全班一起读 baseball)等。

由音乐、体育和英语教师在外教的指导下开发了一套音标操,将 48 个国际音标用语言和动作完美地演绎出来。它可以通过手、脑、嘴并用,使音标记得更牢、更准确。同学们每天在课间操时做一遍,在手、口、脚的配合中轻松解决音标难题。

自创了脑图词汇快速记忆教学,将所有单词制成脑部动漫,让同学们过目难忘。

开设口语课,利用外教纯正的英语口语对学生进行口语训练,提高学生英语表达的准确性。同时采用英语角的形式,让学生面对面与外教进行交流,让英语学习更具生活化和实用性。

开发脑图课文。借助多媒体和 Flash 动画技术把教材里的句子、文章变成了 Flash 情境动画片,让外教进行配音,将每篇课文的故事情节通过 Flash 动画片的形式表现出来,让学生在轻松愉快的氛围里看着动漫学习知识,使学生对课文理解得更深刻,记忆得更牢固。

生态体验教育和全脑教育带给仙居二中学生的不仅仅是学习的进步与快乐,改变的也不仅仅是学习的方式和途径,更重要的是思维空间的拓展、思维内容和形式的变革及其表达方式的革命。

这样的学习方式,与卡扎·罗姆布所倡导的学习方式有着异曲同工之妙。卡扎·罗姆布是匈牙利著名女翻译家,通过多年的摸索和学习,她通晓英、俄、法、汉、日、西、意、波等十多种语言,是外语奇才。为了回答雪片一般飞来的函询,她把自己的丰富经验概括为简明易懂的十条,对于每个外语学习者有普遍的意义。其中一条是:外语好比碉堡,必须同时从四面八方围攻,读报、听广播、看外语电影、听外语讲座、攻读课本等。

美国心理学家布卢姆也说过:"学习的最大动力,是对学习材料的兴趣。"要让孩子对学习有持续的兴趣,培养孩子的求知欲,方法很多,但最根本的是要充分挖掘教材的趣味性。如牛津英语教材中,充满着丰富的激发学生学习兴趣的因素:大量彩色插图、各种人物表情、有趣的游戏活动、幽默搞笑的故事资源,再配以教师合理的利用,能有效激发学生学习英语的积极性,使学生在愉快的气氛中获得一些感性知识,能自如地运用所学语言,表达某种目的,因而感到快乐、愿意继续学习,对学习有持续的兴趣。再如一个让学生肢体放松的游戏,活跃课堂教学,让学生沉浸在完全放松的状态中去学英语;一首轻松、愉快的英语歌曲,同样能激发、保持、深化学生学习英语的兴趣;一次刺激、好玩的英语竞赛,也能诱发学生的学习兴趣,营造一种你追我赶、力争上游的学习氛围……

一个学生如果对学习有浓厚的兴趣,他不会把学习看成沉重的负担,相反,他将以积极主动的姿态出现,并在学习中获得快乐。人在充满兴趣的心理状态下学习东西,往往掌握迅速,记忆牢固。因此,把呆板的文字符号转换为声情交融的话语,把一条语言规则化为启动学生智慧的钥匙,使学生在运用语言时感受到愉悦,把 45 分钟编织成一曲学生喜爱的乐章。

既然选择了远方,就只有风雨兼程。"让今天的学习更快乐,明天的生活更幸福",这不止是仙居二中的办学理念,更是周泽安心中的教育梦想,一个值得全力以赴、风雨兼程的远方,心中永恒的"乌托邦"。


## 构建自主互助学习模式——为学生的终身发展奠基


在周泽安的记忆中,有一个生日特别让他难忘,那个生日是在山东杜郎口中学度过的。那一次,他带队到杜郎口中学学习,远在异乡,他自己也忘了日子,但同去的老师却没忘,合起来买了蛋糕,给他过生日。他特别感动,说:"以前都是家人给我过生日,这次是同事们给我过,这个生日过得比哪一年都有意义。"

山东杜郎口中学的教学模式让周泽安非常感兴趣。它原先是乡中学,教学质量非常差,是一所几乎被当地教育局放弃了的中学。当时,另外一所中学的崔副校长,他的妻子是杜郎口中学的老师,教育局就派他来当校长试试。崔校长到了杜郎口中学后,心想:这个学校老师不像老师,学生不像学生,反正老师教学水平很差,那么不如让学生先自学,老师再来解答。学校规定,老师在课堂上讲话,不能超过十六分钟,在学生自学前,老师给他问题,让做导学案。学生明白了,已经解决的,老师不再讲;学生不明白的,老师再到课堂上讲,课堂效率一下子提高了。这改变了老师被动灌输的传统模式。传统的教学方法,就是不管学生会不会,老师在课堂上从头到尾讲一遍,好的学生早就明白,中等学生听了一部分,差的学生还是茫然不知。

没想到,崔校长的这一举措,反倒歪打正着,学生成绩稳步上升,于是成了全国典型,各地来学习取经的人络绎不绝。

杜郎口中学的教学模式契合了周泽安一直以来思考的学生自主学习、自主教育、自我管理的问题。因为周泽安就是一个自学成功的典型,一个初中毕业生,自学高中课程考上了大学,总结他的自学经验,最主要的就是自学动因特别强烈、自学习惯良好、自学方法特别高效。杜郎口中学的教改模式使他深受启发,于是他带着学校一批批的管理人员及老师到杜郎口中学学习,探索自主自助的管理模式,启发老师们找到一条适用于仙居二中的教改之路。精通国内外教育的周泽安知道,在当今的时代背景下,唯有全面推行课改才是仙居二中走出困境、实现衰兴逆转的突破口,也是激发师生工作、学习热情,振奋精神锐意进取的必由之路。

经过详细的调研,他总结了传统课堂的两大弊端。一是被动学习,二是齐步走。传统教学的基本模式是"老师讲、学生听",在这一模式下,学生始终处于被动学习的状态。老师讲什么学生就听什么,老师不讲学生就停止学习,慢慢地学生就丧失了学习的主动精神,随着学习难度的增加,学习负担的加重,学习动因逐渐衰减。因为被动,任何最轻的负担都是沉重的,学习的历程就成为孩子们人生的一段痛苦的成长岁月。其次,传统教学还存在一个关键问题就是齐步走,忽视因材施教,忽视孩子们学习基础、学习心智上的巨大差异。

为了改变这些令人堪忧的教育现状,周泽安在生态教育理论和全脑教育理论的指导下,设计构建了符合仙居二中实际的课堂教学模式,随后迅速开展尝试。

2010年下半年,在广泛借鉴国内外教改经验的基础上,仙居二中开始在初一、初二全面推行"自主互助"学习模式。暑假结束,学生来上课,惊讶地发现课堂变样了——最明显的变化就是座位不再是排排坐而是各小组围着坐,上课也不再是老师一个人讲而是学生们轮流讲。面对这一巨大的变化,学生们既忐忑又好奇,既紧张又兴奋。

"自主互助"学习模式在仙居二中全面推行。这个模式以"施教从学,先学后教,自主互助,全面发展"为核心思想,以"学案导学、自主学习、展示交流、互助学习、当堂检测"为基本环节,充分体现了新课改的精神和生本课堂的特点。面对"如何让习惯被动的学生主动学习、如何让习惯沉默的学生开口说话"等棘手问题,他选择了导学案和小组合作作为两大突破口,而这也成了改革的亮点。

仙居二中的教师们致力于编写一种新型的教学材料——导学案。导学案与教案有着本质区别,教案是教师教学生的方案,导学案则是引导学生学习的方案。导学案包括学习目标、学习重难点、方法指导、情境导入、探究发现(知识导学)、知识应用(迁移、拓展)、评价交流、效果监测等具体内容,所有知识和问题均由旧到新、由浅入深,拓展部分分为A、B、C、D四个层次,便于好、中、差学生使用。与其他学校相比,仙居二中的导学案还有两大显著特点:一是将教材中的学术语言转化成教育语言,便于学生接受;二是强调原知论,对解决问题的过程进行再研究。

有了导学案,如何才能落实呢?为了保证学生有充分的预习时间,仙居二中安排了每天20分钟的自主预习课,语文和英语是早读时间,数学和科学是下午第四节课。在自主预习课上,老师会把第二天的导学案发给学生,学生根据导学案的具体要求进行自主预习、小组交流。一般经过20分钟的预习,学生都能完成导学案,对第二天要掌握的知识点做到心中有数,对第二天要展示的问题做好基本准备。他们也会锁定疑难问题,请教同学或老师,或者拿到第二天的课堂上进行讨论。

在仙居二中,每个学生都有一个预习笔记和一个纠错本,学生在预习时的感想、问题都可以记录在预习笔记上,保证第二天有备而来;而纠错本则是把学生在导学案、作业或者考试中的错题都集中起来,以便日后复习。一份科学编制、扎实落实的导学案,使得学生的自主学习从空想变为了现实。

导学案解决了学生自主学习的问题,但自主学习难免会遇到难题,如何让好、中、差学生都能学得会呢? 这就需要小组合作。在仙居二中,每班学生都分为 A、B、C、D 四个层次,课堂发言对应加分为 1、2、3、4 分,在各层人数均衡的基础上,每班分成 6 个小组,实施组内互助,组间 PK。每组都设立一名组长与两名副组长,管理小组纪律、卫生、课堂学习、课后活动、家庭作业等所有事务。组长都是成绩好、组织能力强的学生,他们不仅是出色的小老师,还能带动班级的风气。

在科学分组的基础上,班主任和科任老师要对组长和组员进行培训。当组长可不简单,预习中若是同学遇到不懂的问题,要花时间帮他们讲解清楚;在分配到任务时,要根据难易程度"逼"组员去讲解;当组员在台上讲解卡壳时,要临时发挥去"救场"……组员也要经过种种训练,比如学生不愿意说话,老师就让大家做自我介绍,第一次说三句以上,第二次说十句以上;学生板书写得不好,老师就给每人分一块黑板练习写字,字写多大,写成什么字体,都有规定;学生要上黑板展示,要练习在 1 分钟之内把字写出来再回到座位,椅子不能响;一位同学展示时,其他同学要跟随口令快速站位;同学展示完毕,其他同学要实施一短两长的"全脑拍手",表示对同学的鼓励……

在小组合作中,互助是贯穿整个学习过程的。学校按照成绩就近原则将同学们两两结对,因此互助并非一定要小组交流,也可以是师徒之间的讨论。有的学生不清楚老师布置的任务,师父就要为他指导任务;有的学生自学有困难,师父就要给他点化指导；有的同学上课注意力不集中，师父也要随时提醒。事实上，当今独生子女很多都以自我为中心，老师也经常发现小组合作中存在这样那样的问题，比如有的同学不耐烦地说"你怎么这么笨？"、少数同学直接抄袭别人的答案等。但周泽安总是劝老师们要换一种思维看问题："越是存在问题就说明小组建设越有必要，如果所有的同学都没有问题了，那还搞什么小组呢？"为了更好地建设小组，学校还利用了评价的导向机制。比如，老师都对小组进行捆绑式评价，一天一评价、一周一小结、一月一评奖。凡获得优秀小组、课堂之星的同学，校电视台的小记者就会去采访他们。反之，如果某个同学表现不好，老师则会把整个小组都叫来批评，而不是批评他一个人。

课堂上，最精彩的要数小组与小组之间的 PK 了。这是一场场知识与知识的碰撞，也是一次次心灵与心灵的对话，无时无刻不闪耀着学生智慧的灵光。每当 PK 开始，丛林般举起的手，蜂拥至聚焦点的身影，铿锵有力的回答，绘声绘色的讲述，"吹毛求疵"、一问到底的质疑，总是使课堂热闹非凡。几乎每个学生都可以在组长的带领下融入课文的学习当中，每个人都平等地享受着自主学习带来的灵动和快乐。而同学们讨论时，老师们总是在一旁静静地倾听着、观察着，有时顺势给他们搭个梯子，但尽量让他们自己去解决问题。下课了，同学们总是迫不及待地在自己的"井"字里记上一笔，脸上写满了成功与喜悦。在这里，他们完全可以骄傲地说："我的课堂我做主！"

这种模式初实行时，有家长担心自己家孩子当组长会影响学习。但是后来发现，当组长的学生成绩非但没有受到影响，反而越来越好。一是因为老师培养他当组长，会提前进行培训，在这个过程中，组长的成绩有了提高；二是学生当了组长，会激发责任感、自豪感，他为了完成任务，辅导差的学生，就更加努力，自身的成绩就会越来越好。事实也是如此，教别人的效果最好，只要教过别人一遍，自己就永远不会忘记。因为教别人，可以调动很多器官，比原来简单记忆器官参与得更多，效果就更好。

自从实行了"自主互助"学习模式，仙居二中的学生一下子长大了。首先是增强了勇气，锻炼了口头表达能力。传统课堂"寻寻觅觅，冷冷清清"，同学们发言都战战兢兢。现在，同学们学会了大胆发言，而且声音洪亮。八年级（5）班的柯悦颖同学是一位小组长，她第一次上台讲课时，一道简短的题目都讲得满头大汗，经过反复锻炼，她的嗓音提高了，话语也越来越通顺了，在台上也不哆嗦了。英语课上，朱老师夸她讲得好；数学课上，周老师也表扬她。她心里多了一份荣誉感，也多了一份感激。组员们也和她一样，一开始死活都不愿意上台。为了给小组挣分，每次都是柯悦颖千辛万苦地逼着他们上台。现在，她连叫都不用叫，他们就说："我去讲第一题！""我去讲第三题！"随着课堂的参与面越来越广，同学们也都变得能说会道了。

其次是学会了互帮互助，培养了关爱他人的优良品质。七年级（7）班的杨孜恺同学有一次遇到了难题。"哎呀，烦死了，这题怎么这么难，一点思路都没有！"正当他眉头紧锁、抓耳挠腮时，旁边的同学对他说："别急，让我看看……这题有哪几个量是不变的？把它找出来，再把等量关系式写出来，列出方程不就行了？"他顿时恍然大悟。"多谢你提醒我，要不然我恐怕做一节课都做不出来。""哪里，我们本来就要互相帮助么！"两人相视而笑。就是在这样的互帮互助中，独生子女们不仅学会了教别人知识，而且自己对题目的理解更深刻了，对知识的掌握也更牢固了。随着"兵练兵""兵强兵"的不断加深，同学们很快就捅破了以往的隔膜，在谈笑间融成了一片。

第三是学生学习的主动性和积极性也显著提高了。以前，老师不讲学生就不会学，如今，同学们都会跟着导学案自主学习。学校下午5点放学，好多班的学生都不愿意走，而是自愿留下来再学习一阵子再走。为了给自己的小组挣分，同学们都在课堂上积极发言，谁也不敢睡觉或者偷懒。经常有孩子回家缠着家长说："爸爸，你快点把这道题告诉我，这样我明天就可以表现好一点，可以为我的小组增加分数。"如今，越来越多的家长也开始认同这种模式。一位学生在日记中写道："自从爸爸妈妈进课堂听了一节课后，就一直夸我的小老师当得有模有样，我也觉得学习越来越有意思了……"

此外,自从班级分了小组之后,每个组都有 A、B、C、D 四个层次的同学,班里没有了第一名,也没有了最后一名,这让同学间的竞争变得更加激烈,特别是对于后进生恢复自信很有帮助。有一位同学以前总是排在倒数第一,自信心很受打击,分组后他和十几位同学一样都属于 D 等的学生,老师就对他说:"老师现在没有要求你的成绩突飞猛进,但是你在 D 等的同学里面不能落后,有信心吗?"学生一听,眼睛马上就亮起来了。从此他发愤图强,成绩有了明显的进步。

"自主互助"学习模式取得了丰硕的成果,仙居二中学生的成绩有了很大的提升,证明这是一种智慧的教育方式。有人做过这样的实验:有一条很不起眼的小鱼儿,很瘦小孤单。主人喂食时,它总也抢不到,最多只能吃些别的鱼剩下的残渣碎末。平时它常孤零零地在鱼群外游荡,似乎谁都可以欺负它。终于,有一天主人发现它是如此可怜,打那以后喂食时都先在它身边撒些饵料。不想这一微不足道的举动,竟改变了小鱼的命运,还创造了一个奇迹。因为聪明的鱼儿们渐渐地发现,只要在小鱼的周边就一定能得到食物。于是一星期以后一个颇为壮观的场面出现了,一条不起眼的小鱼,领着一个偌大的鱼群在水中游来游去。这条小鱼儿竟然成了"头鱼"。从此它再也不会以自卑的神色黯然地徘徊在池边、角落,而是摇头摆尾、神气活现地做着"领头鱼",俨然开始统帅起整个鱼群。

用这样的方法,可以把任何一条鱼都培养成"头鱼""统帅"。同样的道理,如果对学生多一些关注,哪怕他是一个"差生",也很有可能让他走出困境、窘境。能否创造出更大奇迹,在于孩子本身,更在于老师的关注。

导学案和小组合作,让周泽安找到了两个联结点,就像他下围棋到了关键时刻,走出了两步高招,结果是满盘皆活。因为这两个点找对了,找准了,就能够左右逢源,水到渠成,如百川之归海,浩浩荡荡!周泽安的淡定从容,仿佛涓涓清澈的溪水,引导老师一起循流溯源,漫步探索。"静水流深",这是周泽安对自己数十年研究悉心思考、厚积薄发的力作。他教育改革的过程,仿佛一气呵成,得来全不费工夫。教育就是这样,有时只要多些了解和思考,多一些因势利导,就可能多份选择和智慧。

好的教育就是教育学生超越自己。应该认识到,人与人的起步,本质上是有差别的。做教育最重要的是,教学生做自己喜欢的事情,活出自己想要的样子。学生未必要考重点大学,但至少应该保持上进心;学生可以没有什么大抱负,但长大后至少应该努力给爱人、孩子和家庭相对体面的生活,找份稳定的工作,踏踏实实做人。

周泽安把目光着眼于学生的未来,告诉学生,你无须和别人比,你要超越的,是你自己!

这一刻,周泽安要超越的也是他自己。

## 分管县长来调研——是否该让校长下课是一个问题

正常情况下,课堂上都是老师滔滔不绝地讲,学生安安静静地听,课堂发言者寥寥无几。教改后的仙居二中,每个教室四面都是黑板,每块黑板的顶端都有一排"井"字,一个"井"字对应一个同学的名字,上面记录着他每天的发言次数。学生们八张桌子拼成一个小组,两两相对,侧对黑板;两个小组组成一列,六个小组组成一个长方形。上课时,学生们有着充分的自由,如果反光看不见,或展示需要,都可以搬着凳子移动"听课点"。

教室里没有了讲台,没有了老师的喋喋不休,学生们或蹲、或站、或坐,在地上、课桌上、板凳上挤成一团。他们争先恐后地上台发言,讲得津津有味,讲得眉飞色舞,还时不时与下面的同学交流。

整整一年,周泽安和三位副校长顶着压力,带领老师们致力于导学案和小组建设的推进,他们脚踏实地地工作,终于让课堂发生了翻天覆地的变化。

然而,正当学生们还在为适应新课堂努力时,教育改革早已在小小的仙居城里"一石激起千层浪"了。面对这"不像课堂的课堂",教师们议论纷纷,赞成拥护者"热风吹雨洒江天",怀疑消极者"冷眼向洋看世界";似懂非懂的家长们纷纷来电或来校了解情况,还有位家长气急败坏地找到周泽安说:"周校长,你搞的这个模式不好,我的孩子不喜欢说话,回家又哭又闹,你们不要搞这种模式了。"周泽安好说歹说,才让这位家长明白了课改的重要性,解释得口干舌燥。

不出意外,每一种新生事物的出现,都伴随着不同的声音,都会有阻力,都要顶着巨大的压力。理性和激情、多样性和片面性、灵活和固执,就像水火一样很难互相融合。仙居二中的教育改革,虽然是周泽安善良的愿望,但与众不同的行为,让民众感觉充满了混杂与颠覆,他们一时无法接受。

一时间,争议声不绝于耳。但周泽安的内心却十分平静,因为他相信"实践是检验真理的唯一标准",他只想一心一意完善新课堂。此时,他想起了鲁迅说过的话:"愈艰难,就愈要做。改革,是向来没有一帆风顺的。"

凭着对教育事业的热爱、凭着对教育理想的追寻,他决定义无反顾地坚持下去,因为他内心十分清楚,任何改革要想获得认同,必须让事实来说话。

仙居二中的教改惊动了县委、县政府,连县委办公会议也对此进行了研究。

会上,有人提出:"周泽安的改革,老师都不教了,让学生自己教自己,能行吗?读书从来没见过这样,会不会把学校搞坏了?"

有人甚至说:"这个校长做得不好,把他免掉。"

了解情况的人说:"这不行,不能这么说的,周泽安是仙居的名校长,有他自己的一套本事,你不能轻易下这个结论。"

县委办公会研究的结果,是派分管县长带领调研组对二中的教改进行调研。

苍穹无语。

一句"思想者都是孤独的",从缥缈的天际传来,伴随着轰隆隆的雷声,但众人都听得真切。

周泽安知道问题严重了。要把事情说清楚,关起门来搞不行。当保守与改革之争不断冲击之时,周泽安必须作出必要的反应。

为平息舆论,周泽安采取了两个措施。一是学校召开家长会,说明为什么要教改,改了有什么好处。二是请来县里的老干部,告诉他们为什么要改,让他们理解支持。

周泽安把参与改革的学生家长都召集起来开会。一听说开这个会，家长都非常感兴趣。仙居二中有 2400 多名学生，来的家长比学生多得多。每个家长都带着疑问参加会议，有的家庭甚至来了好几个人。学校没有那么大的会议室，周泽安就把会场设到学校大操场，学生和家长黑压压的一片。

在台上，周泽安用 PPT 向与会者一一说明，二中为什么教改，怎么改，目的是什么，期待是什么，怎么做。台下的人听得津津有味，一直到会议结束，大家意犹未尽，到 12 点都不走。

从他的话语中，家长可以感受到周泽安的思路和方向，也感受到周泽安的个性与勇气。既有仙居大山里泥土和溪水的气息，也有当代改革家的气势。周泽安的热烈言辞响彻校园，有雷霆万钧之势，具有无法阻挡的推动力。

会后，好多人到周泽安的办公室，说："听了你所讲的，我感觉你的理论肯定是符合学校发展的。"家长们的议论慢慢平息下来。

周泽安又把县里的老干部请来，对他们进行宣讲，向他们说明为什么要教改，改了有什么好处，让他们理解支持。老干部向来有影响力，把他们的思想工作做通，就会传导到县委领导那里。就这样，教改的风波就平息下来了。

更可喜的是，仙居二中成绩下降的趋势止住了，不往下掉，并开始往上升。通过教改，仙居二中当年中考的平均分相比前一年提高了 5.2 分；初三年级的同学在上一学期初二年级县统考中，有 70 人进入全县前 270 名，与兄弟学校的人数非常接近；而初二年级学生考取的成绩更好，在上一学期期末测试中，数学、科学和语文三科的平均分均超过了兄弟学校。教学质量的逐步上升，充分证明了教改已取得了实质性的效果。

市教育局分管业务的领导来调研，说："这个教育模式好，要继续做下去。"省教育厅教研室主任也来调研了，给予周泽安很高的评价和肯定。

省教育厅教研室负责教改工作，他们在全省高中、初中、小学找出 28 所学校，进行教改试点，仙居二中是其中之一。市教育局就把全市的校长都叫到二中来，推广二中的教改经验，认为这样的教改是教育的方向，有利于提高成绩。他们认为，任何教育改革，离开课堂都是没有意义的。二中的改革的成功之处，就是对课堂进行改革。这种改革能培养学生合作互助精神，真正体现了"以生为本，学为中心"这一省教育厅教研室极力倡导的原则，而不是以教为中心，符合改革的方向。

一方面学生成绩明显提高，另一方面得到省、市教育部门的肯定，整个仙居都对这次教改没有异议了。

当周泽安再次遇到学生家长，他们反映的问题是："你们学校某某老师是不是有问题？他上课没用导学案，我的孩子有意见。"

家长的觉醒和理解，令周泽安欣喜不已。

## 市里来开现场会(2011. 11)——教改也需要"空中加油"

周泽安和全校师生的努力没有白费，汗水没有白流，智慧终成正果，仙居二中的教改已经汇聚成一股巨大而澎湃的能量，推动着古老的二中向着新的辉煌目标前行。

仙居二中以显著的办学成绩，赢得了社会各界的赞誉，先后被评为全国青少年文明礼仪教育示范基地、全国基础教育外语实验中心实验学校、浙江省现代化教育技术实验学校、浙江省书法教育实践基地、台州市示范性初中、台州市基本现代化学校、台州市花园式学校、台州市文明单位、台州市绿色学校、台州市校务公开先进单位、台州市教育装备工作先进集体、台州市党建工作三级联创先进职工之家、优秀家长学校、安全工作先进集体。学校先后承办了"全国全脑教育·高效课堂·相约仙人居"研讨会、台州市第十届田径运动会、台州市学生实验操作比赛等大型活动。

【浙江中少在线】2010 年 5 月 31 日至 6 月 1 日，"全脑英语课堂教学"和"三三六"自主学习模式的现场观摩和交流研讨活动在仙居县第二中学举行。杜郎口中学的 5 名教师现场观摩了这次教改研讨会。

本次教改研讨会内容十分丰富，杜郎口中学的 5 名教师分别听取了中央教科所沈鹤渝教授所作的《全脑教育原理在英语学科的应用》专题报告，观摩了 2 堂全脑英语教学示范课，观看了仙居二中的英语"音标操"，听了 2 堂"三三六"自主学习模式的数学课和语文课。

在报告会上，山东杜郎口中学副校长金勇和古祥生老师分别就本次参加仙居二中教改会的所见所感向全校教师做了较全面的汇报。古祥生老师还利用图片、视频等手段，将全脑英语教学法在英语单词记忆中的运用向大家做了展示，让老师们对这种新的教学方法有了更深入的了解。最后，金勇副校长做了总结发言，他希望全体教师善于学习，大胆创新，锐意进取，促进学校教育教学工作的进一步发展。

【搜狐网】全国教改新理念与课堂设计培训会在仙居二中召开。会议邀请了五所全国教改名校校长和十五位优秀教师，围绕"教改新理念与课堂设计"研讨主题，分享教改经验与智慧，展现课堂教学风采。来自全国各地教育局与教研室领导、学校领导、骨干教师等五百多人参加了会议。会议通过专家的理念引领、一线名师的课堂示范与经验分享，帮助与会者清晰地认识课堂教学改革的目标，提高课堂教学设计的科学性，真正将知识的学习与育人的工作结合起来。

【台州晚报】仙居二中创设"生态体验式"德育教学

仙居二中邀请中央教育科学研究所博士生导师刘惊铎教授及其研究团队，为学校老师上了一堂生动的"生态体验式"德育教学课。老师们当场体验了一段震撼心灵的生命之旅，深入了解生态体验教育思想。

生态体验教育，是一种在自然生态、类生态和内生态三重生态圆融互摄的理念下，回归生活、凸显体验、感动生命、激发潜能、开启生态智慧、优化生命样态的魅力教育模式。

台州生态体验教育改革实验区成立，基于生态体验教育思想的各种课改模式，正越来越成为未来教改的一个方向。仙居二中着力打造先学后教"自主互助"的学习模式，创设了生态体验课堂。

课堂上老师们分为两组，一组是蒙眼者，一组是帮扶者，两组人一起走过重重阻碍，到达终点，完成一次心灵体验之旅。

"我体会到了感恩、信任和坚持。""我感受到了责任与快乐，在教育过程中，对学生的一份责任。"游戏过后，老师们纷纷表达自己的心得体会。

从这一系列的报道，可以看出，仙居二中建构的"自主互助"学习模式得到了媒体的广泛关注，CCTV-8、CCTV-10、新华社、《中国教师报》，以及省、市、县的主流媒体都相继做了深度连续的报道；央视网《精彩地方》栏目组、CCTV-10《讲述》栏目组都相继派出记者来校采访、拍摄教改。媒体以超乎寻常的推进作用和鼓动力量，产生了积极的效果。

仙居二中的教改也得到了专家的高度认同，中央德育研究中心主任刘惊铎教授、浙江省教研室刘宝剑主任等专家给予了高度的肯定；课题《自主互助学习模式行动研究》在省教科院立项；中央德育研究中心姚娅萍教授、沈鹤渝教授等专家、学者相继来校讲学。

省教育厅副厅长张绪培来仙居视察、指导，省教研室刘宝剑主任、省师训处张丰主任、市教育局许建强副局长来校调研，对教改高度赞赏。

2011年12月9日，台州市教育局在仙居二中召开了义务教育教学改革推进会，来自全市的260多位校长、教育行政领导、专家参加了会议，观摩了仙居二中的课堂教学。会上，许建强副局长对二中的改革提出两个基本意见：一是这个改革肯定是今后教改的一个方向；二是这个改革肯定有利于提高教育质量，尤其是学生的全面素质，这是绝对的。在谈到为什么要召开这次会议时，许建强副局长又说，德育的改革、综合实践活动、作业的改革等都很好，都是必须的，但如果不深入到课堂，不涉及教学模式，那改革就没有触及教学的本质和核心，此次会议安排在仙居二中开，就是因为这所学校在教学模式上进行了有效的探索和实践。

此后，仙居二中的教改产生的幅射和影响逐步扩大，福建、江苏、山东和省内的宁波、绍兴、湖州、临海、黄岩等地的许多学校前来观摩学习，到了 2011 年下半学期至 2012 年，每天都有大巴车，全国各地都有学校来仙居二中参观学习，一年里来校参观学习的教师和校长达到 1000 多人，几乎每个星期都有人来。学校被省教育厅列入"基础教育改革 28 校"之一。

就这样，周泽安的教改之路走出仙居，走出浙江，扩散到全国。2012 年中考仙居二中第一批考入重点高中的人数竟比安中还多。不管到哪里，只要是中学的校长或老师，提到仙居二中的周泽安，大家都竖起大拇指。

周泽安成为仙居教育界的骄傲。

# 踏遍青山人未老

（2013.9—现在）

　　随着城市化的进程，人们不得不离开原有的农耕世界，进入混凝土建构的大都市，去面对紧张的生活和逼仄的生存空间。于是，丛林法则不断得以强化，人的内心充满自私、暴戾、犹疑和迷茫，都市与乡村、欲望与理智，演绎了一幕幕人间悲喜大剧，浸透了一段段或辛酸或辉煌的人生故事。

　　在变幻的风云中，在无声的涌动中，就像两千多年前古希腊先哲柏拉图的叙拉古之行一样，周泽安也迈进了宏大中学的校门，当了几个月的校长。短暂的任职后，他来到仙居外语学校，实现了人生的又一次跨越，从公立学校到私立学校的跨越，从体制内到体制外的跨越。他深知，体制内有一定优势与规范，而在体制外，会遇到尖锐困难，其严厉程度，也许不能想象。周泽安凭着对教育规律的了解，冷静又客观地对待所遇到的新课题，并走出一条新路，丰富了他的教育思想，完善了他的教育理念。

　　作为仙居外语学校总校执行校长的周泽安，以其广阔的教育视野和对教育未来趋势的整体把握及对学校管理的娴熟，引领着外语学校开启新的梦想。丰富的人生阅历、娴熟的管理经验意味着经历了时间长河的荡涤、沉淀，是稳定发展的可靠保障；广阔的视野及其对未来趋势的准确把握则可以将前路犹如探照灯一般照亮，保证在正确的航道上继续远航。

## 宏大的短暂时光——理想是一个沉重的负担

在仙居二中校长任上干到第三年时,周泽安已经56岁了。按照惯例,已经过了退居二线的年纪,他开始考虑下一步的打算。正当这时,分管教育的老县长,他与周泽安的私交比较好,出面邀请周泽安去宏大中学任校长,说:"你在仙居,到哪个学校哪所就好,宏大这么多年做下来,都做不好,你如果把宏大做好,说明你不仅能把公立学校办好,民办的学校也能做好。"

周泽安动心了。他在教育行业摸索了数十年,对教育一直有着无法割舍的情愫。还有,正如老朋友所说,他到哪个学校,哪个学校都能往上走,他也有那份自信。宏大中学十几任校长都做不好,若他能把这个深陷办学困境的学校办好,岂不更有成就感,更有人生价值!他没有听从其他朋友的劝说,带着书生意气和教育理想踏进了宏大中学。

一个充满悲壮感的现代版的挑雪填井的故事就这样开始了!

"宏大风景独好,引无数校长竞折腰",这句坊间戏语,点出了宏大中学办学15年来的现状。一是宏大的办学条件相当好,东临三桥溪,南临环城北路,西靠西姑山,北是可发展的宝贵土地,交通便捷,占地近100亩;学校的办学机遇得天独厚,宏大中学开办之初,50万人的仙居县城除了一所重点高中外竟无一所普通高中,学生若不来宏大就读,那在城区再无普通高中可读,这对于宏大中学来说是极好的发展机遇。二是宏大的校长不好当,没有不"折腰"的,一茬茬进,一茬茬出,没一个做得好的,风风光光地请进来,灰溜溜地走,本地、外地的多位重量级的校长莫不如此,办学15年换了十几位校长,平均任职时间还不到1.2年。"乱哄哄你方唱罢我登场",戏还没开演,观众还没来得及把演员的脸谱认个清,台上却又换了角!

初入宏大中学,周泽安凭借其在全县民众中的良好口碑,招生工作旗开得胜,生源爆满,高一、初一招了一千多人,尤其初一年级一下子从原来的四个班扩大到了 10 个班。董事长乐开了花,担心下一年再来这么多新生,学校就坐不下了,急急忙忙请人设计教学楼、师生宿舍楼,安排投资 4000 万元搞基建。周泽安心中充满豪情,想着 3 年后学校在校生增加到三千人以上,教学质量再上一个新台阶,3 至 5 年后一个全新的具有良好社会声誉的优质民办学校必将呈现在全县人民面前,给全县家庭的孩子教育提供一个新的选择,一份优质的教育大餐!

然而踏进宏大中学校园所看到的情形,还是让周泽安心惊,以至于数年后回忆起来,仍历历在目。校园里到处都是垃圾,窗户、墙壁、地面、卫生间、走廊、楼梯都是污垢和灰尘,更让人吃惊的是垃圾筒,特别多又特别大;男生宿舍窗户外墙角下的垃圾堆积如小山,学生几乎嘴里都嚼着东西,食堂不吃教室吃,主食不吃吃零食。除了吃,学生的睡也不正常。夜里不睡白天睡,下课不睡上课睡,寝室不睡教室睡。更有甚者,教师文明水准也比学生好不到哪里去,醉酒,吐痰,随处吸烟,乱扔烟蒂、果皮、纸屑,办公室里乱糟糟的。

当时,有一个关于宏大的笑话在学生中流传。一位老师在上课,看到台下学生睡倒一大片,就把声音提高八度,下面一名男生就喊:你喊这么大声做什么,把我女朋友吵醒了!

所有这一切,老师见怪不怪,领导管也白管,自上而下都习以为常,这怪相成了宏大的校园文化。

由于迭遭城峰中学、外语学校高中招生影响,宏大中学已经失去了难得的发展机遇,生存益发艰难,生源大幅减少,初中一个年级已经招不足四个班,素质也一届不如一届,读书学习的风气、习惯、氛围荡然无存。学生们觉得自己交了钱,就是上帝,怎么舒心怎么来。

几十年的经验告诉周泽安,这样的校园环境,是不可能读好书的,是不可能有高质量教学的。梦想的起点必须从这里开始! 规范管理行为,改革创新,重建新的校园文化。

他围绕这个思路,开展工作。他提出了"观念植入、要素积累、典型示范、模式建构、优化固化"的策略，请专家来校讲学，派教师赴山东、上海、宁波、温州等地学习，参与浙江省 28 校，台州初中 8 校、高中 6 校活动，并坚持不懈地对老师开展每周一次的专题讲座和教育。思想的种子已经播撒，部分年轻教师已经开始尝试改变。

学校开展了以整治学生行为规范为重点的教育和管理，先从整治寝室不睡教室睡、下课不睡上课睡和食堂不吃教室吃、主食不吃吃零食开始。宣传和教育了两个星期后，加大了力度，与教师工资考核挂钩，上课睡觉、教室吃零食都要考核扣分。

在管理团队齐心协力的努力下，几个月来，效果很明显。校园一天天地变得整洁，垃圾一天天减少，学风、校风一天天地好转，上课睡觉的学生少了，教师和学生的进步变化明显，校园的读书氛围日益浓厚，学校正在朝着可喜的方向发生变化，学校的社会形象正逐步改变。

或许是习惯了好学校的办学条件、校风、学风，也或许是长期作为校长的处事习惯，周泽安对宏大中学的期望值比较高，希望宏大中学更快地好起来，达到他心中的目标。这个时候，发生了一件他完全意想不到的事，让他经历了一次重大的危机，对他产生了深远的影响，使他的心境发生了变化，以至于让他作出了新的抉择。

2012 年 12 月 12 日晚上，周泽安与值班老师一起巡视校园，看到初中各个班级的卫生、纪律和学习都不错，甚是欣慰。到高二(7)班，推门进去，看到教室内有学生在梳头，有的在照镜子，桌子上还有许多非学习用品。他让收存了梳子、镜子。这使学生的长期习惯被打乱，引起了学生的不满，开始议论纷纷。他将值班老师叫出来交代了几句，让他加强自修纪律的管理。出门没走多远，他听到班级里还未能安静下来，于是重新进入教室。

这时，有一特殊现象引起了他的注意，他发现这个班的垃圾筐特别多，几乎人人脚下一个。他弯腰从第一排随手拿起一只装得满满的垃圾筐，说："学校三令五申，让你们不要吃这种垃圾食品，你们就是不听。在教室里吃，读书的氛围都没了，这书还怎么读！"为让学生们看清所吃的垃圾食品的种类，他把举起的垃圾筐稍稍倾斜过来。垃圾筐实在太满了，有几个食品包装袋从筐里飘落下来，掉在第一排的课桌上。当时他正在教育学生，并没注意到。

听到坐在后面的同学高呼起哄，他低头才看到，坐在第一排的女同学的衣袖上、额发上有几个空食品包装袋。那名女同学正用手在拨。他忙用左手帮她清理了下，再把垃圾筐放到地上，说了几句话后就离开了教室。

当天晚上，那名女同学和她的监护人来到了他的办公室，他对此事作了说明，表示了歉意，并安排学生处的老师带她去洗澡。她的监护人接受了他的歉意，说："你与我外甥女无冤无仇，你当校长也是想为学校好，为学生好！"

他以为此事告一段落，就没有再理会。然而，他万万没想到，仅一夜之间，事件正在酝酿发酵，朝着他完全意想不到的方向发展。

第二天早上，远在宁波的友人告诉他，宏大中学及其他中学的贴吧都有了贴子，让他去看看。他上网一看，大吃一惊。网上言辞激烈，图文并茂，"周泽安道歉，还我尊严！"网络像是隐匿在黑暗中的巨兽，张开了血盆大口，让从未经历过网络暴力的他，倍感沉重。

下午，女同学的爸爸又来电，说他女儿压力很大，同学们都在指责她，午饭也没吃，还在哭，让周泽安关心一下。周泽安又找到女学生，进一步与她作了说明，再次就此事给她带来的不愉快表示歉意！并问了午饭没吃的情况，请她到家里吃饭。她说："已吃过了，澡也洗过了，我没事了，请什么时候与我们班的同学沟通下。"他说："那就明天课间操时让你们班的班干部来吧。"第二天他与高二(7)班的两位班干部作了沟通说明。

可从这一天开始，网上舆论就狂炸开了，从学校的贴吧到论坛到微博到网站到主流媒体，他一夜间就成了众矢之的，各大媒体报道的大标题几乎都是"网曝台州宏大中学校长将垃圾倾倒在女生头上"，指责和谩骂汇聚成汹涌的浊流，真相已无人关心，舆情危机不可避免。

到了 14 日晚上 10 点，县委宣传部召开了危机应对会议，教育局成立了事件调查小组,三天后公布了调查结果,20多家媒体蜂拥而至。新华社记者18日发出《仙居校长"垃圾倒头"真相 网帖内容与事实有出入》的文章;周泽安也在新浪博客上作出回应,贴出《我想说》;网络"道长时评"等各大论坛和主流媒体终于发出了理性的声音。

历经过百口莫辩的艰难时刻之后,周泽安进行了深刻的反思。尽管同在一个县城,同做中学管理的工作,入职宏大中学前,他也作了一些了解,自以为对民办学校的了解已经不少,但来后几个月下来,现实的反差和内心的失落,让他有了焦躁情绪。他的急于求成,引发了教师、班主任、学生的不满,也给这些积愤提供了发泄契机。事后一位知情人告知,最早以"网曝台州宏大中学校长将垃圾倾倒在女生头上"为标题发帖并反复极力推波助澜的网络大V是收了一位被周泽安早先辞退的外地老师的钱的,这是此事件发生的重要原因。

而此事更直接的原因是,学校的行为规范与师生的自由行为习惯之间的巨大反差。

当然,还有外部原因,那就是网络的失管。时代的列车快速地进入网络空间,互联网横空出世,就像一株生命力特别旺盛的野草,在这无边的旷野里自由地疯长。但对于网络的监管却姗姗来迟,每一所学校几乎都在百度上开了贴吧,宏大中学也不例外,但贴吧是学生开的,学校没想去管,也没去管过,即使想去管它,也缺乏相应的手段和方法。学校外面的网络管理其实也差不多,群体空间、论坛、微博、网站等,种种迹象表明此次事件的发展演变有网络推手的强势参与。

记得周泽安在安洲中学的时候,"安中在线"网站的开通,让他对网络寄予了深切的期待和美好的展望。网络打开了一扇通向世界的窗户,从这里可以感受教育世界的风云变幻,展现自我的风采。网络也提供了一个相互交换、交流信息、观点、意见和建议的跨越时空的平台。他深切地感受到,人类科技飞速发展所带来的历史上从未有过的崭新生活,IT正在改变着时空,改变着一切,也正在改变着教与学的环境、组织,传递的内容和方法。教育正经历着一场历史性的变革,新一代人正在网上自由化地成长起来。

然而,在宏大中学被网络暴力侵害的经历,让他有了更深层次的思考。网络语言的特性,是少数人的意见可以被认为是多数人的意见。在网络语言体系中,很多人可以说话但是又可以不负责任,所以说理的人要比那些只会谩骂的人更吃亏。网上世界很有弱肉强食的味道,大部分情况下,"丛林法则"可以通行无阻。

究此事件产生的根本原因,是宏大中学教育管理队伍整体素质偏低,优秀人才缺乏,学习读书的风气、积极健康的学校文化尚未形成。宏大中学的教师,来自全国 12 个省,他们因为谋生的需要来到宏大中学,赚钱是唯一目标,短期行为是生存选择。水平参差不齐,待遇低,只关心与工资连在一起的课时和考试分数,不大关心学生的思想品德和行为习惯。骨干教师少,人才匮乏,找一个能胜任的班主任都非常困难,此事件发生的班级已换了 3 个班主任。如果班主任管理能力强、水平高,在学生中有威信,此事能发生吗?如果管理层不是频繁更换,如果学校管理层足够强大,还会这样吗?还要校长去做这件事么?

而此事件发生的另外一个原因是,以教学为中心的后勤服务原则未能得到较好贯彻。宏大中学 15 年来一直在扩建在改建,学校几乎就是一个工地,教学区、生活区、运动休闲区混在一起。"破窗理论"已经验证,人在无序的环境下行为就会失范。再加上办学条件的改善跟不上,教学管理比较困难。世界上的任何事物都是相互联系的,一所学校的教学质量也是多种因素共同作用的结果。一个校长总是希望把精力和时间都用在教育教学上,若耗在后勤上的时间多了,就必然对教育教学产生影响,而这四个多月以来,后勤的问题却一刻都没消停。

再从主观因素上看,以教学为中心这一理论上十分清楚的问题,长远利益和眼前利益,学校形象、教学质量和经济利益之间的取舍谁都明白,但在现实上的抉择却是那么艰难。例如,宏大中学历任校长同校内的超市、面包房都有矛盾,一直都没能处理好。校长要禁止学生在教学楼、教室吃零食,并严格限定超市、面包房的开放经营时间,其经营者就必然会因利益受损而一万个不高兴。问题的关键就在于超市的经营者这么多年来要么是学校董事会成员,要么是董事长的家人，校长又如何有效管理？历任校长的无可奈何，终成今日之果！

周泽安对于仙居教育怀有深深的责任感，经历过这种非难之后，他也慢慢释然，现实生活中总有很多不完美，这是无法避免的，对于不可言说者，以沉默对之。但面对父老乡亲的信任，他在博客上贴出致歉信，在表明心志的同时，也不得不感叹，理想很丰满，现实很骨感，理想是一个沉重的负担。

## 给仙居父老乡亲的致歉信

各位父老乡亲：

大家好！

非常理解大家的关切，你们的不断来电使我内心的歉疚之情倍增，没曾想我的突然离开给你们带来了这么大的影响啊，今天我借此机会再次向你们表示我真诚的歉意！看到的请相互转告下，恳望诸位给予理解。

我真的没有骗你们忽悠你们啊！我也是带着理想去宏大的，一心一意想把这所不死不活的学校救起来的，没曾想一个学期就做不下去了，对我来说也是出于无奈。"刚看到一点希望却又很快跌入更深的绝望"，这不止是你们的，也是宏大一些有思想的老师们的心境。

我当然记得，你的孩子成绩不错，原本打算到外语或城中读的，是因为我的原因改为宏大的。你说的转学的事恐怕不是很容易，我还是希望你和你孩子能安下心来，读书说到底还是靠自己的努力，只要不泄气，考上重点高中还是有希望的，真的抱歉啊朋友！

我当然没忘记，那个早晨，你们一帮子人，乘着辆车子，来到学校，要先看看我是真来宏大当校长还是挂名的。得到肯定答复后，你们都笑了，还笑着说："我们在路上时他们还不相信呢，这下放心啦！"后来，你们的孩子都报了名，你们一个乡就来了几十个，初一年级不得不从四个班扩大到十个班。说实话初中的孩子可塑性相当大，你们说的没错，好的学校、好的老师、好的校风学风对他们的影响很大。但现在已经来了,转学还是要慎重的啊,其实宏大初中部那个风气老宏大的人都说变化很大的呢,教改是不大可能改下去的了,但如果不乱搞不把老师们的工作热情毁坏掉,你到其他学校去也差不多啊!我本想通过教改培训教师,提高质量,当然我是说过的也不是吹牛,若按我的理想走三年后必定能给你们一个意外的惊喜的,所以啊我也是理想的失落呢,你我彼此彼此呢朋友哦!

当然你本来是说好到外县市的一所学校读的,那边的老师一次次地来电,你的孩子美术的基础天赋都不错,如果不是我你肯定不来宏大,我相信你说的,你来的时候也说过多次,我真的很抱歉呢,但愿你的孩子不要放弃,继续努力啊对不起啊朋友!

我知道你的孩子本来是有机会参加安中、二中摇号的,从摇号的结果看,摇到的可能性还蛮大的,是因为我你放弃了摇号,这一下子你初中三年不仅要多付出近三万元钱,正像你说的这不是钱的问题,而是前途命运的问题。你的孩子在初一重点班,成绩还不错的,全家的人这一阶段都很是纠结,不知道怎么办好,感到好无助好绝望。我十分理解你们全家此时此刻的心情,你说这学校考重点高中怎么每年就只有两三个人呢,其实除了外语、安中、二中、新生其他学校都是个位数的呢,因为全县就只有230多人,其余都是分配的啊!你的孩子考得上考不上现在下结论还早着呢,两年的时光什么事都可能发生,当然如果按我的思路三年后这学校考三十个以上应该是希望蛮大的,再加分配四十来个,你孩子上重高是非常有把握的这没错,但现在你再埋怨我也没用啊,这钱也付出了,摇号也没机会了,你转哪里去呢?像你这情形的我知道的还有好多呢,我的亲戚的孩子也是这样啊,我都被我的亲戚骂死了啊。这人啊,当时你们都这么地说,把我说得晕乎乎的,还感觉蛮好的,现在啊我都怕看见你们啦。怎么说呢,这学校不是我的,他要搞得不死不活,我有什么办法呢!你们听过《华佗与曹操的故事》吗?我就像华佗，可曹操不知他已经病入膏肓，华佗想给他动手术，曹操却以为华佗要谋杀他，结果就把华佗给杀了呢！当然杀了华佗曹操也就必死无疑啦！无知者无畏，因为对教育的无知，他根本不知自己做的事是对是错，明明是错的事可他却认为很对，还自我感觉良好，再加"怀信佗傯"迷魂汤一灌，这"阴阳"不"易位"也难啦！莫奈何哉！问题是好老师名教师这里做不下去了，他们不怕没地方教书，我知道这学校仅有的几个优秀教师都在联系学校，下半年可能大部分都要走掉了，但你们孩子在目前的学籍管理制度下却是很难转出去的呢，所以啊这个事我是欠着你们了呢，安下心来靠自己吧朋友！

孩子的学习关乎一生的前途命运，我也是孩子的父亲，虽然我的孩子已经成人，但每一个从这条路上走过的人，都记忆尤深。选择好学校好老师的重要性不言自明！名校和名师就像各大医院的名医一样，永远都是稀缺资源。但世间无奈事本就多多，我也就只能借此机会再次向大家表示深深的歉意了！

在这神的节日祈祷苍天保佑：好人有好运！

2013 年 4 月 4 日清明节

历经此番磨砺，周泽安静心思索并体悟到，理想有时候的确是一个沉重的负担。他对民办学校也有了更深入的了解。中国的民办学校，从本质上看，基本上还不是真正意义上的学校，而是一个"企业"。基本上没有人因为经商办企业赚了太多的钱没地方花，而因为教育情怀的初始动因投资办学的，大多都是为了赚钱。其间或有一些有长远眼光也不太贪婪，还有一点社会责任心或有一些教育情怀的老板，这是众多民办学校中的佼佼者，如凤毛麟角。若不认识到这一点，带着太多的教育理想、懵懵懂懂一脚踏进民办学校的大门，失望、不适和痛苦恐怕难以避免。

正在他决心听从家人的劝告就此结束职业生涯、颐养天年的时候，周日升董事长携他的四弟来邀请他到仙居外语学校任职,他同意了。这不仅是因为仙居外语学校事业正处在高速发展期,初中办得很好,有近 3000 名学生,教学质量全县最好,还刚刚创办了高中部,分设了小学部,更是因为这所学校的三位创办人都是他的本家兄弟,都来自于他老家湖山大畈村,是他儿时的玩伴。周董事长还是他小学、初中和师范的学友,也是上张初中和城峰中学的同事。大畈这个不起眼的小山村,最多时也就几十户人家。我去探访时,这个小山村也与中国其他农村一样,在城市化、工业化高速发展的时代不可避免地衰败沦陷了。村里小道、院落、门前屋后都长满了野草。周泽安家房子屋顶都塌陷了,只有几个年迈的老人还住在村里,小山村除了阳光依旧明亮,已没有一点生气,令人唏嘘不已。但令人颇生敬意的是,就这个小山村竟走出了周泽安这样一位对仙居教育影响几十年的传奇人物。还令人惊奇的是,这个小山村的另一户的三位周姓兄弟,大哥周日升、三弟周升云、四弟周升豪合伙创办了仙居外语学校,历经艰苦,外语学校竟然成为台州市规模最大的民办学校。加盟外语学校,把外语学校办得更好,进一步扩大办学规模,开展教改尝试,加强特色建设,提高办学档次,创建品牌学校,既可以实现自己的教育理想,也是一件扬名乡梓,恩泽乡民,传慰后人的好事。所以,周泽安又再次披挂上阵了。

但宏大中学的经历,成为周泽安几十年漫长而辉煌的校长生涯中挥之不去的痛。宏大中学,成为周泽安唯一一所当过校长却没有达成任职目标,没把它做好而不得不离去的学校。时隔六年以后,2018 年四五月间,宏大中学再次向他发出邀请,并开出了十分诱人的合作条件,或给以干股或托管或百万工资奖金,任凭周泽安选择。面对名利双收的诱惑,面对填补人生缺憾的机遇,重情重义的周泽安婉拒了。他考虑更多的是外语学校对他的那份至深的情义,他不能有负于外语学校,若再次赴任,必会对外语学校产生或多或少的影响,但他期待在两校合作的基础上,承诺振兴宏大,以弥补人生缺憾。在合作无望后他只好婉拒,让缺憾留给余生了。

也许有缺憾的人生才是最美的,就像蒙娜丽莎脸上的小小瑕疵。

# 让外语的每一个学生"会说话""会写字"

这是一节自习课，学生们都在座位上专心地阅读、写字，老师坐在讲桌前批改练习册，当改到小康的作业时，老师不禁皱起了眉头：字又宽又大，格子塞得满满的。于是，老师便随口说了一句："小康啊，你的字该减肥了。"事情就这样过去了，老师丝毫没想到的是，下课后，几个平素嘴快的学生将老师围住了："老师，您今天批评小康时真幽默，我们喜欢您这样说话。""老师，我们犯错误时，您能像今天批判小康那样，我们肯定喜欢您了。真的，我们喜欢这样的批评。"

老师听了学生的话后，才明白，好的说话方式，可以融洽师生关系，让本来难堪的批评变得友好起来，更为重要的是，这种好的方式传达了对学生的尊重和信任，保护了学生的自尊心，更能激发起学生改过的强烈愿望。

然而，当前以升学率为目的的教育，已经很难重视到这些了。现在流行一句话，"没有成绩，今天过不了关，但是仅有成绩，明天还是过不了关。"成绩肯定是很重要的，是衡量一所学校办学质量高低的标准，可以衡量一个学生学习的效果，衡量一所学校的教学成果。但是学校的追求，不能仅限于此。周泽安想的要比这远得多。他希望外语学校，走出一条自己的路。外语学校的基础特色就是说话和写字——让学生也像这位老师那样学会说话，是最基础的特色。

人和人交流，第一个靠说话，第二个靠写字。现在很多学生在网上能顺利地与人交流，在面对面交流时却存在种种问题。有的表达不准确，有的没有逻辑，有的缺乏感情，有的有头无尾，有的说话不礼貌，接听电话没礼仪，有的学生见到老师招呼也不打等。说话也是一门艺术，是有技巧的，也是学生应该掌握的基本功。

说话的声音把握也很重要。有一次，周泽安在北欧旅行，晚饭后几位朋友在斯得哥尔摩火车站溜达，边走边说话，没注意音量过大。不经意间，他发现周边的人都在注视他们。此事过了多年，他仍然记忆尤深。这也许是促使周泽安开设说话课的一个原因。周泽安说："我们经常见到，有的人说话就从不知道要控制声音，好像在喊，谁声音大谁有理。说话的声音要适度，以让对方听得舒适为宜，千万不能因为声音过大而打扰别人。"

说话，代表着一个人的品格和才学，一个人的性格有时也可以从几句话中表露出来。有人火爆，有人温和，有人深邃，有人浅薄，有人呆板，有人幽默，有人锋芒毕露，有人含蓄矜持，均在言行中亮相。一知半解却滔滔不绝，只能显示自己的浅薄。

古希腊人就非常重视培养子女的演讲才能。他们在十八岁后，进行两年的军事训练，在受训期间，还可听听哲学演讲，受训满了，他们便取得公民资格。有的回家做农夫，有的研究哲学和修辞学，后者可以使他们成为演说家，取得政治地位。希腊人爱打官司，或者说爱听人家打官司。他们到了法庭上，双方都得亲自出来辩论，只有外邦人和奴隶才请人代替。据说有一个修辞学教师收了一个弟子，那高足学得了满口辞令，反而不付钱，师父便要去控告他，他却说，这官司他打赢了，自然不付学金；万一打输了，那只怪老师没有教好，他也不付半文钱。真气坏了那老夫子！

因此，周泽安在外语学校设立"说话课"，课程名称简明扼要，就是让每个学生放开说话，小学到高中，都开设这门"说话课"。

这门"说话课"的形式也比较特别。小学期间，是训练学生当众大声表达的能力。比如，在上说话课时，把学生分成小组，如50个学生，分成5个小组，每组10个人，这10个人围成一个圈，大家轮着说话。第一轮，每人一句话，说出自己的名字；第二轮，学生说话的时候要站起来，介绍自己是哪里人；第三轮，介绍自己的特长，说话的时候要有基本礼貌。要求第一轮说一句话，第二轮说两句话，第三轮再增加一句，依此类推。要求说话声音洪亮，让所有人听到，但不要喊出来，也不能停顿。几堂课训练后，到课堂上叫到学生发言的时候，就会发现他改变了很多。

到了高中，外语学校的"说话课"，开始教授学生礼仪，与老师交流的礼仪，与父母说话的礼仪，还有说话的技巧。这是修身的第一步，古人读书最重要的一条是修身，只有修身之后，才能齐家、治国、平天下。

一个有文化的人，一定是一个有礼貌的人。上车自觉排队，打饭自觉排队，见到老人自觉让座，别人输密码的时候自觉回避，口香糖吐在纸巾里，男生上厕所小便自觉靠近一步。

礼貌是无须提醒的，一个人只有将心比心，设身处地地为别人着想，才会有自觉的行为。孔子说："己所不欲，勿施于人"。体谅老人身体不好，所以自觉让座；密码是别人的隐私，所以自觉回避。一个人如果用心去关照别人，那大部分的礼貌其实都是不需提醒的。

但是很多人就是做不到这一点。他们无视别人的感受，忽略身边人的情绪。这样的人往往给人留下霸道、飞扬跋扈的坏印象。在中国的公交车、地铁、高铁、飞机上，大家虽然素不相识，但是很容易就能判断一个人的素质是高是低。高谈阔论的素质低，听歌外放的素质低，吃完零食一地垃圾的素质低。

说话、听歌、吃东西这是每个人的自由，但是你的自由一旦影响了别人的自由，那你就是越界了。在一个公共区域里，有素质的人说话都是低语交谈，以不影响别人为标准。

中国大学生宿舍为什么矛盾这样严重？甚至还时有给室友投毒的事情发生？就是因为个人的自由没有约束。中国的孩子现在大都是独生子女，是小皇帝，小公主，做事唯我独尊，这样不出问题才怪。

"一个人做到这四点，才能叫有文化。根植于内心的修养；无需提醒的自觉；以约束为前提的自由；为别人着想的善良。"所谓根植于内心的修养，就是要心平气和，要做事妥帖，做人有礼貌。在古代，我们常以玉比君子，说君子像玉石一样温润，光华内敛，不刺眼，不炫耀，谦和守成，不咄咄逼人，这就是修养。周泽安期待，通过外语学校的教育，学生不仅仅是学到知识，不仅仅是分数高，还脾气温和，没有戾气，不会话没说两句就要粗言相向。这样的人读再多的书，都达不到教育的真正目的。

除了"说话课",外语学校从小学到高中,都开设"写字课"。课程名称与"说话课"一样简明扼要,就叫"写字课"。写字是学习中文的基本要求,现在大家电脑玩得多,很多人都不会写字,也不重视写字了。学中文的,不能写字不好看。如果引入书法,那说明写字到了非常高的境界,成为艺术了。

外语学校聘请了专职书法老师给学生上课,让学生写一手漂亮的字。通过几年的学习,学生的写字水平高多了。"写字课"成为其基础学科,而且长期坚持了下来。

"说话课"和"写字课",是外语学校除了正常教学外的特色课程。他相信坚持三五年,肯定有效果! 一切福田,都离不开心地。在学生心田上播下优良的种子,总有一天,会开花结果。

# 三生教育——外语教育的金名片

周泽安家边上新开了一家商店,店名引起了他的兴趣,叫"三生"。他在心中揣摩,店家为何以"三生"命名? 佛家"三生"也称"三世",即前生、今生和来生。周泽安认为,纵观人类的教育,真正的生命本质也不外乎"三生",只是此"三生"非彼"三生",内涵相差甚远。教育的"三生"即生命、生活和生态。

周泽安一直在思索教育的意义与目的。教育终究要遵循生命成长、发展的规律,敬畏生命,尊重人权,唤醒生命自觉;教育要回归生活,回到世俗幸福的本源,从生活出发为生活服务;教育要教化大众,与自然和解,共享大地恩泽。由此可知,所有的教育,都离不开这三个方面,即生命、生活和生态的"三生"教育。

周泽安在仙居二中任校长时曾寄语并提出了"三生教育"这个理念,他的校长寄语贴在校长专栏上,引起了老师的共鸣。遗憾的是在仙居二中任职的时间太短暂,没有时间更好地诠释"三生教育"的内涵,更没有时间组织师生开展这一实践。后来到了宏大，学校百废待兴，诸事羁绊，短短的几个月就离开了，更没有时间开展这一实践。苍天眷顾，到了外语学校，他无论如何都要践行自己的理念。

另一更重要的因缘，社会上对外语学校有一普遍的评价，说外语学校学生死读书、读死书，除了考试成绩，学校就没有别的靓点可以说的了。要改变这种情况，只有下决心开展有特色的校园文化建设。校园文化是个泛概念，每个学校都在做，但往往比较零散，主题不够鲜明，缺乏特色靓点，也没整合成系列，效果也就不太理想。针对外语学校的实际情况，周泽安提出了两大建议，一是整合零散的校园文化活动，使其主题化、系列化、节日化、校本化和课题化。二是整合各种安全教育、行为规范教育和环保教育，提炼主题，丰富内涵，突出教育核心价值，开展"三生教育"，经过若干年努力，成为外语学校的特色文化，成为外语学校的一张金名片。

"三生"即生命、生活和生态。三生教育的基本内容就包括生命教育、生活教育和生态教育这三个方面。生命教育的内涵包含着学校常规教育中的安全教育及心理健康教育的所有内容，如：交通安全、消防安全、饮食安全、防毒反邪、自救自护等等，其价值指向还包含内生态平衡和谐，显然更深远，不止是护佑生命小舟的安全，对教育也提出了更高的要求，必须遵循生命成长、发展的规律，敬畏生命，尊重人权，唤醒生命自觉；生活教育既包含了生活技能、生活态度和生活习惯教育，其教育价值指向却是类生态的平衡和谐，对教育教学也提出了新的要求，要回归生活，回到世俗幸福的本源，从生活出发为生活服务，倡导教学内容和方式的生活化，贴近学生生活，增强生活体验，达成学会生活、幸福生活、快乐生活的终极目的；生态教育的内涵也同样既包含了常规教育中环境保护、低碳生活、绿色消费部分的全部教育内容，但其教育价值指向是外生态的平衡和谐，要求学校教育必须承担起处理好人类和外部世界的共生关系，教化大众，与自然和解，共享大地恩泽。

中央教科所刘惊铎教授认为：内生态、类生态和外生态是人生活的三重生态。三重生态都必须和谐平衡，任何一种平衡的打破都会产生十分严重的后果。

内生态的严重失衡就可能导致心理异常及精神分裂,类生态的严重失衡人际关系、群体生活就无法想象,外生态的严重失衡就必然遭受大自然的恐怖报复。教育的终极价值就是达成三种生态的平衡,让人在生态平衡中获享幸福。

为此,学校组织开展了关于开设"三生教育课"的课程价值、课程定位、课型设计和考核评估的讨论,经过一段时间的共识达成、筹划设计、师资准备和资源整合,"三生教育"作为外语学校的一门特色课程、校本课程、素质拓展课程,先在初中部开设,积累素材、经验后再在全校推广。课时安排为每周一节,课型设计既有传统的讲授课,也有体验实验模式;质量考核分块分项考核和整体考核有机兼顾。外语学校初中部自2013年下半年开始在各年级段开设了"三生教育"课,作为校本课程的主要部分,由班主任主讲,科学、社会等学科老师结合教材内容拓展延伸,劳技课老师负责生活技能课的设计、教学及体验活动,也根据教学需要外聘专业人员作为兼职老师,如请县消防队来校给学生上消防安全课;请心理健康专业医生给学生上心理健康辅导课;请人民医院外科医生给学生上防溺水和意外伤害自救自护;请县交警宣传干事来校给学生上交通安全课等等。

为解决教材问题,学校决定组织骨干教师自编,由初中部校长徐军勇领衔,启动编写《三生教育》读本。教材分生命、生活和生态三个部分,第一部分《三生教育——珍爱生命》,以"珍爱生命、健康平安"为目的,分生命价值和意义、人身安全、饮食健康和安全、消防安全、防毒防邪、网络安全、心理健康、维权和自救八大章,按课时设计实用性强的情景性、体验式练习,如组织学生参观防毒、防邪、交通事故图片展,组织学生参加消防逃生演练、参加中学生"小红帽"活动体验交通行为劝导等等。学校还专门投资建设了心理健康咨询室,鼓励教师参加心理健康咨询师培训和考试,开设了心理健康辅导课,开展了学生入学心理健康测试,建立了心理健康分类档案,并依不同类别开展教育。经六年多探索和建构,《三生教育——珍爱生命》终于在2019年出版供校内学生使用。

周泽安认为,所有的教育都源自生活,都是为生活服务的,生活是教育产生、发展、变革的最原始的动因。教育就是为了美好生活,没有生活就没有教育。理解生活的意义，掌握生活的技能，懂得生活美学，丰富生活内容，提升生活品质，养成良好习惯，享受更美好的人生，这就是教育的核心价值所在。

因此，《三生教育——热爱生活》第二部分的读本编写就以"学会生活、幸福生活"为目的，分成两大部分，一是要求全体教师课堂教学必须贯彻"从生活出发为生活服务"这一指导思想，调整教学内容和教学方式，根据学科特点，增加和突显与学生生活联系密切的教学内容和知识，有意识地设计和引用与学生生活密切联系的例证，如数学老师专门整理出了生活中的几何、生活中的代数；语文老师则开出了常用文写作技巧；科学老师则更多更丰富，结合教学内容和初中生生活实际，开出了生活中的百科知识等等。二是专门编写了读本由社会课老师和班主任主讲，内容包含生活的价值和意义、生活常用技能技巧、人际交往基本礼仪和生活美学四个部分，随课设计了叠被子、刷牙、水果拼盘技能技巧训练，集会、说话、排队、打电话、赴宴吃饭等礼仪训练，服饰、发型、首饰、肢体行为等生活美学知识教学，并随课设计体验式、情景性练习，如请发型师来校推荐中学生发型并给不符合中学生美学标准的学生发型进行修剪；要求统一穿校服，定期检查学生服饰，纳入班级和学生日常行为考核。结合"登革热"和"新冠疫情"防控强化学校卫生安全工作，强化学生卫生知识普及和良好生活习惯的养成固化。同时，学校专门制定了师生日常行为规范，其中教职工的日常行为规范作为《教职工手册》的主要条款，经过教职工代表大会通过执行，入职时都须签字，纳入教职工行为考核，以给学生以示范。

第三部分《三生教育——保护生态》，以"共享自然，共享未来"为目的，贯彻仙居县政府"生态立县"战略，读本包括人和自然、倾听大自然的呼救、环保卫士在行动、低碳生活和绿色消费五大部分，随课设计了体验式、情景性强的练习和活动。如组建学生社团"环境小卫士"定期赴盂溪、永安溪和南峰公园捡垃圾；开展"我是环境小卫士"主题演讲活动；开展"永安溪水质污染情况调查""仙居白银土法炼制情况调查""低碳生活绿色消费我先行""我爱仙居绿道远足活动"等。也不定期聘请环保专家来校给学生做报告、组织学生观看环境灾难影片、组织师生讨论野生动物保护和新冠疫情及生物安全、组织师生参观仙居垃圾填埋场。结合科学学科教学适当拓展强化教学内容；结合"多城同创""全国绿色发展百强县""全国生态文明示范县""绿色学校"开展系列活动。以期认同人和自然的共生共享关系，根植生态文明的种子，达成教化大众，与自然和解，共享自然的恩泽雨露。

经过多年的持续努力，"三生教育"已在外语生了根结了果，学校自编的读本第一册已经出版，第二、第三册也正在成书出版，下一步将在高中部和小学部适当改编后推广使用，已经成为外语学生的一门必修课，成为外语学校特色教育的一张金名片，在县市产生了广泛的影响。下一步将进一步推进项目化学习和管理，完善评价制度，更加重视实践和体验，让学生有更多的机会走出校门，走向社会，走向自然。同时，也积极创造条件，利用初中部新校区西姑山更优美的自然资源，更丰厚的人文素材，更好的教学教育条件，丰富校园教育内容，打通生活和课堂、社会和课堂、自然和课堂最后的一米屏障，把三生教育做好做靓做出更多实实在在的效益，做成精品做成品牌名牌。更为重要的是为所有接受过这一教育的外语学生以后的人生幸福、身心愉悦、"三态"平衡和谐，埋下种子植下根，在无声中滋润着学生的心田，呵护生命小舟在驶向未来的漫长旅行中安康、愉悦、和谐、充盈。

伟大的俄国科学家巴甫洛夫，在一次讲学中，在谈到什么是教育，它有什么重要性和作用时，讲述了这样的一个东方寓言：

有位巴格达商人深夜在空旷无人的山路行走，忽然一个神秘的声音对他说："请弯下腰来，捡起路边的几颗小石子，放到衣袋里，明天早上你将因此而获得欢乐和忧愁。"

商人照此做了，捡了几颗小石子又继续赶路。第二天早晨，他掏出一颗石子来一看，石子竟然变成了一颗大钻石，他又接着掏出第二颗，第三颗……，全是闪光的红宝石、绿宝石。顿时，商人高兴万分，庆幸自己拣到了无价之宝，同时又有些懊恼，觉得当时拿得太少了。

讲完这个故事，巴甫洛夫告诫自己的学生："这就是教育，你们长大后便会明白，所学的知识就是无价财宝，而且感到当初获取得太少了。"

《楞严经》云："理可顿悟，事须渐修。"但愿"三生教育"能给每一位生活在这浮躁时代的学子开启智慧的心灯，照亮诗和远方，成就幸福圆满的人生。

# 高效课堂"1＋4"——辉煌岁月里的密钥

从普通教师到名教师再到名校长，周泽安一路走来，积累了丰富的教学经验和管理经验，对教学形成了一套自己的想法和思路，尤其是课堂教学，他有独到的看法。

在他看来，高效或低效这首先是一个教学价值的判定。既然是价值判定就难免会带上判定者的主观因素。"横看成岭侧成峰，远近高低各不同。"因为任何行为现象的背后都有其哲学根源，判定者作出判定这一行为的背后也同样如此。而且，教学价值本来就存在着多维性和复杂性，比如，氢气和氧气燃烧之后生成水的化学实验，这是化学中最基本的一个实验。把这个实验结果告诉学生，让学生记住，学生就可以轻松通过考试。但如果老师换一种方式教学生，把学生带到实验室，拿出两只瓶子，对学生说："这一瓶是氢气，那一瓶是氧气，它们燃烧后，会产生什么结果呢？同学们可以做实验。同学们实验之后，认真观察，把结果记录下来，我们再来分析。但同学们要注意实验安全。"学生把氢气、氧气通到管子里去，酒精灯点起来燃烧，烧完了，一个瓶里边上结了水珠。老师问："同学们，看到什么现象了？是不是看到水珠了？"就这样，老师用一节课的时间，把原理讲解明白了。前一种教学方式，把公式和结果直接告诉学生，可能只需要一分钟；后一种教学方式用了 45 分钟，如果单从考试的角度看，肯定是前面一种效果好，一分钟与一节课时间相比，效果差太远了。但是，通过自己亲手做实验获得这一知识的，与通过老师讲解获得的效果完全不同。将来这个学生到社会上去，仅仅把这个公式记住了，可能没有太多的作用。做过了实验，感觉器官参与得很多，他记住了之后，掌握了实验的技能、观察的本领，提高了思维和探索的能力，以及同学之间配合的能力，从应用的角度看，后一种方式肯定比前一种方式效果好。

从这一教学案例分析中，可以看出，单从教学效果看，就存在即时效果和长期效果、应试效果和应用效果、单项效果和综合效果、对老师有效果还是对学生有效果以及真效果和假效果等多种维度的评价和千差万别的评价结果。比如，有些公开课、演示课，老师表演完了，该讲的一百个问题都讲到了，以为就达到了预设的效果。其实即使从应试的角度去评价，这一百个问题只考一个题目或一个都不考的话，那就肯定是低效或无效了。这对老师有效果，因为教学设定的任务完成了，但对学生却不一定有效果。

不仅如此，对于教学效果的评价之不易还在于，老师所教授的知识本身具有特别的复杂性。老师今天教授的知识是新知识还是过时了的旧知识？若把老师教给学生的知识比作一杯水，那这杯水的矿物质含量是否合理？这水是否新鲜，是否过了保质期？这水是否有毒？若给了学生，老师是否会因此减少？这些肯定会影响效果评价。有一句话说得更是一针见血："教师的最大罪过是用昨天的知识教今天的学生做明天的事。"

再说知识的价值还有大小之分。具有迁移价值的知识、通用知识以及那些经过学生内化、结构化已经成为学生自己知识体系一部分的知识，其价值显然就大得多，反之其价值就小得多。

从知识作用的结果看，还有好和坏之分。那些传播负能量的知识，危害人类正义文明和秩序的知识，教不如不教，懂不如不懂，有不如没有。其教学效果又如何评价呢？

周泽安认为，要评价教学效果的高效或低效，首先必须在多维复杂的价值呈现中找到一个评价的基点。

比如，在教和学这一对矛盾中，就必须坚持把重心放在学生的学上，始终坚持贯彻"以生为本，学为中心"的教学原则。在知识的存和取这一对矛盾中，学习知识、存储知识的目的是为了以后取用，因此，就必须为以后能够方便取用做好准备，通过知识的归类整理、编码或尝试性提取，就自然成为必须的存储代价。在知识点和学科知识的相互关系处理中，随着知识点的不断累积，学生的学习负担不断加重，学习的动因随之衰减，学习的效果就越来越差。隋唐英雄程咬金拜师学艺，学来学去就只学会三板斧，原因就在于此。

其次，有效课堂的前提必须是有趣的。如果老师上课学生根本不喜欢听，那任何效果都无从谈起。评价高效或低效，就必须计算有多少学生是不在学习状态的，有多少学生是教了也不会的，听了也是不懂的，还有多少是老师没教以前他自己就已经看懂了的。以上这些都不能统计入你的有效教学对象之中。

学以致用，说到底，高效或低效最重要的评价标准还是看是否有用及用处多大。

什么是对学生有用的呢？老师教开车的知识，让学生在最短的时间内学会自己独立开车上路就是高效有用。通过教育让学生的认知和情感都得到最大限度的提升，就是高效有用。在这里无法一一列举，从教育的终极意义上讲，让学生通过你的教育，改变人生命运，提升生命质量，有能力获取和感受幸福，实现幸福人生，为人类的正义进步作出贡献，就是高效有用。

在高考、中考还依然存在的背景下，学生应试能力的提升，能考上更好更理想的上一级学校，就是高效有用。在民办学校尤其如此。在中小学教育免费普惠的背景下，民办学校若不能让学生的成绩有一个更大幅度的提升，就无法继续办下去，更谈不上学校的发展。

为此，周泽安提出了高效课堂"1＋4"模式。

下面引用一下他的《关于"1＋4"教学模式的简要解读》。

"1"就是指一个原则——即"以生为本，学为中心"的原则。"4"是指四大要素或称四大要求，即：明确应试要求、建构知识网络、真题尝试预判和练习拓展提高。

### 第一,必须贯彻以生为本学为中心的原则

在我们的课堂教学中必须坚持贯彻"以生为本,学为中心"的原则。其实这是一个十分古老的原则,在孔子那里就已经贯彻得很好,因材施教就是孔老师最早提出来的。今天我们回过头来看一下孔子的教学实践,也许我们就非常明白如何贯彻这一原则了。

### 一是坚持学情第一

学生的基础,学生的特长,学生的学习需求,学生的家庭、生理、心理情况都决定着学生的学习。孔子的学生有学文的也有学武的,基础不同、理想志向不同、学习需求不同,孔子就只有根据学生的实际制定个案,因人施策,因材施教。我们的学生也一样,比重点中学的学生差,比职业高中的学生好,校内学生中中考成绩也相差150多分,情况各异。你不能用教重点中学学生的方法教,也不能用重点中学的学生的标准要求他们,更不能用教职业高中的学生的方法教。在校内不同层次的班级也一样,老师教学就不能用一个教案一个方法教不同层次班级的学生。学习要求、布置作业及课堂管理也一样。归根到底一句话:一切从学情出发,为学情服务,学情决定教学内容、教学方法和课堂管理。

### 二是坚持学为中心

学为中心包含两层意思:一是以学生为中心而不是以教师为中心,二是以学和习为中心而不是以教为中心,更不是以老师的讲为中心。任何新知的习得都是学习者主动建构的结果,一切都必须围绕学生的学和习展开,教师的职责是做好学生学习的规划和课时学习方案并随时给予指导,做好编剧和导演,而不能跑到舞台上来做演员,更不能占据舞台中心不下来。把课堂还给学生,把教室这一舞台还给学生,让学生在教室的舞台上有机会提问,有机会说话,有机会交流,有机会生生互动、师生互动、多边互动。

### 三是明确教是为了不教

在人一生的学习生涯中，在整个教与学的过程中，教师的作用不断转化为学生的学习能力。随着学生学习能力由小到大的增长，教师的作用在量上也就发生了相反的变化，以致最后彻底告终。所以叶圣陶老先生说：教是为了不教。

### 四是清楚世界上没有永恒的教学模式，只有永恒的教育服务

最近听到一个令我震惊的消息，台湾的康师傅解散了！这么厉害的康师傅为何会突然解散呢？从表象看是因为食品安全的问题，实质是一个服务的问题。因为所有的方便面销量都同时下降了很多。打倒康师傅的不是方便面同业，而是不生产食品的饿了么和美团。饿了么和美团虽不生产食品，却能为消费者提供极为方便周到的饮食服务，让人足不出户就能享受热乎乎的美食。在大街小巷走一圈就能深切地感受到，这是一个服务业繁荣的时代，而且会越来越繁荣，只要你想得到，都会有人给你提供温馨周到的服务。教育是第三产业，民办教育也是服务业，"顾客第一"不是一句口号，而是服务业的最高宗旨！学生、学生家长就是我们学校的顾客，是衣食父母，是上帝！在这里，"以生为本，学为中心"就不是一句简单的教育理念或教育思想，而是我们必须切实加以贯彻到底的教学原则或最高宗旨！

### 第二，必须体现四大要素或落实四大教学要求

在"1＋4"教学模式下，在贯彻"以生为本，学为中心"的原则的前提下，还必须在课堂教学中充分体现以下四大要求：

### 一是明确应试要求

我校是一所民办普通高中，作为普通高中，办学成功与否的标志只有考试成绩。只要有高考存在，只要还是以考试成绩作为大学录取的标准，这一点都不可能改变。因此，作为高中的老师，还想在这一行继续谋生，你就必须狠下心来吧，把高考彻底研究透；把你所教的学科的

考纲、考试说明以及近三年的考卷研究透。进课堂开讲前必须做到以下四问：

  1.这里有几个考点？

  2.各个考点的层级要求是什么？

  3.高考题型的呈现方式有哪些？

  4.阅卷评分标准是什么？

## 二是建构知识网络

  师生关系在一定程度上，是一个专业教练员和业余运动员之间的关系，做老师的教一个学科是一生一世的职业，但学生是有选择的，学生是否坚定地跟你学下去，是看他的兴趣以及学习效果评估来决定的，当学习有困难，效果不好时，或感觉太累坚持不下去时，他就会选择其他学科去了，不跟你玩了。所以，做好老师，就必须让学生对你的学科知识感兴趣，并且负担不重，学得不累，而且特有用。我们知道任何孤立的知识的识记是有困难的，随着要求记忆的知识点越来越多，记忆的负担越来越重。所以，程咬金学艺学来学去就只记住了三板斧。心理学告诉我们，只有让新学的知识在学习者已有的知识体系中，找到一个可以拴住的桩，让新知识成为已有的知识网络中，一个无论纵向还是横向上都有联系的点，才能让学生学起来更轻松。在以往的教学实践中我们有许多可以借鉴的方法，比如，通过编写导学案、知识树、思维导图等，不妨一试。只有这样，让学科知识连成线，织成网，让学生学得轻轻松松，至少不太累，才有学生坚定地、长久地跟你学下去。

## 三是真题尝试预判

  这个环节老师要做三件事，一是真题尝试，二是考题预判，三是二次重复高考评分标准。先说一下真题尝试。学生没有高考经历，高考考什么、怎么考心中无数，当老师把一个考点知识讲清楚以后，接下来就十分需要来一次真题尝试。所谓真题尝试就是老师从近三年的浙江卷、全国卷或江苏卷中选一道与本考点知识相关的真题让学生试做。从中获得高考体验和应试感受,巩固所学知识,增强应考信心,减轻高考恐惧心理。真题尝试环节完成后,老师根据学生所做试题的结果,了解学生对考点知识的掌握程度,作出分析,结合高考评分标准给出评价。关于考题预判问题,我的看法不能简单地理解为猜题押宝。越规范的考试、等级越高的考试,够资格参加命题的都是真专家,不会太乱搞,因此考试命题必定遵循一些规律。比如不会简单重复地考某个考点,比如依据学科不同或多或少反映一些国家政治、经济、文化、科技方面的某些变化等。一个有经验的优秀老师通过对考纲、考试说明及前几年考试真题的试做研究,捕捉到有价值的信息,形成自己的见解,对下一年的考试命题方向作出独到预判,指导自己的教学,规划学生的学习,减轻学生的负担,提高应试的针对性和考试成绩。能否做到这一点,在一定程度上也反映了一个老师的成熟程度和执教水平。

**四是练习拓展提高**

这个环节老师要做好一件事,就是自己根据研究预判得出的结果,编写学生练习。要努力使每一道题都有价值,做一题得一法而通一类。在教学实践中完全靠自己在一个教学季完成这个任务几乎不可能,也没必要。俗话说,"他山之石可以攻玉",学会借脑巧用精选别人的试题,或删减组合,从长远看每个老师都得自己动手建一个学科题库,日积月累必有巨成,十分有价值。但要控制练习总量,更不能全盘轻易搬用别人的试卷,浪费十分宝贵的应试学习时间和精力。

这就是周泽安在外语学校推行的高效课堂模式。可以看出,与他在仙居二中所推行的"自主互助学习"模式有着很大的不同,"1＋4"模式更突出应试的功能,二中的模式则明显侧重于学生自主学习能力的提升,根植人文互助精神。也许这是周泽安教育思想适应民办学校实际的一个被动修正。但其核心思想仍然没变，"以生为本，学为中心，为学生服务，为学生的人生幸福奠基""让学生有能力获取和感受幸福"依然是周泽安一以贯之的教育梦想，心中永恒的乌托邦。

芬兰的教学改革，也把提高课堂效率作为主要目的。

2016年11月14日，将成为芬兰教育历史上一个非常特殊的日子。芬兰赫尔辛基教育局正式下发通知：从现在开始到2020年之前，正式废除小学和中学阶段的课程式教育，转而采取实际场景主题教学。芬兰将成为世界上第一个摆脱学校科目的国家。

也就是说，赫尔辛基的孩子们就不用再上单独的数学课、物理课、化学课、地理课等；他们的课程将是类似"多角度理解第二次世界大战"，或者"如何在咖啡馆进行日常工作"这样贴近现实，更有助于理解这个世界运作规律的主题式教学。

比如，由"在咖啡厅工作"的课程，学生将会吸收关于英语、经济和沟通技巧的整套知识。

以"古希腊历史"这个主题为例，传统的教育方法，一般是给你几本书，最多也不过是再拉学生去参观一下希腊，写篇文章，就结束了。

来看看"现象教学法"是怎么做的：

一、询问学生的兴趣，将学生分成两组，一组是对以雅典城邦、斯巴达为代表的文化历史感兴趣的，另一组则是对希腊神话、奥林匹斯神话等神话故事着迷的。

二、在两个组内，让孩子自由讨论产生组长，产生想要研究的话题。

三、汇报想要研究的话题，考虑具体的方法、路径和形成方案，制订学习时间表。

四、教师提供指导和资源支持；按规定时间，学生交付学习的发现成果报告，并与大家进行分享，学生互相评分，教师仅充当裁判。评分包括自评20%，他人评分80%。

2013 年,芬兰从赫尔辛基开始了"现象教学法"的试验。从根本上,这种方法颠覆了原有的分科教学方式,把学生的认知作为教育核心,而非传授的教学内容。从事教育行业的人都明白,这是一个根本性改变。从此,学校教育的内容是如何帮助学生认知并形成自己的主见。

在实施"现象教学法"三年后,芬兰教育部对 6 万名学生进行了回访,看他们是否对这种新的教学方法感到满意。大部分学生态度积极,甚至希望更多的互动教学,彻底告别传统的知识灌输,而变成主动的学习能力提升。

传统的导师与学生的沟通形式也将改变,学生将不再坐在学校的书桌之后,并焦虑地等待被点名回答问题。取而代之的,他们将在小团体中共同努力并讨论问题。这样的教学方式,对教师也提出了更高的要求——教师必须更多以咨询顾问的身份参与教学,而不是以前的掌控者。

周泽安在安中、二中和外语所致力推行的教育教学改革及创建的教学模式,主要注重培养学生良好的自主学习习惯、学习能力、生存能力,帮助学生建立明确而持久的学习动机,引领学生掌握科学的学习规律和学习方法,养成良好的阅读习惯、书写习惯、语言习惯等,达到知识和能力的同步共进,提高学习效率,根植人文互助精神,让学生学得主动、生动、灵动,有真情、真趣、真意,让学生的生命充满生机与活力,真正确立学生在学习活动中的主体地位,不断唤醒学生的主体意识,形成持久的情感内驱力,从而有利于其个体的自我学习、自我发展和自我实现。

更重要的是,他通过改变教学的组织形式,关注学生的思维方式,鼓励学生大胆质疑,"不唯师、不唯书、不迷信权威",培养学生思维的广阔性、灵活性与独特性,最终实现提升学生创新品质的目标。

更为难得的是,担任校长几十年,坚持不懈把学生的主体性原则贯彻到底,把课堂还给学生,让学生主动建构学科知识体系,给学生展示的舞台;把实践带进课堂,培养学生的动手操作能力,了解和探究自然的科学方法;把鼓励带进课堂,鼓励学生善思多问,鼓励学生发表不同的见解,鼓励学生从不同的角度思考问题,鼓励学生敢想、敢说、敢于创新,提倡民主和谐,允许学生别出心裁;把竞争带进课堂,提倡互助、合作学习,使课堂更加和谐。从各个方面提高学生学习的积极性,让学生体会到探索知识、探索自然奥秘的乐趣,让学生真心地投入到学习中去。

## 与名校联姻——借力发展新捷径

仙居,括苍山脉深处的一座小城,在隧道和造桥技术不发达的漫长岁月里,注定是一处蛮荒之地。仙霞岭行至缙云仙居交界一分为二,南面的括苍山脉和北面的大雷山脉,都是一千米以上的大山,三面环山,中间是流淌不息的永安溪,峡谷底部的海拔只有一百来米。两山夹一溪相对封闭的自然地理环境,使山的另一面对于世世代代的仙居人来说,只是一个传说,大山两边的人相互说话听不懂,不仅方言完全不一样,生活方式、风俗习惯也不一样。直至二十世纪五十年代才有了第一条通向外面世界的简易公路。2008、2009年台缙、诸永高速公路开通,这个大山深处的小城,对外交通、交流才有了较大幅度的改变。俗话说,"要致富,先修路",一个地区的经济文化发展水平同交通条件存在着相依相存的关系,所以仙居的经济加速发展只是近十几年的事。

而在一个经济、文化、交通环境相对落后、封闭的地区办学校,思考如何突破信息藩篱,即时获取最新教育信息,感受最新教育文化,掌握最新教改动态,与世界共呼吸、同思考、共进步,就必然成为校长办学治校的重要考量。

对此,周泽安深有感触,每一次走出大山,走进都市,走入名校,走近专家学者和名师,都深受启发,收益颇多。他说:"名校就像一列教育号的高速列车,只有努力挤上去,才能站上一个更高的发展平台,以更快的速度前行。"因此,在担任安洲中学校长后,周泽安就想方设法,与台州几所最好的初中校长一起,倡导组建了"台州八校联盟"。安中的迅速崛起,与联盟学校的资源共享不无关系。

后来到二中任职，又把"台州八校联盟"换成了二中，还加入了"浙江省教改 28 校联盟"，还通过中德友协牵线搭桥与德国的一所中学结成了姐妹学校，每年互派师生两地两校互动。

民办学校的发展也同样不可能自我封闭，尤其在今天这样一个日新月异、万物皆可瞬息而变的时代。教育教学改革、学校管理、师资队伍建设、后勤服务等信息都需要共享，经验和教训更需要交流，他山之石，可以攻玉，只有站在时代巨人的肩膀上才能成就更高的自我。

但不可回避的问题是，民办学校的对外校际交流存在着一种先天性的障碍。民办学校在面对公立学校时感觉自己来自体制之外，非我族群，办学环境、师生心态、体制机制、理想追求都大相径庭，缺乏借鉴价值。而在面对同是民办学校时，若两校师资待遇、工作环境存在较大差距，又不可避免地担心师资和管理人才流失。以致好多学校连各种先进都不评，怕被猎头公司盯上造成人才流失。

吃鱼有被鱼刺卡喉的风险，但鱼还是得吃。思虑再三，权衡各种利弊得失后，周泽安认为，民办学校要办好，质量要提高，尤其在仙居这样一个小城，还必须走出去，努力挤上名校这一列教育号的高速列车。

幸得苍天眷顾，在优秀校友的鼎力帮助下，外语高中与镇海中学、学军中学等省内外名校都建立起了良好的校际合作交流关系，与台州五校建立起了合作联盟关系。外语高中的老师、学校领导得有机会走进名校参与听课、学习、教研及创新周等活动，开拓了视野，丰富了学养，共享了信息。期中、期末、模拟考试，组织参加联考联评，及时获取反馈应试信息，调整备考辅导策略，提高应试的有效性。

此外，外语初中部也积极开展对外交流、合作，请专家、名师来校讲学，主动承办市、县大型教研活动。走出去同名校开展校际交流合作，同香港的培侨书院也建立起了姐妹学校的合作关系，每年开展师生互动交流。

但这只是一个开始，还远远不够。近几年，各地都十分重视与名校的合作，出台非常优惠的条件,纷纷办起了名校分校,如杭州的许多名校更直接带编制派老师和管理团队到自己办的民办分校去,因此,一夜之间就产生了许多高水平高质量的民办名校。台州近年创办的镇海中学台州分校、北师大台州附中等也是。这些分校是一个"教育怪物",在学校管理、师资聘任、工资奖金核发上按民办体制机制运行,享尽民办优势,但学校的运行经费和建设的巨大投入又是政府的。还有众多的名校合作共同体、名校集团、名校联盟等。面对教育界的潮涌澎湃和风云变幻,相对民办学校自我蜕变的漫长和不易,在国家政策许可的前提下,借名校资源实现短期蜕变也必为可行之捷径。

# 成功没有密钥，探索永无止境

成功，多少人一生的梦想，一个永远不会老去的话题。

世界成功学先驱查尔斯·哈尼尔，大约一个世纪前写了一本书《硅谷奇书Ⅱ：成功秘玥》，全面系统地讲述了存在于宇宙间的各种法则与秩序，包括主宰世界的周期法则、生命能量法则、消除心灵的畏惧、上苍的恩赐、引力法则、精神力量等。从此，成功学在功利主义的驱使下，被神化，以致泛滥成灾。正如日本推销之神原一平所说："推销没有秘诀，唯有走路比别人多，跑路比别人快"。

人生的星空浩瀚无比，只有探索永无止境。人生没有捷径，只有付出，才有收获。创新的路口绝不是尽头，未来仍有无限可能。

教育来源于生活，却改变了我们的生活。周泽安校长力图从教育的视角出发，审视自身与人类的处境，审视教育与人类及个体幸福生活的关系，思考教育的现实问题与未来发展，并以一生心力在可能的时空内进行探索、实践，这在这个功利主义盛行，越来越浮躁的时代，尤显得真诚和可贵。

让每个接受教育的人，都能够感受心灵的引领，感受温煦和润泽，感受温情和诗意，让受教育者活得朴素、干净和单纯，获得美和善的力量，活得美好而温情。

这是周泽安的坚守，也是周泽安的理想。

# 威可畏，信乐从——想当名校长必须先做名教师

《辞海》中说："有威则可畏，有信则乐从，凡欲服人者，必兼具威信。"威信是一种大品格，是一种大诚信，一种大智慧、大勇气。最好的领导从来不是简单地靠权力去管理。权力的运用可以在短时间内让下属害怕、恐惧，但无法让下属心悦诚服。只有领导者的思想、愿景、人格魅力和超强的专业能力才能让下属信仰膜拜，成为坚定的追随者，从而产生无穷无尽可以摧毁一切的信仰的力量。

外语学校的老校长那天对我说的一件事让我记忆尤深："外语学校刚起步的时候，校内没有中考的考点，中考要到安洲中学考。有一次，我们带学生到安中参加中考，偶然碰到周泽安在批评一位做考务工作的老师，他的职责是守住楼梯口不让学生上去。那天他迟到了，楼梯口没有人看守，有一部分老师上去了。这个时候，周泽安过来，当着许多老师和学生的面，毫不留情地说：'你怎么搞的，看个楼梯口都看不住。'那位老师知道错了，低着头不说话。"

周泽安对于不合理的人和事，从不姑息。但即便是这样，他在老师中的威望还是很高。因为他从来是对事不对人，更因为他以身作则，做得比别人好。"己所不欲，勿施于人"，他把自己的标准定得很高，别人没有理由不服气。

"一个具有深远和高贵思想的人，不应该允许自己的精神思想完全被私人琐事和低级烦恼所占据，以致无法进行深远、高贵的思考，因为这样做确实是'为了生活而毁坏了生活的目的'。我们关心的只是如何使一个人以本性的内容和特质所允许的方式发挥他的本性，既不应该希望改变、也不可以干脆谴责别人本性，真正伟大的思想者，就像雄鹰一样，把自己的巢穴建筑在孤独的高处。"哲学家叔本华如是说。

周泽安是叔本华的崇拜者，他几乎可以背下叔本华的《生存空虚说》。叔本华这段话，也是他内心的写照。他以自己的思想高度，吸引了一大批追随者，

他对下属的错误直言不讳，如果是吊儿郎当的老师，他会不留情面；而对优秀老师，用他自己的话说，"我是宠着的"。他用"宠"表达对优秀人才的珍惜，老师们因此敬他、怕他，甚至对他怀着近乎朝拜的虔诚。一个好校长就是一所好学校，一个好校长的前提是一个好老师。

想当名校长必须先做名教师，是强调名校长必须要有扎实的教学基本功。如果没有这种基本功，老师就当不好，当班主任就管不好学生，当校长也就没了威信。周泽安在教学方面是强手，同行们提起他突出的业务能力，至今都津津乐道。

作为政治老师的周泽安讲课时擅长用生动的语言给枯燥的政治用语以无限的魅力。那还是在上张中学，教室的楼上是教师宿舍，宿舍里的老师可以听到楼下教室里的讲课声。有一次周泽安在讲课，讲到一个外国名字，什么什么利，他先是说外国名字，到后来，他讲着讲着，就用李子代替那个外国名字，学生听起来又生动，又记得住。住在楼上宿舍里的老师听了，会心一笑，对他的诙谐幽默，印象非常深刻。老师们与他在一起，由于他的表达能力很强，笑话也很多，常常被引得开怀大笑。

到了城峰中学，周泽安开始教初三政治，兼任班主任。他教了初三后，学生都说，没想到政治课这么有趣，他们都盼望着上政治课。下一节该上政治课了，学生们早就翘首盼着。周老师要是迟到了，学生就会找过来。学生学习兴趣这么高，成绩肯定差不了。当时城峰中学的政治成绩，在全县都是一流的。

当年他在下各中学教政治，下各中学是乡下比较薄弱的高中，他教的政治课学生成绩特别突出，有一次成绩考出来比台州中学还好，要知道，台州中学可是台州的第一块牌子啊。他讲课风趣，思路清晰，学生爱听爱学，教学效果也特别好。在城峰中学他教高三政治，成绩也非常突出，学生们的政治成绩又名列前茅。学校提他当政教主任、教务主任，社会上办班的请他教高复班。他的教学水平在行内出了名，是仙居县最早的一批教坛新秀。

经过这样的磨炼，周泽安的教学水平在业界享有盛誉。

他个性比较张扬，充满自信心。他初当安洲中学校长时，安洲中学明显比不上二中。但他充满豪情，对老师们说："我们安洲中学一定要超过二中。"两校差距很大的时候，他就敢这么夸口，底气十足。言必行，行必果，安洲中学真如他所预料，超过了仙居二中，安洲中学的老师们从心底里佩服他。

老师们佩服他，不仅因为他教学上有超强的能力，更佩服他的个人操守和敬业精神。周泽安非常自律，不喝酒，不抽烟，不讲段子，他最大的享受是静心读书。受他的影响，他周边的校长、老师们都有了积极的人生态度，大家办公室聊天的时候，都围绕着教育，围绕着如何把学校搞好。周泽安的思维方式也影响了周边的人，要做就要做有价值的事，做有价值的人。

威，可以是权威，有权了人家怕你，但是一旦没有权，人家就不怕你。这样的权威并非周泽安所追求的。他追求的威，是威信，是建立在人格信仰之上的信，在权力管不到的地方，信还能发挥作用，使老师产生自觉的行动，这样的威，不是来自于权，而来自于信。校长树立的高度，让老师们从心底里信服，加班加点，也不觉得累，感觉到他是你人生追求的目标、事业发展的方向，愿意跟从校长，努力前进。这是一种教育的信仰，也是一种生命价值的信仰。

每个人都需要养分，由物质不断的流入和流出维持着生存，就如炊烟、火焰或者瀑布，如果没有从他处而来的流入，立刻就会衰竭、停止。一切事物都是相关联、相依凭的，个体不能单独存在；世上没有"永恒"的东西，一切都是不停地流转、变化；所以，当有些人把人生的目的定位为及时行乐，当肉体的快乐如梦幻般完全消失，内心会有更大的空虚。这样的快乐，绝不值得费苦心和劳力去争取。没有一个人能以简单的说教说服别人，所以要想说服一个人，必须在个人利益、他的欲望、他的意志上让他有信服的地方。周泽安以自己的能力，获得了追随者的最大认同。

每个人都需要用工作来维持自己的生活，有些人的工作，仅是维持生活而已；而有些人，可以把工作上升为一种事业，成为为之奋斗的事业，人生将过得有意义。"古塔的最高点，有勇者气魄之心。"歌德的这一优美诗句，就是由此感发。

在好莱坞电影《蜘蛛侠》里，主角蜘蛛侠说过一句话："能力越大，责任越大。"有能力的人不止拥有更多的机会，还会拥有更高的社会地位、更长的寿命、更好的健康状态和更优秀的教育水平。有能力的人，也拥有最聪明的脑袋、最专业的技术，最具备创新精神，甚至是最勤奋的人。有能力的人拥有优于一般人的聪明才智，付出一般人数倍的努力，他们就应该承担起更大的责任。

周泽安不仅带出一批名老师，也带出一批好校长。仙居很多学校的校长，都是跟从周泽安成长起来的。他可以说是校长的教父。一所学校考试成绩好，只能影响学生三年的时间，而周泽安带出一批好老师、好校长，却让整个仙居受益。从这个意义上说，周泽安对仙居的教育有非凡的贡献，功德无量。

## 刘邦也需要粉丝——与名师近一点，成功就多一点

据《史记》记载，刘邦在登基称王不久，定都洛阳。有一次，他在洛阳的南都召集当时的大臣，包括诸侯、列侯、将军等人宴会。在酒宴上，刘邦提出了一个非常有意思的问题："你们放开胆子说，你们觉得我为什么会打败项羽，最后夺得天下？"他这个问题一抛出，马上有两位大臣出来，这两位大臣是与他一起打天下的，所以说话也不客气，他们说："陛下你对人十分傲慢，远不如项羽那么仁厚，但你有一个特点，你打下一个地方后，就让这个人封侯、称王；而项羽打下来以后，不封。所以大家跟你干有劲，跟项羽干没劲。这就是你打败项羽的原因。"刘邦打断了大臣的话，说："公知其一，不知其二，你没有说到点子上。我打败项羽最重要的原因是，论运筹帷幄之中，决胜千里之外，我不如张良；至于治理国家、安抚百姓、保障供给、不断粮道，我不如萧何；率百万之众、战敌攻敌，我不如韩信。这三个人都是天下的人杰，我能用他们，所以我得了天下。"

刘邦的这番高见一发表，大臣心悦诚服。正是有了汉初三杰的辅佐，刘邦才能最终夺得天下。

自古以来，凡成大事者，身边总是汇聚着一大批优秀的人才。具有领袖气质的人，总是那么充满魅力，使一批又一批的人才聚集在他的麾下，或被他的思想光辉所感召，或被他的理想愿景所召唤，或被他的人格魅力所感动，天下人，天下事，无不如此。非此，不可以成大事！孤家寡人，即使是如项羽般盖世英雄，"力拔山兮气盖世"，又"若奈何"？

周泽安深有感触地说："做校长也不例外，要成就一番事业，身边必定聚着一大批名师，认同你的教育思想，在你的教育愿景召唤下，坚定地跟着你，不计报酬，不辞辛苦，全身心地奉献给你所倡导教改事业。""亲贤良，远小人，大业可成！""校长若与品质不好的差老师走得过近，就肯定会影响学校正气的树立，影响学校风气。"

在安中，在二中，莫不如此，总有一大批优秀的老师和管理骨干，坚定地跟着他，认同他的教育思想，赞同他的教改理念，投身到他所倡导的教改事业中去，不计辛劳，坚定不移，坚持不懈，终成正果。

周泽安深情地对我说："好校长必须懂得紧紧依靠好老师，把好老师当宝贝。爱护好老师，培养好老师，珍惜好老师"。周泽安公开说："你把书教好了，我就会珍惜你，你就有资格批评我。你书都教不好，就只有我批评你的份。"好老师偶然犯错，他也是十分慎重地对待尽量从轻处理。想好老师之所想，尽自己所能为好老师排忧解难，做好服务。每年暑假学校聘用老师，他总是多方摸底，想尽办法，甚至与教育局领导拼命去争，让好老师或优秀毕业生进到自己的学校来。对于分配进来的毕业生及年轻老师都十分重视，尽心培养、使用，促其快速成长。他深有体会地说："一个大学毕业生工作前三年的培养对他一生成长十分重要。若能进入一所好学校，碰到一个好校长，业务能力就能提升一个档次，差的就能成为合格的，合格的成为骨干，骨干成为名师。反之亦反，甚至毁掉一生，误人子弟，教书一生，害一批学生，成为学校负担。"周泽安这么多年下来，在这么多学校当过校长，到哪里与好老师的私人关系都很好，没有一个优秀老师与他有矛盾、有意见。到哪里他的身边总是有一批优秀老师追随着他。他从宏大来到外语，宏大的一批优秀老师几乎都跟着他来到了外语，成为外语的骨干。他离开安洲中学很多年了，现在很多老师有事情的时候还是来找他，有问题找他商量，无论业务上的问题还是家里的问题，都愿意同他交流。他们都保持着非常密切的关系。周泽安动情地说："校长的事业是靠好老师成就的，校长的教育理想是靠好老师实现的，校长的教学教育成绩是好老师打拼出来的，做校长的也应该懂得感恩。"

当了外语学校执行校长后，如何让更多的优秀老师汇聚到外语来，这成了他最主要的心思和最重要的工作。公立学校老师队伍比较稳定，民办学校的老师每年都有一部分需要调整，因此，每年都要招聘老师填补缺口。

对于有经验的中青年骨干老师的招聘，更似刘备请诸葛亮，着实不易。有时候微信上聊了很久很久，试尽解数到最后又没成功。"在民办学校，招聘老师是重要任务，如果招不到好老师，校长就当不下去了。"周泽安半开玩笑地说。

2018年，全国人才大战烽烟四起，教育界的人才大战也如火如荼，民办学校越办越多，老教师因为单位核编等原因流动的数量大幅减少，各校都在抢师资，拼待遇，拼人脉资源，校长们各显神通，这是在民办学校当校长特别要承受的压力。

在公立学校的时候，教师是编制内的铁饭碗，老师做与不做一个样，干多干少一个样，那就要以事业留人，感情留人。而在民办学校，校长与教师的关系，完全遵循市场的规律，他给你服务，你给他报酬。报酬是核心的。事业和感情与公立学校完全不一样。民办学校的教师来自五湖四海，每一个老师都有自己的故事。他在原来单位有编制却走出来，肯定是有原因的。如有他自己的原因，如过得不开心、心理上有一些问题等；或许有他人的原因，如与领导关系处理不好、人际关系处理不好、原来的校长不重视等。当然，最可能的原因是，他希望能赚到更多的钱。如果从公办学校出来应聘到民办学校，应该不会是最差的老师，最差的老师他不敢出来，就像武侠小说里的人物一样，"艺高人胆大"，武功高的人才会出来闯江湖，否则早就被别人"灭"了。敢出来闯天下的人，有故事的人，在管理上与公立学校的管理模式就不一样。

有位仙居老政法委领导曾经这样评价周泽安：周泽安是教育界的奇人，领导家在哪，他不知道，而下属的好老师的家，他都知道，好老师都与他关系很好。的确如此，周泽安心怀坦荡，心直口快，不想为了维护良好的人际关系，违心地去做事，而他却与名师建立了很好的关系，他们与周泽安像朋友一样，真诚相待。

在人生漫长的过程中，人是需要团队的，需要一帮人，齐心协力，才能成就一番事业。校长周边要有一群名师和管理骨干，信仰校长，跟着校长，付出再多也无怨无悔。当校长必须与名师打成一片，必须有名师成为粉丝。项羽为什么失败？刘邦为什么成功？如果论个人能力，十个刘邦也打不过项羽，但项羽最后却失败了，他手下的人都投靠了刘邦，因为刘邦有团队，他的粉丝如云。名校长必须有粉丝，有名教师，大家为一个共同的教育理想和信念一起拼，一起搏，才能一起成就事业。

## 诸葛亮的教训——适当"懒"一点，给下属的成长留个空间

中国人都把诸葛亮当成最聪明的人，但是蜀国统一大业还是失败了。诸葛亮这么聪明，为什么没成功，最后累死在五丈原？周泽安觉得他不应该那么累，作为最高统帅，弹弹琴、摇摇羽毛扇就行了。诸葛亮缺少一种用人识人的能力，把任务分解协调的能力。当年尼克松访问中国，毛泽东就对他说，我们今天只谈哲学问题，其他问题与周恩来去谈。不管当校长还是当县长、当总理，绝对不能把自己累死。周泽安正是看到了这一点，识人用人是当领导的第一个要务。把任务分解了，所有问题都分完，把什么人用到什么位置上，然后分工，不要怕自己没权，把所有事情分完，当校长也是一样。有的单位，有的校长，屁大的事都得一把手点头了才能做，好像全单位几十号上百号的人都是傻瓜，大权小权一把抓，整天电话不断，请示汇报不断，自我感觉良好，在权力游戏中沉醉不醒。周泽安

不喜欢这样的领导方式。跟在这样的领导后面做事，无所适从，进退失据，是不会有出息的。

在周泽安看来，人、财、物都在你手里，做领导特简单，就是电视剧《神雕侠侣》里唱的两句歌词"你从哪里来？你到哪里去？"再加上一句"怎么去？"就完整了。用现在常用的两句话就是"坚持两个导向"，一是目标导向，做校长、做领导必须十分清楚自己的学校今后的发展目标，给学校以后的发展指明方向。然后一切工作都围绕目标展开，人、财、物向目标集中。二是问题导向，知道问题在哪里，从问题入手，找准切入点，打好歼灭战，伤其十指不如断其一指，彻底解决问题，不留尾巴。

正如孔子所言，"居上要宽"，切忌"察察之明"，总结领导要做的活就是六个字：组织、指导、评价。组织，就是围绕确定的工作目标，安排好人，量才录用。识人、用人考验领导的魄力和水平。指导，就是人安排好后，给予达成目标的方向、途径和方法的适当指导。评价，就是给予事中、事后的目标达成及其方法的评价和经验教训的总结。

仙居好多校长都是跟着周泽安出来的，就是因为周泽安放手让他们做，他们的能力提高了，需要的时候再点拨他，几年历练后都成为出色的校长。诸葛亮那么有本事，又那么勤政，事必躬亲，在他领导下几十年，偌大的蜀国，却后继乏人，在三国历史中最先亡国，这教训难道不应该予以总结，不值得后人记取？魏书生既当校长，又当班主任、语文老师，还兼教育局领导，却可以正常出外长时间讲学，语文课、班主任不用安排老师代课、代职，学校、班级都不乱，这才是领导者的真本事。

在安洲中学的时候，有一次，教育局领导到学校指导工作。事毕，在周泽安的办公室聊天。快回去时，他说："我坐了半天，你怎么电话一个也没有，一个请示的人都没有？"周泽安笑道："我离开一个月都没问题，没有人跟我请示汇报。这么多年了，一直这样。一般情况下，处理完事情后，我就在办公室看看书。我喜欢看书，买了许多书。"周泽安指指身后的书柜里，密密排着的书。

　　这并非周泽安不务正业，没把工作当回事，而是他作为校长，作为一个团队的带头人，有着更深层次的考量。校长怎样才能培养更多的人？这是周泽安一直在思索的问题。他认为，当校长要"懒"一点，不能把什么事情都做完。校长如果只应付日常工作，首先是太累，人的精力是有限的，一个人不可能把所有的事情做完，也就没有时间进行学习，去思考更深远的问题。学校发展的方向，教育改革怎么改，教改思路从哪里来、到哪里去，制定学校发展规划，这些是校长要指明的。另一方面，如果校长承担了所有的事，下属的副职觉得自己没有多大的价值，没有施展才华的机会，就会感觉不受信任。校长稍微"懒"一点，把事情分配给下属做，他觉得才华有施展的地方，能力也得到了锻炼。校长在关键的地方给予指导。放权给下属，一旦需要承担责任的时候，校长就主动担当，为下属解决问题。这是周泽安作为名校长的成功之道。

　　培养人才，给下属发展空间，是校长必须承担的责任和义务。周泽安给下属压力，更给下属动力。这也是主动担当、创新管理的意识体现。

　　教师是学校发展和学生成长的基石。周泽安用心关注每一位老师的成长、进步。对于学校老师的培养，他很花心思，也很舍得花钱。以前学校经费有限，他会把有限的经费拿出来给老师培训。安洲中学先后邀请了中央教科所沈鹤渝教授及其研究团队、浙江省教研室师训处主任张丰主任、杜郎口中学孙海军校长等专家学者来校作报告，学校领导、名师、骨干教师为老师们作专题讲座，畅谈自己的教育教学经验与体会，加强了教师的理论修养；通过培训，老师们学到很多。他的理念是，老师身上要有无穷无尽的知识源泉，才能释放给学生更多。

　　通过一系列的教师培训和活动，周泽安手下几乎没有差的老师。他的理论是：好校长是出理念的，副校长是制定行动方案的，中层干部是执行的。每个层次分工明确，职责明确。而周泽安的责任，就是帮助老师成长。周泽安经常说："一个中层干部用坏了，一个系统都坏了。同样，一个好的班主任非常重要，他可以带好一个班级；还有一个是，一个好的学科组组长会带好一群好老师。"

他的教职工会议开得也与大多数学校不一样，他只对特别重要的事强调一下，工作安排由副校长讲述。周泽安讲的是哲学，是教育思想。每次都讲，有时是认认真真做了 PPT 专题报告，有时候是就事论事，就这个星期听的几节课，公开点评，将其中反映的教育思想、教育方法上存在的问题理出来。就这样，周泽安反复向教师讲教育思想、教学方法和世界教改动态，多年下来，坚持不懈，潜移默化，假以时日，思想的种子就会发芽长大、开花结果。

当把适当的人用在适合的地方，工作就会省心省力。周泽安在安洲中学当校长的时候，他要求两位老师搜集仙居历代的名人。仙居是小地方，除了仙居县志，其他资料很难找。两位老师搜集了一部分，也配了些文字，交给周泽安。周泽安不满意，他觉得所找的资料范围太小，文字也干巴巴的。他对两位老师说："你们要把视野放宽一点，把能够凸显仙居历史人物风俗的相关的人物事迹全都搜集起来，还有，你们所写的文字要体现出这个人的价值和这个人的影响。"

在他的引导下，两位老师扩展了搜集范围，然后把它们整理出来，配上图框，配上文字，挂在校园里，挂在学生经过的地方。刚挂上的时候，学生们都来看："噢，仙居还有这样的文化人啊！"欣喜和自豪之情溢于言表。直到现在，安洲中学校园里还挂着这些图文，两位老师觉得这事情做得特别有价值，同时也提高了自身的能力。

他给每个老师定目标，让每个老师都看到可期的未来。周泽安对老师们说："做错事没关系，做错事我教你怎么做，因为我是你的朋友。如果你做错事我不教你怎么做，那我就不是你的朋友了。"听得老师们既心暖又心安。

周泽安离开安洲中学近十年，他的影响到今天都没有衰退，这与当时培养的一批老师有很大关系。这批老师至今仍是学校教学和教育管理的中坚力量，是学校长盛不衰的保证。

其实，在动物世界，也是同样，只有在有压力的情况下，才能迸发出更大的潜能。在北美，有一种蛾子名叫"帝王蛾"。帝王蛾在幼虫时期，是在一个洞口极其狭小的茧中度过的。当它们的生命要发生质的飞跃时，这狭小的通道对它们来讲无疑成了"鬼门关"。它们必须拼尽全力才可以破茧而出。太多太多的幼虫在往外冲杀的时候因力竭而身亡，不幸成了"飞翔"这个词的悲壮祭品。有人怀了恻隐之心，企图将那幼虫的生命通道修得宽阔一些。他们拿来剪刀，把茧子的洞口剪大。这样一来，茧中的幼虫不必费多大的力气，轻易就从那个茧里钻了出来。但是，所有因得到帮助而见到天日的蛾子都不是真正的"帝王蛾"，它们无论如何也飞不起来，只能拖着丧失了飞翔功能的双翅在地上笨拙地前行！原来，那"鬼门关"般的狭小茧洞恰是帮助帝王蛾幼虫两翼成长的关键所在，穿越的时刻，通过用力挤压，血液才能顺利送到蛾翼的组织中去；唯有两翼充血，帝王蛾才能振翅飞翔。人为地将茧洞剪大，蛾子的翼翅就失去充血的机会，生出来的帝王蛾便永远与飞翔无缘。

教师的成长必定也需要这种磨练，如果惧怕黑黑的隧道，总是渴望有一双援助的手将他们一路护送；校长也多是"怀了爱怜之心"，于是会把教师发展的"生命通道"修得特别宽畅，其必然的结果是成为不能展翅飞翔的"帝王蛾"。孟子曰："天将降大任于斯人也，必先苦其心志，劳其筋骨，饿其体肤，空乏其身，行拂乱其所为……"校长要为教师的发展道路着想，给他们锻炼的机会，给他们锻炼的空间，这样他们才会凭借自己的能力占据一席之地，走出自己的路。

在周泽安的带领下，仙居走出了一批有作为的校长。他们活跃在仙居的教育战线，他们是充满活力的生力军，为仙居的教育奉献着自己的光和热。

## 觉悟唯有向心觅——教育是一场温暖的修行

教育的历程对受教育者而言是一场自我觉醒、自我修行，完成自我提升，实现幸福人生的过程。对教师而言，更须有传教士般的情怀热忱，怀着对大众启智文明智慧的强烈使命感，毕其一生，始终保持传播人类文明的热情，非此何其不易！

教育追求的境界，是自然而然的教育。所谓"最自然的教育"，往往发生在教师的无声无息的影响和学生的不知不觉的接受之中。

周泽安有一个邻居，她的孩子读书成绩不好，她非常着急，请周泽安指导："你是名校长，你同我家孩子说说吧。"

周泽安到她家里一看，她家里大人都在搓麻将，孩子在边上的茶几上做作业，连张像样的书桌都没有，那边还开着电视。周泽安对邻居说："你家这个环境是没有办法读好书的。"

于是他给邻居讲了一个故事：南京有位父亲为了孩子上学，每天在一旁在写写写。两个女儿考上大学后，老父亲说，我有个秘密，藏了几十年了，现在终于可以告诉你们了。他拿出一个箱子，里面有很多本子，打开本子一看，原来这个本子上一个字都没有，就是乱写乱画。父亲说："我是不识字，但我要给你们做一个榜样，写写写，你们以为我写了很多字，结果只是给你们做一个榜样。"

他对邻居说："我们做不到这点，但我们可以做到，孩子读书时，你不要把电视开得震天响，你不要在这里搓麻将。当你在看电视、搓麻将时，你想孩子心里怎么会平衡？这多么不公平啊，你在玩，还让我这么辛苦地做作业。孩子不懂事，要想让孩子成绩好，只有让孩子静下来，只有静下来，才能思考问题，才能好好读书。"

在周泽安看来，教育拒绝"说教式"，教育就是一场自我修行。

对于拒绝"说教式"教育，作家兼老师李镇西谈了自己的心得。

有一年，他带初一新班。开学第一天，点完名之后，他开始给学生们发开学礼物，就是他前一晚写的一封信。这是他当班主任的一个传统。每带一个新班，他都会给新生写一封信，表达他的期待与祝福。

本来，他完全可以请几个同学上来帮忙发信，那样他的信就会很快到达每一个学生手中。但多年的教育经历告诉他，如果由老师亲自发信，或许在发送过程中，会出现一些教育因素和教育契机。

于是,他对同学们说:"我念一个名字,就上来一位同学拿信。这样也便于我再熟悉一下大家!"

第一个被叫到的男孩看上去很淳朴,上来的时候对着他傻笑,显然没有养成礼貌的习惯,因为他接过李老师双手送过去的信时,并没有双手接,更没有说"谢谢"。

第一个孩子就送给李老师一个"教育机会"。他本来可以立即对全班同学进行一番教育——他相信,如果他那样做,接下来每一个同学接过信时都会很有礼貌地对他说"谢谢"的,但这第一个学生的自尊心将受到伤害。

进入新班集体的第一天就在全班同学面前被当作"反面典型",这对他来说,多么丢脸啊! 于是李老师没有批评他,因为此刻,维护一个少年的尊严,比"教育"全班同学更重要。

李老师继续发信。接下来几位同学都没说"谢谢",但李老师依然不动声色,笑眯眯把信双手递给上来的每一个学生,并等待着某种时机。这种"等待"源于对学生集体的信任,李老师坚信在几十个学生中,总有学生,哪怕一个,会有礼貌的。他期待着这个学生的出现。

终于,发到第七个同学时,这位叫"高微"的小姑娘接过信之后对他说:"谢谢!"李老师马上对大家说:"高微同学多有礼貌! 给我说'谢谢'!"接下来的每一个同学拿过信之后都对他说了"谢谢"。

但依然没有一个同学用双手接,包括高微。没关系,李老师继续等待。他想,退一万步说,如果发到最后一个同学也没有人双手接信,那时候他再提醒也不迟。他一面继续发信,一面在等待着……

到第十一个同学的时候,黎娜同学用双手接过信,对他说:"谢谢!"

李老师马上对大家说:"大家看,黎娜同学更有礼貌,她不但对我说'谢谢',而且是用双手接信的!"

以后的同学上来,都是用双手接信的。直到最后一个上来的同学也是双手接过,并说"谢谢"。

整个过程大约二十分钟，李老师却进行了一次不动声色的教育。

其实，李老师本来可以在发信之前给学生说这样一番话："同学们，下面我要给大家发信了。但我担心有的同学没有礼貌，所以我在这里提醒一下大家，一定要有礼貌。上来接信时应该双手接，并且对老师说声谢谢。"

如果他这样做了，相信也有"很好的效果"，每一个学生一定会做得非常"规范"。但和他实际的做法相比，并不是最佳的教育方式。最佳的教育方式，是安安静静地陪伴，是认认真真地生活，是努力修正自己的行为。修养德行，成就道德，并没有一定的形式。只要能达到提升精神力量的目的，这不就是一种最好的修行吗？

每年开学，周泽安都召开面对面的全校的家长会。周泽安把 PPT 做好，对家长们说："每一个成功的案例，都有父母亲的功劳在，如果父母不能在这里作出牺牲，而是把责任都推给学校，学校承担不起，也不可能做到。你希望孩子好，我也希望学生好，我们是同战壕里的战友，我们是利益共同体，我们目标一致，从现在开始，我们分工，你承担你的责任，我承担我的责任，我们共同努力把孩子教好。

有位当局长的家长说："周校长，今天我家来了三个人，就是你这个凳子太小了，足足坐了两个小时，坐得很吃力。县委书记作报告，我都没这么认真，我都累死了。"

周泽安说："我们探讨这个问题，这个问题讲清楚了，我们这三年都好过。"对于一个家庭来说，这并非是三年的事情，这是孩子一辈子的事情，谁会不重视？周泽安把目的与希望与家长分享，在教育过程中潜心努力，这也是最好的、最安静的陪伴。

现在，教育形式与技术越来越精致而娴熟，班会课、征文比赛、演讲比赛、板报比赛……一个又一个声势浩大的教育活动中，深入心灵的教育可能并没有真正发生。"我们走了很远，却忘记了为何出发。"黎巴嫩诗人纪伯伦这话同样适合于当前的教育。周泽安经过数十年的教育实践得出，最有效的教育，是对学生情感的熏陶、思想的启迪、灵魂的唤醒，是顺势而为的"自然而然的教育"。

冰心说："爱在左，同情在右。走在生命路的两旁，随时播种，随时开花，将这一径长途点缀得香花弥漫，使穿枝拂叶的行人，踏着荆棘，不觉得痛苦，有泪可落也不是悲哀。"

回望来时走过的路，周泽安当年选择教育是偶然的。如果有选择，他可能不会走这条路。但是，他一旦选择了前行的道路，从来不会因为碰了几个钉子就半途而废，而去追求舒适的生活。

数十年来，他把教育当成人生的修行。一路走来，点点滴滴，有很多温暖的片断，印刻在他心里。教育是内心的一种觉醒，是心的一种醒悟，教育不能像做生意一样斤斤计较。培养学生，教他道理，或许在很长的时间都没有起作用。但是，即便如此，他也不灰心，他知道，心的觉悟是一个漫长的过程，只有静下来，让心灵自我觉悟，让一个灵魂唤醒另一个灵魂。教师，就是一个布道者，以唤醒民众为己任，以让受教育者懂得并有能力获取和感受幸福生活为终身使命，教育是一场温暖的修行。韩愈说："师者，所以传道授业解惑也。"一拨又一拨孩子的智慧世界因你而开启，思想闸门因你而洞开，教育就是一场充满诗意的旅行。正像李镇西所说："让我就做一根芦苇吧，在心灵的湖畔迎风而立，吟唱着思想的歌谣。"

# 教育乌托邦——就像永安溪的水

在仙居城里，永安溪像一条白练，时而静静地流着，时而激动地跳着，唱着欢歌，哼着小曲，连着开阔温暖的春的原野；仙居城外，连绵的群山，无时无刻不在涌动着生命的力量。走入这片山水中，才会深切体悟到大自然是一个肌体，江河是她流淌的血液。

周泽安的教育理想的核心就在于他对生他养他的仙居这热土怀有深厚的情

感,在于其散发出的人性的光芒和生命的气息。仙居的山水给了周泽安无穷的勇气和力量,也拉近了他梦想和现实之间的距离。或许,正是由于山水间的宁静和从容,才赋予了周泽安使命感,将教育上升到人性、人学的高度,在平淡的生活背后活出了有情有义的人生故事,并以此为视角去感知人和人之间的温暖,去实现他的教育理想。

任何一个以实用为本的教育,任何一个短视的社会,都最终无法获得长足的发展,都最终会为当时之举付出更为沉重的代价。一个民族太注重实用,并把这种势利合法化,其结局是可怕的;一个民族轻视人文精神,并把这种空虚放大化,其结局是可悲的,历史已无数次证明了这点。

近四十年来,周泽安扎根在仙居教育战线,从实践出发,不断探索,不断修正,从教育的元价值出发,从自己自学成长的感悟中反思,深刻思索教育的内涵与意义。他曾在学校开设的"教育大讲堂"上问了一个叩问灵魂的问题:在教育的价值体系中,最核心、最永恒的究竟是什么?他说:"教育不是为了分数和功利,而是为了人的幸福。"

这是周泽安最基本的思想理念,围绕着这个基本理念,他不懈追求,坚持到底,"锲而舍之,朽木不折;锲而不舍,金石可镂",一切皆有可能。美国作家海明威的《老人与海》中的主人公,永不言败的信念让他创造了奇迹。周泽安也创造了仙居教育的奇迹。

周泽安心怀仙居,心系教育,渴望有更大的力量推动古老教育的改变,利用当台州市党代表的机会对台州市的教育提出了自己的思索与建议,他在《关于全力推进教育品牌战略的建议》中提出:

从我市教育的发展现状来看,无论是区域性的教育品牌,还是学校品牌都存在追求动因不足、主动意识匮乏、措施效果不理想等问题,"千校一面"几乎是一个不争的事实。

他建议:

1. 在调查研究的基础上,根据我市实际,制定符合我市经济、文化发展水平,反映我市社会历史事实，推进我市教育品牌战略的决定或实施意见，用以指导和鼓励各县市区域品牌和学校品牌的培植和创建。

2. 品牌源于特色，是特色的会聚和升华。及时发现、总结、提升各县市、各学校在特色创建上有价值、有创意的做法和举措，并给予必要的指导、鼓励以至光大。

3. 进一步改进和加强名师和名校长队伍建设，以培植核心竞争力。从我市的现状来看，这一工作业已取得不少成绩，但师德、教育、教学、管理创新方面的业绩考量要进一步凸显，待遇也实在偏低。人事分配制度改革严重滞后，教师专业化成长制度性资源不足十分明显，有待进一步改善。

4. 加强教育宣传，学会营销，以培植学校的品牌形象。

5. 调整和完善评价办法，积极推行校本管理，鼓励创新，寻找闪光点，彰显个性，特色立校。


风物长宜放眼量，从长处着眼，从学生的终身发展着眼，为学生的人生幸福谋划，考完了总要做事，总要做人。家人、亲朋、同事，生活、娱乐，这就是周泽安要守望的麦田，一个理想之地！不能因为眼前的功利而迷失，但面包和土豆还得要，分数、成绩总得要，这就是现实。现实是残酷的。"君子爱财，取之有道"，道即方法，要从长计议，"教师爱分，谋于善法"。

仰望星空，宇宙茫茫，地球只是悬浮在阳光中的一粒微尘，生命孤独渺小，俯察大地，思想煌煌，人乃万物灵长。在漫长的历史长河中，所有人只是一个片断，每个人都只是一个小人物。然而，即便如此，要尽自己所能，在极其短的时光里，极其小的空间里，影响极其少数的几个人。周泽安的教育理想的核心就在于其散发出的人性光辉和生命气息，在于他对幸福生活的不懈追寻。他将教育上升到人性、人学的高度，并以此为视角去感知教育的特征，别有洞天。教育就像永安溪的水，几千年来流淌不息，教育需要一代又一代人的努力，沿着前人的经验和教训，不断前行。

"让今天的学习更快乐,明天的生活更幸福",这是他四十年为之奋斗不懈的事业。为学生的幸福而教育,这是他心中的乌托邦,是他理想中最好的教育。

在周泽安的书房里有一幅字,"在走向未来的旅程中既不断改变着自己,也不断改变着目的地。"也许这正是他六十余年来的真实写照,他在命运的夹缝中,乐观面对,生命不息,拼搏不止;这也是他从教四十年的旁白,他不断探索,大胆实践,用生命的力量撬动古老教育的改变,书写仙居教育富有智慧的新篇章。

周泽安性格中具有百折不挠的品质。他自谓是水,在寒冷的冬天,水就变成了冰,愈冷愈坚硬;水漫低处,润泽万物,周济天下;他扎根基层教育四十年,花甲高龄仍矢志不渝,乐此不疲。

如果没有选择教育行业,以周泽安的毅力、决断力、眼光和格局,他或许可以成为中国庞大的干部队伍中的一员,或是可以成为一位少有成就的企业家。但即便如此,当岁月无情,老之将至,夕阳西下,面对千百年来静静流淌的永安溪,他的内心或许没有今天这般充盈如故。记得那是一个初冬的傍晚,我与他坐在永安溪边的茶室里喝茶聊天,或漫步在风景如画的溪边绿道上,对于教育,对于仙居的山山水水、人文典故、名人轶事,他都能娓娓道来,如数家珍,其内心的祥和、恬静和充盈,仍然让我感觉到一股强大的气场。我突然感觉,仙居或许真不愧为仙人居住的地方,区区几十万人口的弹丸之地,在明清两朝就出了六十多位进士,如今产生周泽安这样的教育人真不是偶然。就像他对自己名字作的戏解,"周虑天下,泽披桑梓,其心安然",把一方风气带好,影响一批人,甚至一代人,这也许是最好的选择,功莫大焉。

鲁迅先生说:"倘有人作一部历史,将中国历来教育儿童的方法,用书,作一个明确的记录,给人明白我们的古人以至我们,是怎样被熏陶下来的,则其功德,当不在禹下。"先生对于教育的重视可见一斑。

对于周泽安来说,教育是一种更高的精神呼唤,教育的重要与其不可被忽视之处，都被他点明，他在安定中选择改变，在逆境中选择突破，在争议中选择宽容，在自信中选择成功。他从教育入手，解决现实的难题，将不可能变为可能。这是涌动的命运，预示着未来的趋势。中国的未来实取决于今天中国人思考的深度，取决于想象力、判断力、意志力，以及行动者坚忍不拔的程度。不谋万世者，不足谋一时；不谋全局者，不足谋一域！当思考成为习惯，成功将不期而至。

周泽安这一代知识分子人文底蕴深厚，兼有理想主义的入世情怀、强烈的道德正义感和丰富的人生阅历，他们不标举理论突破，却有方法上的创新，或许，所有的格局早已在那里，他只不过是把它廓清而已。

1918 年，梁济自杀前问儿子梁漱溟："这个世界会好吗？"梁漱溟答道："我相信世界是一天一天往好里去的。"在那个时代，能做这种回答无疑需要对人性和文明的力量抱着深沉而坚毅的乐观。

同样，在这个物欲横流、人情淡薄的时代，周泽安以他的专业素养和教育情怀，以及他光明磊落、永不服输的个性所塑造的氛围和精神气质，让人有理由相信，这个时代并未失去它的精彩，并没有失去它的生命力，相反，它的生命力变得活跃、旺盛。周泽安以攀登者的姿态，以积极，以果敢，坚定着这个时代的信念。

从前乾隆皇帝站在黄鹤楼上，望江心帆樯往来，问左右："船上装的是什么东西？"一臣子回答："只有两样东西，一是名，一是利。"

如果让周泽安来回答，船上载运的东西，除了名利以外，还有一样是责任，一样是道义。

每个来到世界上的人最终的结局都一样，正因为结局都一样，过程的不同才印证了生命的可贵，呈现了万千生命体验的万千不同。人生本来就有冲动与慰藉，人生也有瑰丽与平淡。周泽安的人生中，暖意和温馨是主色调，在这温暖的色调中，他把责任与道义扛在肩上，对当前的教育模式提出了自己的创见，看到了其内在的合理性以及先天的缺陷，并努力改变它。

阳光透过云层洒落在仙人居住的地方,周泽安的故事在阳光下闪烁。周泽安的教育情怀、教育理念、教育理想,一如行云流水,悠远而清新。那些温暖过无数人的精神,在流动着心绪的亮色里,照耀着仙居的辉煌。

佛经有云:"众生即我,我即众生。"

行笔至此,把周泽安的故事,把他的力量、智慧和暖意,伴随着他的爽朗笑声,说给风听,给雨听,给仙居听,也给世人听……

# 附　录

## 附件 1：《政治课教学中如何培养学生学习兴趣的一点体会》——北师大《思想政治课教学》1986 年 10 月

我们知道,教学是一种双边活动,是由教师的教和学生的学组成的。在进行政治课教学改革的过程中,从培养学生学习政治理论的兴趣入手,调动学生的学习积极性是很重要的。心理学告诉我们,兴趣是人们力求接触认识某种事物或从事某种爱好活动的意识倾向。这种意识倾向也是学习政治课的根本动力。很难想象,一个对政治课根本不感兴趣的人,他会学好政治课!

基于以上认识,我在初三法律常识课的教学实践中,坚持以下几点,取得了较好的效果。

第一,在遵循课文的内在逻辑结构的基础上,注意讲课的趣味性,培养学生的直接兴趣。

我尽可能地吃透教材,按照课文知识结构的内在逻辑,把握重点,突破关节,层层剖析,像剥笋一样,逐层深入,最后经过必要的归纳,使一个完整的概念如被剥光了的笋一样呈现在学生面前;同时,最大限度地运用形象化的、幽默的语言和图例在枯桑无味的政治理论中羼入一些味道鲜美的佐料,使学生在津津有味地咀嚼这些佐料时,不得不把这些枯燥无味的"骨头"嚼碎消化掉。例如,我在讲解我国的国家机构、国家机关、人民代表大会及人民群众的关系时,借助了马克思的比喻,把国家机构比作一架庞大的机器,国家机关比作这架机器上的零件。其中,人民代表大会就是这架机器上的气缸,而人民群众的意愿则是这架机器赖以运转的燃料,这种特殊的燃料能够也只能够在这特殊的气缸中燃烧并发挥它的巨大威力。再如,我在复习讲解违法和犯罪的关系时,说明违法和犯罪都是具有社会危害性的行为,但具有社会危害性的行为并不一定都是违法犯罪行为。一般违法应受行政制裁,但受到行政制裁的并不一定都是一般违法行为。这正像人是靠两只足走路的动物,而靠两只足走路的动物并不一定都是人一样。所以,我们有必要搞清它们之间的关系。否则,就会闹出把鸡一类动物当成人的笑话来。

这样,使同学们在笑声中懂得这些关系,并意识到搞清这些关系的重要性,从而激发起他们学习政治课的浓厚兴趣,并积极投入到学习中去。几年的实践使我体会到,绝大多数同学并非一开始就认为政治知识有用而感兴趣的。他们感兴趣的起点是由于老师讲课讲得生动。所以,我们应当把握青少年这一心理特点,努力把政治课讲得生动有趣,才能使它对学生产生吸引力。

第二,坚持理论联系实际,激发学生的间接兴趣。

我们知道,学生因政治课讲得生动而产生的兴趣只是一种直接兴趣,仅凭这一点,并不能使学生的兴趣长时间保持下来。所以,我们还必须使这种兴趣过渡到对学习政治知识的效果而产生的兴趣,即间接兴趣上来。为此,我在举例时,是从有重点地解决学生身边的问题入手的。我尽量选择一些故事性较强的,发生在学生身边的或者是耳闻目睹的本地区的例子。坚持本校有的不举校外,本乡有的不举外乡、本区有的不举外区的原则。在这种情况下进行教学,着力分析问题,解读问题,使学生心灵受到震动,从而留下深刻的印象,同时,意识到掌握政治知识的重要作用。这样就能激发起学生持久的学习法律知识的兴趣。例如,我在讲述违法和犯罪的关系时,我选择了发生在本区广度乡水口中学的一名初三学生孔××,从偷同学铅笔、钢笔、橡皮擦等受到学校处分而不接受教育,发展到在社会上偷鸡、猪油等,再后,伙同水口村村书记的儿子偷生产队仓库里的谷子好几百斤,触犯了刑法被判有期徒刑三年。对这个案例进行必要的分析时,特别强调指出违法不改就会走上犯罪道路。

在这个过程中,同学们纷纷指出各自在生活中耳闻目睹的案例,我就这些案例,进行汇总,择其典型先后进行必要的法理分析。例如,有一个本区杨府乡的同学提出了发生在1985年暑假的曾轰动全县的周宅村与仙居县农牧场因土地归属问题发生争执,村有关干部带头哄抢黄豆、稻谷一案。我在同学们充分讨论的基础上引述了刑法有关条文,指出这是犯罪行为,判处有关人员有期徒刑是为了维护法律的严肃性。同时又指出,作为周宅村村干部来说,应利用法律武器来维护自己的正当权益,而不应采取哄抢这种极端方式试图谋求问题的解决。这时,有许多同学说:"他们哪里知道法律呢!"我趁机说明学法的重要性。

像这种情况是很多的。通过这些来自同学们的案例分析,讲解法律原理,同学们觉得学习法律知识大有用场,从而激发起他们学习的极大兴趣和积极性。

不久前,我对176位同学作了一次不记名的心理调查,如下表:

| 你认为怎样才能学好政治课? | | | | |
|---|---|---|---|---|
| 多举例 | 理论联系实际 | 让学生讨论 | 老师出题学生背 | 其他 |
| 47 | 87 | 25 | 8 | 9 |

| 你为什么对政治课感兴趣? | | | |
|---|---|---|---|
| 有用 | 易学 | 讲课生动 | 增加自己的社会经验 |
| 80 | 9 | 59 | 15 |

这些结果告诉我们:在政治课教学过程中,注意理论联系实际,把课讲得生动些,是培养学生学习兴趣和调动学生学习积极性,从而提高教学质量的有效途径。

(浙江省仙居县城峰中学周泽安)

## 附件2:《基础教育改革的方向、路径和出发点》

距离看电视剧《神雕侠侣》已经过去好多年了,但小龙女唱的那几句歌词却至今记忆尤深,"你从哪里来? 你到哪里去?"其实,在世上做任何事也同样必须搞清楚,你从哪里来? 你到哪里去? 怎么去? 做基础教育改革也一样,就必须想一想,这个改革的方向、路径和出发点的问题,这对于我们以后的教育实践很有帮助。

现在就让我们一起探讨一下这些问题吧!

先说说改革的方向问题,因为方向错了就什么都错了。经验告诉我们,未来的走向早已蕴含在以往的历史中了。

### 一、从教育改革的历史进程中把握未来

历史是延续的,教育改革的历史也是延续的,明天是昨天和今天的延伸,未来就蕴藏于昨天和今天的历史和现实中,读史以明鉴,揣测教育改革的未来走向也只有从历史和现实中去寻找。

1. 从人类有史以来的教育大变革看教育的价值变迁

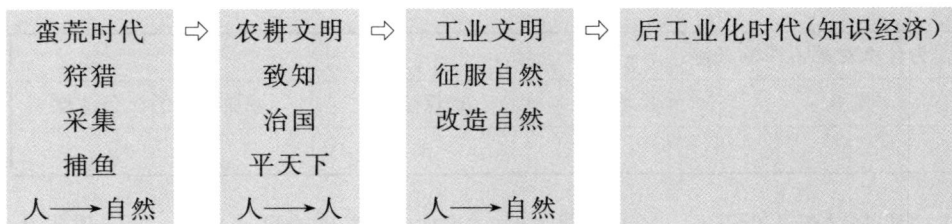

| 蛮荒时代 ⇨ | 农耕文明 ⇨ | 工业文明 ⇨ | 后工业化时代(知识经济) |
|---|---|---|---|
| 狩猎 | 致知 | 征服自然 | |
| 采集 | 治国 | 改造自然 | |
| 捕鱼 | 平天下 | | |
| 人——自然 | 人——人 | 人——自然 | |

从这里我们可以看出,有了人类,就有了教育,在文明的史前时期,生存极端艰难,为了生存,传授和学习制作工具、狩猎、捕鱼、采集等劳动技能自然就成为生存的第一需要、教育的核心内容。教育的目的简单、明了、直接,让受教育者有能力向大自然获取物质财富,过幸福的生活。

到了农耕时代,教育的内容、目的都发生了极大变化,"学而优则仕""格物、致知……修身、齐家、治国、平天下",不再把传授技能向自然获取物质财富作为目的,转为"治人",掌握治人的本领,向他人掠夺财富,使自己过幸福生活。

工业文明的到来,"赛"先生走上历史舞台,人文让位于科学,教育的核心内容是征服改造自然的知识,教育的根本目的是提高征服改造自然的能力,向大自然获取更多财富,过幸福生活。

但财富的增多,科技的进步,并非全是福音,幸福也没有同步增长。大自然的报复使我们生活在恐惧之中,人文精神的失落,使我们的内心更加寂寞、痛苦,科技的滥用使我们的生命健康受到无以复加的威胁。在这里,教育扮演了什么样的角色呢?难道就没有一丁点的责任?这显然不是科学发展、可持续发展。

2. 从 20 世纪三次课堂教学改革看教育价值的变迁

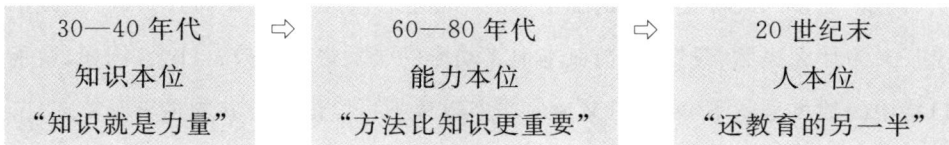

| 30—40 年代<br>知识本位<br>"知识就是力量" | ⇨ | 60—80 年代<br>能力本位<br>"方法比知识更重要" | ⇨ | 20 世纪末<br>人本位<br>"还教育的另一半" |
|---|---|---|---|---|

为了进一步探讨和把握未来教育改革的趋势和走向,我们有必要再来回顾一下二十世纪在世界范围内发生的三次课堂教学革命。

三四十年代,人们认为学校学的知识足够一生消费,工业革命的成功,使人们对知识的崇拜也进一步升温,将人类累积起来的知识一股脑儿地倒给学生成为教师的唯一使命。教师们信奉的格言是"知识就是力量"。六十年代后期,信息技术广泛应用,知识爆炸,更新速度加快:一是知识多得教不完;二是教了很快就用不上。以能力本位为价值取向的第二次课堂教学革命就此展开。教师们信奉的格言是"方法比知识更重要""想象力比知识更重要",具有广泛迁移价值的知识得到教师们更多关注。二十世纪末,人们突然醒悟,科技的进步并不完全是福音,以掠夺性为标志的工业文明已走到尽头,社会的先知者首先认识到仅仅传授科学知识是不够的,或是可怕的。教育要承担起传承人文精神的责任,以人本位为特征的第三次课堂教学革命就此兴起,至今未衰,教师们信奉的格言是"还教育另一半",人文精神复兴,"德先生"又回到舞台,情意态度价值观受到更多重视,给受教育者以更多的终极关怀。联合国教科文组织一再呼吁:学会生存,学会学习,学会合作,学会做人。课堂教学赋予教师的使命正在改变,也许我们能从这里明白一些未来教育改革的走向。近年来,关于教育"三生"的本质,即生命、生活和生态的讨论正在兴起,值得我们注意。

## 二、在对教育价值的哲学思辨中探寻此行的目的地

毕生从事教育工作,有一个问题我们必须认真思考:在教育的价值体系中,最核心、最要紧、最永恒的究竟是什么? 在教育的参与主体中其动机和目的一样吗? 人生苦短,但却有1/3的时间要在学校里度过,而且这一历练过程并不轻松、快乐,更多的或许是竞争的血腥,求知的迷茫、苦涩。但又何苦呀?! 慈爱的家长又为什么决然、毅然、不惜血本地将幼小的子女送入学校? 社会、国家、政府口袋中的钱本来就不够用,但又为何非办教育不可? 他们有共同追求吗?

| 参与主体 | 参与动机 | 共同价值 |
|---|---|---|
| 学生 | 黄金屋,颜如玉<br>实现人生价值:幸福未来 | 人的生存、发展;人的自由、解放;人的幸福、愉悦 |
| 家长 | 光宗耀祖,望子成龙 | |
| 政府<br>政党 | 建设者,促进文明进步<br>培养接班人 | |

不可否认,在教育游戏的三个参与主体中,动机和目的是不一致的,各怀鬼胎,各有所图,但说到底还是不能离开人,因而,人的生存、发展;人的自由、解放;人的幸福、愉悦,就理应成为教育存在的最核心、最永恒的价值,也是教育所理应给予人类的终极关怀,也即是我们所要苦苦探寻的答案:"教育就是为了人的幸福",也许这就是我们此行的目的地。

### 三、从对现行教育的批判中寻找出发点

现行教育的缺陷制约着教育元价值的实现，改革的出发点就必须从其存在的缺陷中探寻。

1.现行教育的制度性缺陷。

①官本位管理。

这里有两个问题：A.教育是上层建筑，还是经济基础？

B.教育是提供可交易消费产品，还是培养接班人？

面对已经展示无限魅力的知识经济时代，有识之士早就断言，人力资本化的产业，诸如教育、培训、科研、开发等以提高人类资本存量为己任的部门，必将成为二十一世纪新经济的核心产业。教育在很大程度上是一种大众消费品，要进入市场，越来越成为国家经济基础的一部分，培养接班人只是其中的一部分。官本位管理显然行不通。

②过度管理：过度管理也是一种折腾。

中国的行政成本世界第一，改革开放 30 年增长了 87 倍，同期财政收入只增长了 21 倍，公民税负世界第二。

**中、美等国行政成本占财政总支出的比例（2003 年）**

| 中国 | 美国 | 日本 | 英国 | 法国 |
|------|------|------|------|------|
| 19.03% | 9.9% | 2.38% | 4.19% | 6.5% |

对教育也是如此。改革开放 30 年，按苏联模式建立起来的管理模式丝毫未变，外在控制管理日趋强化，校本管理这一国际模式在中国行不通，在这种模式下，学校和教师的自由空间日益狭小，特色学校、品牌名校，名师名校长缺少成长的土壤，教育家又怎能凭空产生？恶政如果加上勤政，那一切就都完了，过度管理也是一种折腾！"苛政猛于虎"是一种窒息生命活力的折腾！集体化、公社化的失败教训尤深！

2.现行教育的建构性缺陷。

专业化文理分科 ⇨ 视野狭窄 ⇨ 丢弃人类文明的另一半
知识化知识崇拜 ⇨ 忽视心灵感受、内心体验
实证化量化分析、实验求证 ⇨ 创新乏力、人文、生态、伦理危机

专业化、知识化、实证化是现行教育的三大特点,也是现代教育的伟大成就之一,问题的严重性就在于这一纬度的过度膨胀,从而忽视了方法论上另一个也许更为重要的纬度。

专业化的培养模式虽然有利于极大地缩短人才成长的周期,减少教育成本,但无可避免地会使人才成为跛脚鸭,社会学专家缺乏科学理性素养,自然科学家也由于缺乏人文素养支撑成就不了大家。知识化使人成为知识的容器,在其光环掩盖下忽视了人的内心体验、心灵感受,幸福并没有随着知识的增加而增加;实证化诚然是现代科学的根基,问题在于其过度强调量化、实验、数学分析,从而忽视了其主体有血有肉有情有意的人的存在。核武专家脑里想的只有物理、化学公式和数学模型,医学专家眼里看到的也只有人的物体的零部件及其分子结构。引发人文危机、生态危机、伦理危机也就不足为奇,令人深思。所以,所以关于教育问题的探索和改革也就必须从这里出发。

3.现行教育的社会性缺陷。

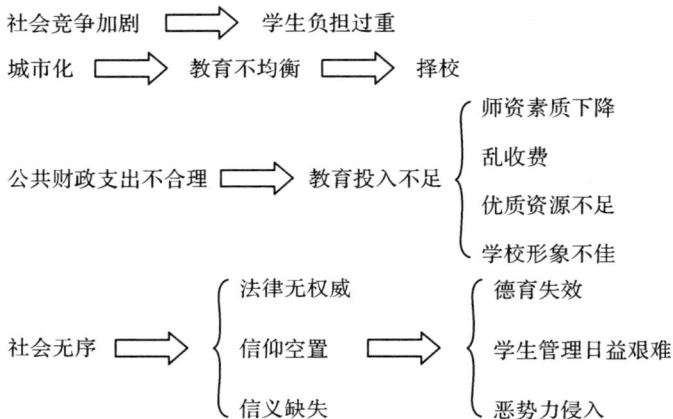

社会竞争加剧 ⇒ 学生负担过重
城市化 ⇒ 教育不均衡 ⇒ 择校

公共财政支出不合理 ⇒ 教育投入不足 { 师资素质下降 / 乱收费 / 优质资源不足 / 学校形象不佳 }

社会无序 ⇒ { 法律无权威 / 信仰空置 / 信义缺失 } ⇒ { 德育失效 / 学生管理日益艰难 / 恶势力侵入 }

①大家都在喊减负,减轻学生负担,其实单从学校入手是远远不够的,其根源在于社会竞争日益加剧,传导到学校里来,学校和教师也是被迫和无奈的。机关一天工作6—7小时,而教师从鸡叫工作到鬼叫,谁愿意啊!什么都要考,只要选拔性考试存在,91分就当然比90分牛,高考一年考100次也没用。

②城市化工业化必然伴随着农村的萎缩和城市的繁荣,人才、资本各要素都流向城市,"聪明人"都到城市去了,教育又怎能独善其身,保持均衡。不均衡就要择校。人往高处走,水往低处流。不均衡,又不能择校,把你捆死,永不翻身,其恶大也!

③财政支出不合理,教育投入不足,大学录取师范类分数最低。

**中美财政支出项目比较(2005年)**

| 项目 | 中国 | 美国 |
| --- | --- | --- |
| 行政公务 | 37.6% | 12.5% |
| 经济建设 | 11.6% | 5% |
| 公共服务 | 25% | 75% |
| 其他 | 25.8% | 7.5% |

优秀人才不当教师,素质下降、待遇低、压力大,没钱开支,乱收费,形象差,一切乱象之根均在于此!

也许还有更多,也难以一一陈述,这些问题的存在,作为学校,作为教师也很难力挽狂澜,严重地压缩了我们行动的自由空间,影响了我们苦心施教的目标达成。但我们还是要坚强地往前走!

### 四、积极寻找有限的自由空间坚定地守望教育理想

1.占领制高点,推进信息化,全面创新教育手段。

IT正在改变着一切,改变着教与学的环境、组织、内容和形式。这是由互联网的以下特性决定的。

①超越时空

②虚拟现实

③信息共享

④反权威性："没有主义的意识形态""去中心化"

⑤符号互换：语言、文字、图象、数码

⑥人机互动

信息技术的广泛运用，使整个教育结构出现完全不同的面貌。

2.在科学发展观指导下，审视和调整教学内容。

减少重复、剔除陈旧、杜绝有害知识的传授。"知识就是力量"的真理性需要重新界定。开发校本课程，增加有利于学生感受和获取幸福生活的相关知识，给予更多的终极关怀。如：感恩教育、体验教育、挫折教育、地方文化、社区服务、生命教育等。

3.创新教的方法和学的方法，提高效率，减轻负担。

在现行的教学模式下，我们已鞠躬尽瘁，身心疲惫，但我们培养出来的学生，却表现不佳，创新乏力已是一个不争的事实，这足以引起我们深思。现实的困惑需要我们认真深刻地反思现行的教育价值判定标准。把 $H_2+O_2 \longrightarrow H_2O$，紫色石蕊试纸＋酸变红这个结论在几秒钟内告诉学生最有价值，还是让学生摸索半天得出结论最有价值？这个问题值得深思！

研究性学习、教学问题情境化、学科教学生活化、综合实践活动、项目性作业、发展性作业……这些都是当今倡导的教法和学法，也许值得一试。

4.创新学校管理策略，降低成本，提高效益。

（1）推行校本管理，优化教育资源。

校本管理是与外在控制管理相对应的一种管理模式，它强调四大原则：A.差异原则。承认学校有差异，不能用统一标准去衡量，允许办学目标多样化。B.分权原则。这是现代学校管理改革的重要标志，学校应被赋予相应的权力和职责去尽可能有效地解决所发生的和面对的问题。着眼于问题的有效解决,而不是回避问题。C.自我管理原则。承认学校在开发教学目标、确定管理战略、分配人力资源、解决实际问题和完成预定目标上拥有更多的自主权。D.人本原则。人是组织中最宝贵的资源,学校管理工作的重要内容就是开发具有主动性的人力资源。校本管理的主要精神就是赋予学校更大的权力和自由。但目前体制坚冰未破,外在控制有强化趋势,校本管理尚难付诸实践。但作为一种世界趋势是不可变的,随着经济和社会领域改革的深入,其不适应性日益突出,基础业已动摇。

(2)建立以为消费者提供服务为核心功能的全面质量管理体系,提高管理效益。

要坚持以下几个原则:

①顾客导向原则。学生、家长、社会、政府都是顾客。最基本的是学生,其次是家长、主管部门、高一级学校和用人单位。学校教学质量高低,不能由学校说了算,也不能由行政部门及学校预先设定的标准说了算,而应由顾客说了算。顾客的满意与否是衡量一所学校、一个教师工作结果的最终标准。从这一意义上说,你又有何理由不善待学生、善待家长呢?上帝永远是正确的。

②全员管理、全程管理、全面管理。

A.全员管理和"牧羊理论"。教学质量的提高不仅仅是教师的责任,学校内部各部门、各岗位的工作都会直接或间接地影响教学质量,也不仅仅是学校的责任,家庭、社会都有责任,要整合各因素的作用,全员参与,共同努力。如我校推行的行为规范记录卡制度和社会服务课活动,就是一个例子。但必须看到名师、骨干教师在学校教育、教学改革、学校地位和品牌建设中的特殊作用,"没有名师就没有名校"的说法一点都不为过。有经验的牧羊人,在暴风雪的黑夜来临时,赶好领头羊就能保证羊群进入安全地带。

B.全程管理。从学校来看就是计划、实施、督促、检查和结果;从教师来看就是计划、备课、上课、作业、答疑、批改、讲评等。每一环节都有具体的目标和要求,通过各种反馈措施,予以控制。过程管理和目标管理往往同时使用,在不同的学校可以各有侧重,对于创造型层次的名师,可以目标管理为主,对于新教师可以过程管理为主。

C.全面管理和"赶鸭子理论"。强调"凡事有准则,凡事有落实,凡事有检查",面向全体,面向学生的每一方面。学生的学习要管理,思想、行为、心理、身体都要管理,好的要管,差的也要管。差生的管理尤其重要,一粒老鼠屎坏一锅粥,差生进步一点点,班级就进步一大截。有经验的鸭倌,只要竹杆子在最后几只鸭子身上挥挥就能加快鸭群的前进速度。

③恰当使用真假民主,提高决策艺术。

民主有两种,一是政治民主,二是管理民主。两者是不同的,前者民主的目的在于民主,是天然的,不是给予的,是目的不是手段,不能因弊端而拒绝。如不能因选举有弊端而剥夺公民的选举权。如学校中教职工的福利,就需要政治民主。但在管理民主中,民主是手段而非目的,目的是为了取得管理成效,是给予的而非天然的,如达不到效果,就可以不采用。学校管理中的民主更多的是管理民主,而不是政治民主。民主和独裁这两个概念,其实都是中性的,无所谓好恶,在现实生活中,给人民主感觉的并不都是真民主,给人独裁感觉的也并不都是真独裁。

2009 年 3 月 26 日

## 附件3:《以学会做人为目的构建德育工作新模式的实践与思考》

浙江省仙居县安洲中学校长周泽安

目前学校的德育工作,从总的来看,面临着两大挑战:一是受到了文化和价值多元化的猛烈冲击。面对全球生态化、网络化以及多元文化碰撞与交流的大趋势,旧有的文化道德观念和德育模式以至于无法适应时代的要求。二是独生子女逐渐成为中学教育的主体。这是一群特殊的群体,他们受到父母太多的关爱,人性的弱点凸现,慈济人文精神严重缺失。大人们又望子成龙心切,眼睛只盯住名次和分数,而不及其余。学校德育工作的要求与现实生活之间形成了十分巨大的反差,面临着十分严峻的挑战。时代要求我们的教育工作者审时度势,与时俱进,高扬教育的人文精神,以学会做人为目的,改进和加强德育工作,探索和构建符合时代要求的德育工作新模式。

我们始终坚信,也以此告诫学生和家长:"书可以少读,但人不能不做。"学会做人,是学校全部工作的出发点和最后归宿,也是学校一切工作得失成败的最高、最后的评价标准。

在这一理念指导下,近三年多来,我们始终坚持德育首位的原则,加强和改善学校德育工作,开展了德育系列改革,现总结如下:

## 一、强化行为规范的养成教育,塑造文明人的外部形象

印度有一古谚语说得好:播种行为,收获习惯;播种习惯,收获性格;播种性格,收获命运。行为美是心灵美的外在表现,规范的行为也是文明人和野蛮人的显性特征。文明、高雅的言行、举止,得体、大方的衣着、服饰、仪态是我们在日常交往中给交往对象进行最初的判定、归类的基本要素,是一个人素质高低的外在表现,某种程度上决定着一个人的事业成败和前途命运。整洁、有序的校园是学校管理水平的主要表现,不仅给我们以美感,提高生活在其中的人们的生活质量,也给教育教学质量提供可靠的保证。为此,我们制定了一系列的规章制度,采取了一系列有效的导向、评价、褒贬、管理惩处措施。这里最难、最关键的是干部和老师的思想认识和行动。长期生活所形成的思维定势及其行为习惯,要想在某一个早晨脱胎换骨肯定是不可能的。但在某种环境下,强势推动也是有可能改变的。通过会议和个别谈话,反复向干部和教师们说明:随着人类文明程度的提高,生活居住环境的改善,环境和卫生必须有更高的要求,旧的习惯必须改掉。居住在泥地上生计艰难的时代,地面上有少量垃圾,甚至有一些鸡粪、鸭粪

之类的东西是不足为怪的,随地吐痰、乱丢烟蒂之类又如何顾及?居住在水泥地面上时,有一些泥土,弹一些烟灰也没有多大关系。当地面变成木地板,干扫变成湿扫时,往地上吐痰、弹烟灰肯定是不大文明了,丢烟蒂和随地吐痰就不仅是卫生问题,还可能是安全问题了。认识到位、思想统一后,对个别现象我们就进行了适当的处罚,罚也是十分必要的。

对学生,我们开展了纪律、卫生等四项竞赛,如学生违反《安中校园卫生管理条例》,则可给予以下几项处罚:

1. 扣个人品德行为分。

2. 清理、保持该场地卫生 1—3 天。

3. 公开点名批评,视情节轻重还可以给予罚做义工 1 天或承担卫生清扫费 1—10 元的处罚,并同班主任工作考核、津贴发放直接挂钩。

同时,我们还通过创建省、市绿色学校,引入环保和绿色消费理念。进一步增强师生的环保意识和卫生意识,文明、卫生的行为习惯得到了进一步的强化。

此外,自行车停放、出勤、两操、集会等所有校园生活,我们都同样制定了详尽的可操作的规范,并同各岗位工作考核、师德考核挂钩,环环相扣,齐抓共管。

## 二、重视和发挥学生在学校管理中的重要作用

学生不仅是学习活动的主体,也理应是学校管理的主体。有两大理由始终在支持和坚定着我们的这一探索性的实践。

一是,学校的日常管理任务既多而杂,不胜其烦,大量地牵制着老师们的时间和精力。如果我们把其中的一部分,中学生能胜任的那一部分,交给学生自己去做,就能大幅度地减轻老师们的负担,让老师们抽出更多的时间和精力用于更新教育理念和技能,筛选知识,研究教法、学法,藉以提高质量。

二是,让学生参与学校的管理。这不仅有利于维护学生的利益、唤醒学生的主体意识、增进师生的理解,更有利于培养和锻炼学生的实践参与能力、管理协

调能力。如参与厕所管理后,他们就知道,在大便处小便及洗手后在盆外甩手等这些习以为常的事都不是小事。在大便处小便会使边墙积垢、发臭,而影响到厕所卫生;洗手后在盆外甩手,人多了,地面瓷砖容易积水,看上去不干净,而且易打滑、不安全。老师对这类违规学生的批评也就可以理解了。为此,我们实行了值周班制度,让每一个学生都有机会和义务参与学校的管理。改造了学生会组织,成立了各专门委员会,负责校内各项事务的日常管理。如仲裁委员会,就负责学生日常违规行为的处置和学生间轻微矛盾的调解仲裁。特别是夜自修交由学生自行管理后,教师不坐班,有时候整幢教学楼都看不到老师的影子,但秩序照样井然。学生在学校管理中所表现出来的能力、水平和认真、负责的态度,连老师也难以赶上,我真的为他们感到惊呀。

### 三、全面推行"契约"管理模式

为进一步明确学生在参与学校日常事务管理中的权利、义务关系,明确责任,便于核查,我们把班级和学校各项可由学生完成的事务,都予以分解,在自愿的基础上,通过签定"私约"的形式,明确责、权、利的关系。如校园自行车的管理,我们通过自愿报名,聘用了 38 位自行车管理员,负责全校的自行车管理,并同他们签定协议,由管理老师每日考查、评议。我们的意图是,藉此管理模式的推行,给学生提供一个可供观摩的法制社会的范例,培养学生的权利、义务观念、法制意识及诚实守信意识。并通过考评和监证人的参与,使更多的人关心学生的成长,形成合力,取得实效。

### 四、开设社会服务课

有几件事引起了我的思考:报载四川、江西都有大学生因为不知道如何料理自己的生活而不得不退学;有学生为了狗的漂亮、干净,竟把狗放到微波炉里烤,放到洗衣机里洗;还有来自极贫地区的大学生竟用父母亲长期卖血的钱大方地请客,过生日派对。这些大学生的存在对家庭、对社会是幸还是不幸?特别是最后一个恐怕不止不幸，还使我感到可怕。中学教育应该为此承担应有的责任。前年下半年，我还亲眼目睹了一幕"小皇帝"的精彩表演。那一天，新生报名，有一乡下农民模样、年近五十光景的父亲，带着一个男孩子来报名。父亲衣服陈旧，近年少见的破，目光呆滞，一看就知道生活非常艰辛；小男孩人高马大，旅游鞋、牛仔裤、T恤衫，好光鲜的样子。看起来有点异样，我们本不想收，父亲在一边说好话，看着可怜，后来就收下了。过一会儿，我路过学生公寓，又看到这对父子，小男孩正对父亲大声吆喝，而父亲正在拿东西的样子，唯唯喏喏，不敢吭声，如主人之对奴隶……值得我们认真思考的是，以上这些事例并不孤立，在我们的周围也时常耳闻目睹。这一系列的现象引起了我对现行学校德育价值、策略的深入思考。独生子女这一群体，娇生惯养，过惯了衣来伸手、饭来张口的生活，以自我为中心，自私狭隘，社会责任感、关心他人之心严重缺失，生活自理能力极其缺乏。我们的基础教育必须承担起宏扬和培育慈济人文精神，培植关爱他人之心，养成勇于承担、关怀他人、力行仁爱的素质的重大责任。

为此，我们下决心从去年开始开设了社会服务课。这是一门不在课堂上进行的实践性课程，形式、内容、评价都不同于政治课。每学年30小时，可以为自己、为家人服务，如洗衣服、做饭、搞卫生、整理房间等；也可以为社区、为社会服务。其中公益服务不得少于15小时。学校只提供必要的帮助，但不具体组织。学生利用周末和假期等空闲时间自行完成。学校发放登记卡，由家长、校外辅导员和其他服务对象签证有效，2003年开始其成绩作为评先、评优、入团、奖学金评定、助学金申请、借读费减免的依据，实行一票否决。2004年开始将作为我校学生毕业的依据之一。

## 五、组织、引导学生开展综合实践活动

近两年来，我们组织开展了诸如"中学生零花钱支配情况的调查分析""永安溪水质污染调查""影响中学生成才因素的调查分析""灯的历史""灶具""我县就业情况调查"等学生自己感兴趣调查研究活动，写出调查报告。其中三项成果参

加台州市中学生研究性学习成果展示、论文答辩,受到省、市专家的好评。初二学生完成的《仙居街头广告存在的问题分析》获得台洲市初中组唯一的一个一等奖,《仙居县城交通拥挤状况调查与思考》《圆周率"Л"的实用调查》获得了二等奖。通过此项活动,让学生在实践中接受教育,引导学生了解国情、了解社会,关心自然、关怀他人,勇于承担社会责任,提高社会协调和处事能力。

### 六、在体育和音乐课中,开设"群星点击"和"星光瞭望"课

通过老师有选择、有计划地介绍体育、电视、电影和歌坛明星,引导学生理性追星,透过明星耀眼的光环,感受背后成长的历程和所付出的艰辛努力及其所体现出来的伟大的人文精神、科学精神和艺术创新精神。避免和减少青少年学生因盲目追星所带来的消极影响,引导学生正确对待明星,确立正确的人生态度,树立正确、积极的人生观和价值观。

### 七、重视校园文化建设,营造良好的育人环境

古人云:"近朱者赤,近墨者黑。"环境的影响是十分巨大的。良好的环境对于青少年生活习惯、学习习惯的养成,崇高理想的确定,健康品格的形成等方面都有着十分重要的作用。为此,我们十分重视校园的文化建设。在综合楼前广场上塑立了袁隆平、比尔·盖茨等中外名人雕像,在墙壁上安置了中国地图、世界地图、万里长城壁画,在教学楼过道上张贴现代教育教学格言、警句,师德规范,学生行为规范及学生的优秀书画作品。2002 年暑假开办的"安中校园电视台",在惩恶扬善、推进学校精神文明建设、丰富校园生活、培养文艺特长生等方面具有十分重要的作用。

学校德育正经历着一场历史性的变革,德育的内涵、途径、方式和手段都正在发生着深刻的变化。以上是我们在这三年多来为构建德育工作新模式所进行的一些实践与思考。行为规范是基础,参与管理是角色转变、主体意识的体现,"契约"管理是参与管理的深化,综合实践活动和社会服务课的开设是大德育理

念的产物,家庭、学校、社会三位一体,共同承担,密切配合,有效开展德育工作的一个范式,是新时代背景下学校德育的新尝试。系列改革的共同指向都是为了"学会做人",提高受教育者在未来社会里感受和获得幸福生活的能力。

2003 年 10 月

## 附件 4:《关于开设综合实践课的一些做法和思考》

仙居县安洲中学校长周泽安

有一个常识,在以往的教育活动中,没有引起我们足够的重视,那就是对生活本身的忽视,对生活问题综合性的忽视。教育的分科越来越细,以至于越来越形而上。人为分割的结果,使我们再也看不到生活的五彩缤纷,听不到生活的多重演奏。三年前,我们有了初步的觉醒,并有了一个基本的认识:我们教育的对象是人,一个活生生的人,是人,就要生活,而生活的世界复杂得就像热带雨林的灌木丛。生活问题的解决,有赖于数字的运算,语言的表达,物理、化学、生物的实验,哲学的思维,史学的推理,社会学的经验。也许还有更多,但从来就不是单一的。举一个最简单的例子,我是木匠出身的,做一扇门这么一件生活中最简单不过的小事,就要用到哪一些知识呢?几何学的,木材学的,化工的,美学的,经济学的,等等。封闭在书本中、禁锢在房子中的学习方式,是再也不能继续下去了,于是我们开展了综合实践活动。

我校的综合实践活动包含四部分内容:研究性学习、社会服务课、信息技术教育、劳动技术教育。2003 年我校的课题《综合实践的运行机制及策略研究》被中央教科所立项,2004 年 10 月参加了在江苏镇江召开的中央教科所课题立项单位研讨会,2005 年 10 月在山东青岛召开的现场观摩会上结题,并获得了全国教育科研成果评比二等奖。下面,着重介绍一下研究性学习和社会服务课这两大内容。

## 把研究性学习作为综合实践活动的基础

关于这个命题的理论问题的文章很多,网上多得很,有兴趣随时可以看,这里就不说了,也说不好。我们之所以花时间、精力致力于这一探索,从大的方面来说,有两个想法:一是想通过研究性学习,使学生已有的知识获得一次整合的机会。如种兰花的实践,使美学的知识、经济学的知识、植物学的知识得到一次整合。对永安溪水质污染情况的调查,使环保知识、化工知识、水文知识、经济学知识得到一次整合,环保观念得到一次强化。得到整合后的知识内化为学生的生存技能,从而达成学会生存的教改企求。二是想通过研究性学习使学生有机会体验知识的生发过程,如"力使坚硬物体发生形变的实验装置"的课题研究,尽管学生最后发明的装置尚不足以申请国家专利,以至生产出产品,服务于生产、生活实践,但这种体验在年轻学生的记忆深处已留下了深刻的痕迹,类似的体验如果得到足够多的强化,就有可能凝聚成探索自然、社会奥秘的恒久动力,从而达成学会创造这一教改企求。另外,从小的方面来说,则是为顺应当前的中考、高考改革需要。去年中考自然学科生活化的考题占50％以上,语文、数学、英语、社会、各学科都同样占相当大的比例。生活化、综合化已是一个趋势,综合实践课也必定进入考试范围,高考的改革起步更早,步子也更大,通过考试内容、方式、思想、策略的改革,达成素质教育的企求已是十分明显,说白了,开展研究性学习已是我们现实的需要,应试的需要! 下面我就介绍一下我们的一些做法。

研究性学习作为一种教改的思想,首先必须在课堂教学中得到贯彻,作为一种新的学习方式,也必须首先在课堂教学中进行尝试。企求有两个,一是兴趣激发,如朱学燕老师的《仙城公园现状调查和对策》和应卫娟老师的《教室文化环境设计的方案》,通过这种课前的大量准备、课中的教学激发对此类主题进行进一步研究的兴趣;如王海燕老师的《中学生饮食与健康的调查》,通过帮助学生制定完善的研究方案,使学生学会如何制订类似的方案,完成项目研究。从这里我们可以看出这种课的课前准备是需要一定时间的。学生需要阅读、查阅大量的材料、书籍,还要实地调查,研究活动事实上已经开始。在这里我们的老师、家长,特别是教科室、教务处要给学生提供有效的帮助,这十分重要。背景资料尽量充分、丰富,图书馆要向学生敞开,还要指导学生从什么地方能够找到有用的资料,以及找资料的方式、方法,例如:《仙居灯的历史的研究》《仙居外来民工生活情况的调查》等,没有足够多的资料是不可能完成的。

开设综合实践活动指导课和方案策划课,帮助学生提高对开展综合实践活动的重要性认识,一是激发学生参加综合实践活动的积极性和自觉参与综合实践活动的主动性。对综合实践活动策划课,我们根据实际情况,先确定在综合实践活动上有经验的老师为学生上指导课,其他老师参与听课,课后发表自己的看法,提出整改意见,然后在全校范围展开,同时制定综合实践活动有关规定,将开展综合实践活动作为教师职评、评先、评优的必要条件之一,纳入量化考核内容。

建立综合实践活动素材信息库,并经常性地、有意识地补充资料,以确保开展综合实践活动所需的信息来源,定期开放综合实践成果展览室和信息中心资料室及实验室。校电视台及时报道综合实践活动的热点、亮点课题,以进一步调动学生参与综合实践活动的积极性和主动性。

我校研究性学习的主要途径是研究小型的课题,学生在老师的指导下,结合自己的特长和爱好,不受学科分类的限制进行选题,要求所选课题能够立足校园、贴近教学、关注社会、联系热点展开研究。选好课题后在老师的指导下自由组织课题组,课题组人数一般是 3 至 6 人自由组合,但必须考虑到同学间彼此特长和爱好的互补性。小组中选定组织能力相对较强的一名同学为组长,负责课题工作的分工和协调,写作能力较强的一名同学做课题的记录和各类报告。然后选聘相关科任老师,指导教师可以选多名。但具体的研究工作是由课题组同学来进行和完成的。包括研究计划或方案的制定,课题的正式名称、课题组成员及分工、当前本课题的动态、可行性分析与假设、具体的实施步骤、实验与调查等的筹划。然后由一人执笔形成报告,研究方案通过后,小组成员就可以分头行动了,并根据需要相互配合和协作,同时接受指导教师的指导。

每学年学校将组织综合实践活动成果展览,开展一次活动成果评比,各研究小组推选一至两名同学为主陈述人进行答辩,在所限制的时间内,向全班同学和指导教师简要汇报。指导教师和其他同学就有关问题进行提问。并在每个年级中评选出一、二、三等奖,编印综合实践活动成果文集,从中选出成果突出课题参加上一级相关单位评比。我校先后有 45 个课题立项,已结题 35 个,2002 年 12 月,在台州市中小学生研究性学习成果评比中,《仙居街头招牌广告存在的问题及对策研究》获初中组唯一的一等奖,另有 2 项获二等奖。2004 年 9 月,参加县中学生小课题研究成果评比,我校参评的 9 项课题全部获奖并全部选送台州市中学生小课题成果评比。2002 年我们已编著了第一册综合实践成果专著,现在我们又编著了第二册综合实践成果专著。教学中的实施,实施课堂教学生活化,既是我校开展研究性学习的一个重要方面,也是我校开展教育教学系列改革的重要举措之一。

### 我们把社会服务课作为综合实践活动的重要内容

为了全面贯彻党的教育方针,落实教育部关于中学新课程改革的总体精神,弘扬和培育慈济人文精神,善尽教育资源回馈社会之责任,为家庭、学校、社会中需要帮助的人提供服务,藉以养成勇于承担、关怀他人、力行仁爱的素质,感受幸福生活之源,培植关爱他人之心,我们开设了社会服务课。

社会服务课是我校全体学生的必修课,在我校开设已近三年。要求每位学生每周服务不少于 45 分钟,一学年不少于 30 小时。其中公益服务不少于 50%。社会服务课的内容包括:一是家庭服务:洗衣服、缝补衣服、做饭、洗碗、整理打扫房间、购买日常生活用品、干农田活等。二是公益服务:(1)邻里服务:帮邻居照看小孩、照顾老人等力所能及的事。(2)师生服务:帮助老师准备、搬移教学用具,辅导同学学习,帮助同学解决生活中的实际困难(提重物、生活不便等)。

三是社区服务：到公共场所、公园打扫卫生，美化环境；到社区参与环保、保健等知识宣传，增强环保意识；到敬老院为孤寡老人剪指甲、洗头、打扫卫生、购买日常生活用品等；到车站、闹市区帮助小孩、老人、残疾人过马路、提物品等。

及时认真做好学生社会服务课的考核评价工作。为使社会服务活动取得实效，我们在活动开展前，给全校学生家长发出了《关于开展社会服务活动的公开信》，同时联系了 14 个社区服务点，作为学生经常性服务的对象，聘请了 10 位社会服务课校外辅导员。活动开展后，学生处印制《社会服务登记卡》，发放给每个学生，要求学生在每一次服务活动后，先在《社会服务登记卡》上填好服务日期、对象、内容、时间，再由服务对象作为监证人，在评价栏里填上服务结果（好、中、差），并签名。学生处协同班主任对学生的社会服务活动进行不定期检查，班主任再根据服务卡上监证人的评价效果，确定该同学本学期社会服务课的成绩（优、良、及格、不及格），并记入该同学素质教育报告单，作为学年度评选三好学生、优秀学生干部、文明学生、优秀团干、优秀团员，发放奖学金、助学金、入团和安中学生毕业的必要条件。

三年来，全校同学积极参与，自觉、主动完成社会服务，并取得了阶段性成果。共有 2900 多名学生参与，累计完成家庭服务 43500 多个小时、社区服务 22500 多个小时。通过家庭服务，整理房间、拖地、洗碗、洗衣服、做饭、带小孩等鸡毛蒜皮的小事，让同学们感受到要真的去做好，不是那么容易的，要长年累月、持之以恒地做好还真难哪！正如有一位同学在体会中说的："牛仔服穿着是好，可洗起来还真麻烦，水浸湿的时间要比其他服装长不说，又重又硬，想不到有这么重，搓也难搓，拧干更难，如果不是这一次学校有要求尝试一下，哪里知道这其中的艰辛，母亲长年累月，默默地为我们所做的一切多么的不容易啊。"还有一位同学说："做饭太麻烦了，工序多，少一道工序都不行，油油的、腻腻的，油烟呛死人，还蛮危险的，尝试过做饭，尝试过个中的艰辛，我对母亲更加感激、更加尊重了，挑食厌食、经常嫌饭不好吃、罢吃的坏毛病也从此改了。

通过社区服务，为孤寡老人送饭、剪指甲、整理房间，为公园扫地、捡纸屑、捡果皮、清理污垢,为车站乘客提行李、搬重物、照看小孩等,这看起来细微的小事,但对于整个社会来说是非常有意义的。它不仅能够把同学们平时所学的知识应用于社会,回报给社会,而且还能够增强同学们的责任感和服务意识。

社会服务活动的深入开展,不仅使同学们的道德品行得到了强化,慈济人文精神得到了宏扬,关爱他人之心得到了培养,社会协调、参与能力、实践能力也得到了锻炼。安中学生的良好形象得到了进一步的确立,扩大了安中的社会影响,受到了社会各界的一致好评,《文汇报》《浙江教育报》《浙江青年报》《台州日报》《台州晚报》、仙居电视台等多家新闻媒体都先后作了报道,给予了高度的评价,社区群众、有关单位也都多次对我校的这项活动、同学们的公益行为给予高度肯定和赞扬,仙居汽车站还特地给我们送来了锦旗。前几天福利院的陈太鳌老人又给我校写来感谢辞。

理论和实践需要融会,思想和方法也需要贯通,思维在碰撞中才会激扬智慧的火花。让我们一起来交流实践的感受和体会,分享教育、教学改革的最新成果,研讨未来教育教学改革的发展方向吧!

2007 年 4 月 17 日

## 附件 5:《校园文化建设的意义解构和路径思考》

### 一、文化的土壤和空间

1. 文化的土壤和马斯洛的需求。

种子的发芽必须满足三个条件:温度、湿度和空气。文化的繁荣和发展同样也是需要具备一定条件的土壤。依据马斯洛的需求层次的理论,人只有在满足了生理、安全等基本需求以后才会提出精神文化方面的需求,也就是"饱暖思淫欲"。李嘉诚说:"人活着的目的不是赚钱"。这话如果让街头的小贩、生存艰难的民工听了,他也许会回应两个字:"胡说"。学校文化也一样,只有在满足了最基本的办学物质条件后才会提出文化建设的要求,如办学经费、校舍、设施、师资等。这里有两个问题要予以注意:一是适时。把握时机。近几年学校办学的基本条件得到改善以后,下一步应该怎么走?"你到哪里去?"需要一个方向、一个愿景。二是适土。要从实际出发,尊重学校的文化历史积淀,充分挖掘、利用、尊重学校的文化资源。如田市初中的九思文化、广严初中的广严寺文化。

2.文化的空间和"红都"的寂灭。

最近,温家宝总理在记者招待会上严肃地指出:现任重庆市委和市政府必须深刻反思!那么反思什么呢?"唱红""打黑"都要反思。

"打黑",这里有没有"黑打"?有没有制造冤假错案?有没有破坏国家法制?公民的权利是否得到了足够的保障?

"唱红"呢?唱红歌、读经典、讲故事……20多万个场次、发短信1.3亿多条、打造红色电视台等。唱红歌还是唱情歌,唱革命歌曲还是唱流行歌曲,本是一个人的爱好和自由。在这里,问题的关键是有没有利用公权力妨碍民众的选择和自由?不唱会不会影响前途、事业、工作、收入?有没有用纳税人的本来可以用于民生的钱?有没有利用上班时间从而影响了为民众的服务和工作?是不是存在文化专制?若是,唱得再多也繁荣不了文化。文化的发展和繁荣是需要自由空间的。先秦的文化繁荣、罗马的文艺复兴,无不如此,历史的事实和教训值得记取。否则,正如温家宝总理所言:封建的文革的影响还没有肃清,惨剧还会重演。最近重庆市委已加以整改。"红都"的寂灭也许意味着一个新时代的开始!这给我们的启示有两点:一是要准确把握文化发展的趋势,顺势而为;二是尊重和调动民众的文化创造热情,给民众一个自由的创造空间。

## 二、校园文化的意义解构

1. 校园文化和学校文化。

这两个概念一般情况下可混用,但深究起来还是有些差别的。校园文化更多的是强调校园的精神文化、环境文化、行为文化、制度文化等所体现出来的教化功能,所以从这个意义上说,校园文化是一个教育学概念。而学校文化则更多地强调学校所拥有的校舍、设施、师资、产品等与其他学校相比"人无我有、人有我优、人优我廉"的东西,在学校生存的丛林中克敌制胜的法宝。所以,它本质上是一个经济学概念。

2. 文化概念的泛化和庸俗化。

文化是一个古老的概念,作为治国手段,已有几千年。企业文化的兴起还只是几十年,学校文化更是一个新概念。但同时,我们满眼看到的、满耳听到的都称文化,酒文化、菜文化、食文化、性文化、烟文化、麻将文化、厕所文化、石头文化等,目不暇接,什么都是文化,也就什么都不是文化了! 文化应该是有层次的,有大众文化也有分众文化。卓别林写给爱因斯坦的信上说:"你的相对论,世上没有几个人看得懂,你真伟大!"爱因斯坦回了一封信说:"你的艺术为这么多人所欣赏,你真伟大。"校园文化、学校文化应该是一种分众文化,是一种较高层次的文化,应该有自己更高的道德和科学诉求,不能堕落为庸俗文化,这是一个值得校长们注意的问题。

3. 文化价值的相对性和两重性。

文化是一种历史演变、积淀的结果。任何文化传统都有无限丰富的内涵,它的价值是相对的,不能作出真理性的判定。例如,我们不能判定伊斯兰文化是不是有价值,尽管国际恐怖主义人物信伊斯兰教的多些。再如,我们信仰唯物主义,但不能据此判定宗教文化没有价值。我们更不能利用强权去消灭自己不大喜欢的文化。否则,就会酿成人间悲剧,如希特勒认定他掌握了真理,对雅利安文化和犹太文化作了优劣的真理性判定,用强权去加以消灭!历史上的十字军东征等宗教战争也是如此。其结果只是给人类带来了灾难,但文化并没有如强权者的愿望一样被消灭,事实上也不可能被消灭。

但是,传统是人发明出来的。如女子缠小脚的传统、男子留发留辫的传统。可见文化还是有精华和糟粕、高尚和庸俗之分的。因为,文化不仅是精神的,其载体还是实践的、行为的、体制的、物质的。文化对一个国家、社会、组织、团队所产生的结果是不一样的,其作用价值具有两重性。积极向上、向善、求真、尚美的文化产生积极的结果,反之亦然。"文化大革命"的毁灭文化并没有促进文化的繁荣,也没有消灭文化传统,更没有建构起新的文化架框,只是给我们带来惨重的灾难而已!如中国的饮食文化,有好的一面,方便交流,促进沟通,改善人际关系,增强团队、家庭的温馨。但也有糟粕,如不用公筷,容易传播疾病;油炸、煎炒太多,讲究口味、花样,美了眼球,乐了舌头,苦了肠胃,害了健康。

学校文化也一样,所以,我们的家长绞尽脑汁、想尽办法择校、择班、择老师。因为家长们知道好的班风、学风、校风对于孩子的成长至关重要。

4.文化的差异性、多样性和层次性。

文化是一个历史演变和积淀的结果,和自然环境也许也有一定的关联性。有个笑话说:"中、美、日的三个姑娘走在同一海滩上,突然刮起一阵风,美国人慌忙按住帽子,日本人按住裙子,中国人既按住帽子也按住裙子。因为美国人重利,帽子会被风刮走,裙子不会,大不了露出屁股,日本人要面子,屁股不能露,中国人则都要。"

在中国不同的区域,文化的差异性也是很大的。

有个笑话说,外星人来了,先到北京。北京人问:"你是姓社还是姓资的?"到了沈阳,沈阳人则问:"你是来搞破坏的吗?"到了上海,上海人则将外星人拉去展览,收门票。到了广州,广州人想把它吃了。到了温州,温州人则问:"外星有什么生意好做?"

正是有了文化的多样性和价值的多元性,才有我们这个世界的五彩缤纷。但这是文化的表层现象的一个呈现,我们眼之所见,耳之所闻,手之所摸。如果深入下去,就会发现每一个文化现象的背后都有其哲学的原因。文化可以分成三个层次,即表层文化、中层文化和底层文化。表层文化也称物质文化,包括环境文化和行为文化;中层文化主要是制度文化;底层文化又称哲学文化,也称精神文化。底层文化决定着表层文化的向度,表层文化反映着底层文化的价值倾向。这里有两点应予以注意:一是心态上要秉持宽容、欣赏和学习,内心要足够强大。二是作为校长,就要有文化的眼光、文化的敏锐性,善于从种种学校现象和问题背后去寻找文化内涵,去分析一种行为、现象或问题内在的价值观因素。

5.校园文化的价值和功用。

校园文化的功用主要表现在以下几个方面:

(1)教化人的作用。

松下公司企业文化的口号是"松下生产人,同时生产电器"。丰田公司的口号是"既造车,又造人"。人是文化的产物,不同的文化塑造出来的人是不一样的,一个大学毕业生进入一所好的学校和进入一所不好的学校,3年后就是两个非常不同的人,从工作态度、工作能力到人生态度都不一样。上个星期我校有老师向领导写信,说:"负担太重,要求取消教学质量评估排位。"我给他们讲了1997年海尔集团兼并安徽黄山电视机厂的事。1997年10月兼并,1998年4月开始盈利,1998年5月要求签订劳动合同,引发罢工游行,工人们提出三点要求:一是确认主人身份,绝不同海尔签订协议;二是支付超工作量补贴;三是取消每月一评最差员工。这实质是两种不同文化的差异表现,工人们害怕竞争,希望收入多些、付出少些,习惯散慢了,不愿接受严格的管理。经过讨论,罢工工人认识到:黄山电视机厂不能回到从前,不严格管理也不行,企业要生存就得大家多努力,否则,只有死路一条。我说,二中能回到以前吗?取消质量评估行吗?年轻人若不趁此机会奋起,对于你自己的漫漫人生,难道是快乐的、幸福的? 对你严格管理,让你在有压力的环境下工作不是更有利于你的成长进步吗?

那对于学生呢? 北大的毕业生和清华的不一样,中国的和美国的也不一样。在仙居各校毕业的学生也是有差异的,仙居有个道长时评:仙中猴子,城峰家猪,二中狗,安中骆驼,外语狼,宏大野猪。你说有点意思否?

在我校实施教改以来,我就十分明显地看到了学生在主动学习、态度和口头表达、沟通协作方面的可喜变化。

(2)导向作用。

学校的文化,给学校的发展指明了一个前行的方向,对于所有师生都有一种无形的、强大的感召力,为实现共同的目标,不懈努力奋斗。到二中两年,二中人的变化是巨大的、令人欣慰的。改革就是一面旗帜,给学校、给教师们指明了一个前行的方向,使其焕发出了多年未见的生机和活力。改革是一个平台,在这个平台上,二中人思考、学习、进步、成长。

(3)约束作用。

文化是一种规则和规范,起到了约束师生行为的作用。制度的约束作用较为直接、明显、硬性,如会议、升旗制度,会议不到者每次扣50元,三次迟到早退算一次旷缺会。学生分A、B、C、D四个层次,分六个组,各组之间开展发言、纪律、卫生全面PK,积分比赛,A、B、C、D四个层次的学生对应分为1、2、3、4,差的学生发言分数高,组长就拼命动员,帮助“差生”多发言。卫生、纪律违规要扣分,所以,就用心管住本组的成员。此外,还有自控的约束作用,如在国内不习惯排队,到了国外就自觉地排队了;在国内随地吐痰,到了国外就不乱吐了,到了新加坡就更不会吐了,因为要罚2500元,吐口香糖则罚1万元,还可能被监禁、鞭笞。但文化的约束作用,最主要还是体现在制度无法制约的地方发挥作用,这才是真功夫。如看到校园里地上有垃圾,你校长捡起来了,慢慢地其他人也去捡了,不去捡会觉得不好意思。再如加班,领导加班,你也不好意思走,就跟着加班。这个不好意思就是文化约束力的最好体现。

（4）激励作用。

优秀师生得到领导和老师的表扬,笑脸、奖励等进一步激发了他们内心深处的工作热情、学习热情,以更高的热情投入学习、工作、活动。三小、四小的大课间活动得到了局长的肯定,两校领导和老师就进一步坚定了信心。

（5）辐射作用。

个别少数教师、学生的先进行为,因为受到激励就会产生边际扩散,影响和带动更多的人。下各二小的社团活动,因为受到应局的表扬,就有更多的学校前去参观学习;安中的综合实践活动影响遍及台州市各校;二小的课外书阅读考级做得好,我们二中也在学着做;下各小学道德细节实践活动受到市委书记的表扬,引来学习。

（6）阻抑作用。

文化一旦形成传统,就有可能产生阻抑作用。传统不能与时俱进,就会产生僵化和保守。如儒家变成国学后,排斥百家,自我封闭、僵化,就成了阻碍社会文明进步的力量。心理学家做了一个实验,5只猴子关在一个笼子里,顶上挂香蕉。猴子们想吃香蕉,但一碰香蕉,有一个装置就会喷出水来,其它猴子就有意见。所以几番下来,5只猴子都不去碰了。换掉一只,又去碰,余猴打它,一次次换掉所有猴子,最后把喷水装置去掉,不碰香蕉的"传统"却保留了下来。

当你接受某种环境的制约而失去反省及思考能力时,你将永远不会找出新的解决方法来,个人的能力就成为负成长,长此以往将成为窠臼。传统是一种信息,在时空中被不断编码和流播,真伪和悖论就是常态。学科教学都有一个建模、入模和出模的过程,建模、入模是必须的,没有建模、入模就没有规范,但若不能出模,就将成为阻抑的力量。在课堂上老师讲、学生听成了传统,教改叫老师少讲老师就不习惯、不放心,叫学生自学,学生也不知从何入手,慢慢就失去了自学能力。在以"国学"为创建学校特色的实践中就一定要重视这一问题。在学校文化建设中要注意的问题是:教化、导向、激励、辐射、约束作用的负效应。

6.重视校园文化建设在当前是一项政治任务。

党的十七届六中全会作出了一个决定——《中共中央关于深化文化体制改革推动文化大发展大繁荣若干重大问题的决定》。文化不仅是经济的重要组成部分,是推动经济发展的重要杠杆,同时也代表着一个国家和民族的文明程度、发展水平。在全球化的今天,强大的文化就是强大的国际影响力,因此文化体现着国家的"软实力",反映其国际竞争力。建设社会主义文化强国,是中华民族追求自强的必然选择,是我国从经济大国走向经济强国的必然选择,是实现中华民族伟大复兴的必然选择。学校的文化建设自然也得重视。

## 三、校园文化的策略思考

1.重视精神文化建设。

文化是学校的灵魂,精神文化则是核心,校长的办学思想、教育价值观则是关键。你必须思考一些关于教育教学的根本性问题,并给出自己的答案。电视剧《神雕侠侣》中有首歌唱得好:"你从哪里来?你到哪里去……""你从哪儿来"是价值问题,"你到哪儿去"是方向问题。学校就得回答学校是从哪儿来的;国家的钱从来就不够花,为什么要用大量的钱来办学校;家长为什么要送幼小的孩子到学校读书;人为何要读书,还要读几十年。这是办学的价值问题,回答清楚了,你的办学宗旨、价值观就出来了。我认为教育的本质不外乎"三生",即生命、生活和生态。生命是指教育终究要遵循生命成长、发展的规律,敬畏生命,尊重人权,唤醒生命自觉;生活是指教育要回归生活,回到世俗幸福的本源,从生活出发为人的幸福生活服务;生态是指教化大众,了解尊重自然规律,与自然和解,共享大地恩泽。读书就是为了人的幸福,建设者建设好了社会也是为了人的幸福,不当或者当不了接班人也还是要读书的。大洋彼岸的人、几千年前的人也是要读书的。所以,我的办学宗旨就定为"让今天的学习更快乐,明天的生活更幸福"。

"你到哪里去",这是办学的愿景、规划。这次教育局要求各校制定三年规划,就是要你思考一下这个问题,但你若真是一位有思想的校长,你还必须思考得更多些、更远些。你必须了解几千年来教育发展的历史走向和世界各国教育发展改革的现状和趋势。只有明确了这些,你才能正确地指引学校的发展。如应局一上任就提出三个转移,方向问题在他心中十分明确,三年多来一以贯之。还有一个问题,是怎么去? 这是策略问题,通过什么样的载体的战略行动,持之以恒,坚持不懈,达成目标。

2.重视环境文化建设。

(1)绿化校园。

种树、种草、种花是基础,但不止于此,还应把这一行为纳入学校的整个教育计划中去,作为学生普及植物学知识、传播绿色消费理念、培养绿色消费行为以及劳动观念和技能培养的有效载体加以考量。

(2)净化校园。

卫生是一种生活的观念,是一种文明水准的表现,也是一种人生态度。无疑,干净、整洁的教室、办公室、寝室、食堂、厕所和其他师生活动的场所,对于师生的心情、学习、工作都非常有好处。现在我们的许多校园都很干净,但保持得远远不够。校门外市民的行为也给我们的师生带来了许多不良的影响。在欧洲旅行,我印象最为深刻的是所有水龙头流出的水都可放心饮用。在饭馆吃饭,一次一个校长吃完了饭习惯性地抽出一支烟吸起来。该饭店的工作人员看到了,脸色大变,怕得要命。因为处罚得相当严厉,不止罚款,还要拘禁。在香港吐一口痰也要罚 1500 元,你还吐不吐呢? 欧洲的教室完全不像我们这么严肃、冰冷,而是洁净、温馨得不得了。

(3)文化校园。

你到南峰山去,上山后远远就会看到褚红色的宗教特有的外墙。墙上还有"南无阿弥陀佛"字样,进得山门,就会看到许多佛像。置身香烟缭绕、信徒云集的宗教环境中,此刻的你尽管不信教,但你也一定会受到感染,放慢脚步,轻声细语,这就是文化的力量。我校的文化墙、文化廊布置是分不同功能区块的。校门口是"教育励志人生"、A楼是"古诗词休闲长廊"、B楼是"之最广场"、综合楼是"生活中的科学"、行政楼是"教育人生格言"、食堂是"中华饮食文化"、学生公寓是"休闲生活箴言",还有仙居名人墙、古代勤学故事等,从县内到县外,到绍兴、杭州都引发了效仿潮,诠释我们的育人理念,沁入你的肺腑,净化你的灵魂。

文化是一种品位,办学的品位,生活的品味。你为什么不在家里喝咖啡而要跑到半岛去喝呢?还要花费10倍的价钱。在路边摊吃饼和到德胜客去吃比萨也是一样,饼和比萨表象上是一样的,只是馅在内还是在外而已,但品位不一样,文化不一样。

(4)美化校园。

校舍是书,建筑是字,道路是句,花园是插曲,阅读它们就见到了人,创造它们的人,过去的、现在的。普通房地产商卖房子就是卖房子,万科的老总却说:"万科卖的是一种生活方式,一种品位,一种品质,一种文化。"

3.重视制度文化建设。

制度文化在校园文化建设中的重要性不言而喻,其具有持久的力量,维系着学校的正常秩序。"没有规矩,不成方圆"。有个分粥的故事,想必大家都听说过,四种方法,四种结果,大不一样。七个人分粥,一人一天轮着分,六天饥一天饱,饱的是自己分的那一天。推选德高的人分,权力产生腐败,会讨好的人分到的就多些。三人分四人管,扯皮,粥都凉了,不好吃;轮着分,分的人最后吃就公平了。这就是制度的力量!二中的老师今天之所以这么拼命,不是因为崇高的理想,人一般没有这么崇高的理想,在你我的灵魂深处,魔鬼和天使毗邻而居,而是因为我们改了制度,质量评估制度、职称制度、工作考核制度、绩效工资制度都改了。我们的口号是把质量第一的原则贯彻到底!安中之所以崛起,是因为这个制度已坚持了10年。

4.重视行为文化建设。

(1)师生的行为规范。

规范的力量有时是令人震撼的,纳粹党徒走在柏林大街上的那种气势,那种整齐有力的步伐,当年倾倒了多少德意志帝国的梦男梦女们啊！2008年北京奥运会开幕式鸟巢上演的万人表演,我们都难以忘怀。

(2)师生文化活动。

在某种意义上说,"没有活动就没有教育"。文化活动能够丰富校园生活,陶冶情操,培养组织、协作、交流、沟通、表达等学生未来生活所必须的基本素质和能力。各校所开展的责任教育、教育大讲堂、演讲比赛等文体活动都十分丰富多彩。我把我校2011年度开展的师生文化活动列一下吧。

| "家事国事天下事事事关心"学生辩论赛 | "魅力科学"高空扔鸡蛋大赛 |
|---|---|
| 感恩节系列活动 | "圣贤伴我行"经典阅读竞赛 |
| "行遍天下"地理知识竞赛 | 淘宝会义卖活动 |
| "过关我最棒"文化墙知识竞赛 | "奇思妙想喜洋洋"环保手工大赛 |
| 流转"英"符——英语讲故事比赛 | "健身又健脑"音标操比赛 |
| "器乐之星"大赛 | 校园"十佳歌手"大赛 |
| 青春"舞"所不至——舞蹈大赛 | "创意无限"卡通画比赛 |
| "我不是打酱油的"话题作文竞赛 | "竞争与合作"拔河比赛 |
| "青墨飞扬"现场作画大赛 | "艺术节闭幕式"暨元旦文艺汇演 |
| 浙江省、台州市运动会 | 全员健身运动会 |

(3)课堂特色文化。

教育局分管局长2011年8月26日提出了教学文化的主题,关键在两点:一是规范;二是创新。在规范的基础上创建课堂特色文化,推进教学改革。各校都进行了有益的探索。三小"先学后教"、四小"双语教学"、一小"作业改革"。我校"自主互助"学习模式构建,在教育局的坚定支持下,已度过了最为困难的时刻,已初见成效,专家肯定、家长支持、学生欢迎、媒体关注、质量提高、影响扩大,市召开推进会、省列为初中课堂教学改革发展联盟校,去年至今来校学习交流的外县、市校长、教师已有 1000 多人。今年已接待了临海、黄岩、玉环的 8 所初中。

(4)校本课程文化。

各校都开发了许多校本课程,进一步凸显了办学特色和办学追求,如二小的"可爱的仙居""阅读考级",安中的"综合实践活动课",二中的"生态体验课",下小的"道德细节实践活动",广严的"道德日记",白中的"国学"等。

(5)学术研究文化。

学术研究、交流的氛围,教师用于阅读、研究、学术交流的时间都将深刻影响并昭示着这所学校的未来走向和发展前景。一个不爱学习、不喜读书的教师群体无法给学生以示范,也不可能支撑学校的可持续发展。

文化是一个古老的概念,文化复兴是时代的召唤,校园文化是一个崭新的命题,是学校发展克敌制胜的法宝,是隐形的翅膀,是我们教育人灵魂的香格里拉。教育局已发出号召,让我们立即行动起来,给我们的灵魂寻找一个富有诗意的栖息地吧!

仙居二中周泽安

2012 年 4 月

## 附件6:《自主互助学习课堂教学的实践研究》

### 浙江省教育科学规划研究课题(2010.9)

仙居县第二中学课题组

## 一、课题的由来

1.充满困惑的课堂教学现状。

课堂教学是基础教育的生命线,是全面推进素质教育的主阵地、切入点和突破口。关注课堂教学改革,提高课堂教学效率是有效减轻学生学业负担、全面实施素质教育的重点、难点和关键。

但是,课堂教学发展到今天,我们却发现:学生求知欲望非常强烈,喜欢追问为什么,碰到什么新鲜事物总想弄清楚,可是他们对现行的学习方式却不感兴趣;很多学生到学校不是因为喜欢上课,不是因为喜欢老师,只是因为到这里来可以找到同伴;很多学生喜欢阅读、喜欢写作,但不喜欢语文课;很多学生喜欢运动、热爱运动,但不喜欢体育课;学生非常愿意表现自我,私下里同学之间说起话来滔滔不绝,甚至眉飞色舞,可课堂上却寡言少语,沉默不语;课堂上教师讲得口干舌燥,下面有学生在昏昏欲睡,有学生在伏案沉睡,还有学生在你讲你的,我做我的,甚至有学生出现行为偏差。课堂到底怎么了? 为什么学生在课堂中有这样的表现?

2.日益凸显的传统教学弊病。

新课程已经推行数年,但是大部分课程教学改革仅仅局限于对传统教学细节的改进与优化,并没有从根本上改变传统课堂教学存在的弊端,主要表现在:一是教学方式还是以教师讲授为主。传统教学片面强调教师的教,学生只能跟随教师学,复制教师讲授的内容,低估、漠视学生的独立学习能力,忽视、压制学生的独立要求,从而导致学生独立性的不断丧失,教师越教,学生越不会学、越不爱学、越讨厌学,这是传统教学不能促进学生发展的根本原因。"呼唤人的主体精神"是当前时代精神的重要特征,课堂教学要全面依靠学生,把主要依靠教师的教转变为主要依靠学生的学,培育人生命发展之自觉与能力。二是过度重视知识与技能的掌握,轻视情感。传统课堂教学将教学过程简化为特殊的认识活动,课堂教学目标偏重于认知目标,而轻视情感目标,导致人发展的片面性。"以人本位"的观念逐步引起了人们的重视,课堂教学关注学生作为整体人的生命发展,而不是只局限于认识方面的发展,要让课堂本身充满生命活力。三是异化了学生生命。课堂教学要求全班学生整齐划一,忽视了学生之间的差异,课堂教学只是一部分学生的天地,一部分学生成为了陪读者,学生两极分化严重。教育公平、教育均衡是当前教育关注的焦点,因此,义务教育阶段课堂教学要面向全体学生,尊重生命的多样性与独特性,使每一个学生都能获得充分的关怀与尊重。基于此,现行教育体制取消了校内班级分层,所的班级均衡编班,教师们普遍感到课堂教学难以兼顾所有的学生,寻找有效的教学对策是一个亟需破解的难题。

　　基于上述的现实和认识,我校拟开展"自主互助学习课堂教学的实践研究"。"自主互助学习课堂教学的实践研究"不是简单地去完成一项课题,而是要通过这样一种方式,对课堂教学进行观察、诊断、追踪和对比,以便分析、研究、解决课堂教学在课堂文化、教师观念、组织形式、管理方式、教学内容、教学方式、教学评价中存在的问题。通过课题研究将自主互助学习教学理论应用到教学实践中,构建"自主互助学习"的基本模式,探索"自主互助学习"的有效教学操作,在实践研究的基础上促进自主互助学习教学理论的本土化,形成区域教学特色,改变课堂教与学的方式,激发学生学习的兴趣,培养学生自主学习的意识与能力,让学生在互帮互助中共同进步、共同发展、共同成长。

## 二、课题研究的科学依据

　　1.建构主义学习理论。

　　建构主义的核心观点是:学习者想获得成功的话,必须自己去发现和转换复杂的信息(Waxman,Padron,2001)。该观点强调的是学生在学习中的主动作用,学生是课堂的中心,教师是帮助学生去发现意义,而不是一言堂或控制所有的课堂活动。建构主义揭示了人类认识活动的本质,也就是认识并非是对客观实在的被动反应,而是根据已有知识与经验的主动建构。建构主义倡导的是自上而下的教学,就是学生首先从复杂的问题入手,然后在教师帮助下找到或发现所需的基本技能。

　　2.关于学生特点的研究。

　　教师的全部工作,不论是教育工作还是教学工作,都是要向学生进行的,因此,都贯穿着一个怎样对待学生的问题。教学论专家江山野先生指出,在学生身上,存在着两种相对应的本质属性:向师性和独立性。

独立性是学生的本质属性。无论年龄大小,每个学生都具有独立性。学生的独立性有三层意思:一是每个学生都是一个独立的人,不以教师的意志为转移的客观存在。正如每个人都只能用自己的器官吸收营养物质一样,每个学生也只能用自己的器官吸收精神营养,这是别人不能代替的。学生既不是教师的四肢,可以由教师随意支配,也不是泥土或石膏,可以由教师任意捏塑。二是每个学生都有一种独立的倾向和独立的要求。在学习过程中突出表现在:学生觉得自己能看懂的书,就不想再听别人多讲;自己感到自己能明白的事理,就不喜欢别人再反复啰唆;自己认为自己会做的事,就不愿再让别人帮助。三是每个学生,除有特殊原因者外,都有相当强的独立学习能力。第一,学生已有的知识和能力,绝大部分都是他们自己独立学来的;第二,即使是教师教给他们的东西,也是靠他们已有的知识和能力,运用他们已经具有的独立学习能力,才能被他们掌握的。

我们的课堂教学既要以学生的向师性为基础,又要以学生的独立性为导向。正确地认识和对待学生的向师性和独立性及两者的关系是取得良好教育教学效果的基本保证。

3.对教与学关系的正确认识。

教学论专家江山野先生认为:学与教的关系不是静态的、固定的关系,而是动态的、变化的关系,从学生的角度来说,整个教学过程就是一个"从教到学"的转化过程,在这个过程中,教师的作用不断转化为学生的学习能力;随着学生学习能力由小到大的增长,教师的作用在量上也就发生了相反的变化。最后是学生完全的独立,教师作用告终。可将学与教的关系划分为五个阶段:

| 刚入学前三年左右 | 完全依靠教师阶段 |
|---|---|
| 三年级到小学毕业 | 基本依靠教师阶段(学生学占 25%,教师教的比例下降到 75%) |
| 初中生 | 相对独立地进行学习阶段(教与学各占 50%左右的比例) |

| 高中生 | 基本独立学习阶段(学生学占80％,教师教的比例下降到20％) |
|---|---|
| 高中毕业后 | 完全独立地进行系统学习的阶段 |

由此可见,学生在学校的整个学习过程也就是一个争取独立和日益独立的过程。培养学生的独立性,这是学校全部生活的真谛!

4.现代脑科学研究成果。

从20世纪下半叶起,科学家凭借一系列先进的科技手段,深入大脑内部,乃至神经元的超微结构来了解大脑,认识大脑,加之大批生物学、生理学、人类学、心理学、微电子学等研究人员的加盟和对各类研究成果的应用,更使脑科学的研究取得了长足的进步。著名的全脑技术创始人奈德·赫曼(Ned Herrmann)提出他的四大象限全脑模型学说(见图),赫曼用一个小棋比喻四大象限全脑模型。通过这个类比可以想象大脑及边缘系统各个思维部位是如何组成思维网络,又是如何相互作用的。要下活这盘棋,就得动用四副棋盘上的所有棋子,注意四大象限之间的相互关系。

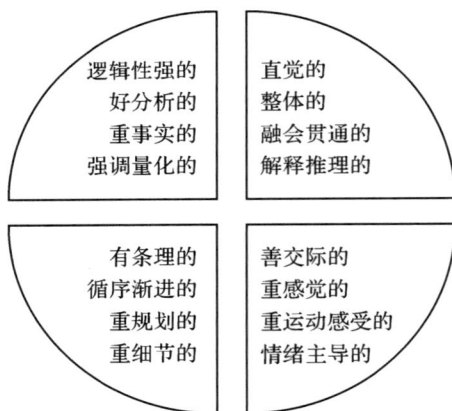

全脑模型

5.合作学习教学理论。

合作学习教学理论认为每个学生由于发展水平、兴趣爱好不同,对同一事物有不同的理解和认识深度上的差异,而这种差异正是学生间可以进行交往

与合作学习的前题。"只有在有交往、有知识和经验存在差异的人的场合,才
会有教学的出现"(季亚琴科语)。合作学习的优越性体现在:如果学生互相讨
论问题,那么他们更容易发现和理解复杂的概念,有利于小组成员示范正确的
思维方式、暴露和挑战彼此的错误概念。此外,合作学习除了提高学生的学习
成绩外,还对学生的其他方面有积极的影响,比如改善小组间的人际关系,增
强学生的自尊心,使学生对待学生的态度更积极,更乐于接受有特殊教育需要
的学生。

6. 有关同伴辅导的有关研究。

同伴互导就是由一个学生教另外一个学生。研究表明:同年龄的同伴辅导
比较容易实施,也很有效(King,1997);在相同年龄和相同成绩水平的同班同学
之间进行交互式同伴辅导,即两个学生轮流做辅导者和被辅导者,这是一种非常
实用而有效的方法(Allor,2001);同伴辅导的策略同时提高了辅导者和被辅导
者双方的成绩,而且辅导者取得的进步比被辅导者还大(Rekrut,1992);优等生
通常也很喜欢辅导他人,认为这种辅导活动很有价值。

纵观上述研究,建构主义理论和有关学生独立性及教与学关系的论述为开
展学生自主学习奠定了理论基础,为课题研究中如何正确处理好教与学的关系
指明了方向,有关合作学习与同伴辅导的研究保证了开展小组互助学习的科学
性。课堂教学要充分利用脑科学的研究成果,努力构建"基于脑、适于脑、发展
脑"的课堂教学,使课堂成为最适于脑的地方。此外,目前,国内许多教学改革都
取得了显著成效,如:叶澜教授主持的"新基础教育"研究;郭思乐教授主持的"生
本教育"研究;洋思中学"先学后教,当堂训练"的教学模式;杜朗口中学"三三六"
自主学习模式;"先练后讲,先试后导"尝试教学。这些创新教学模式的核心都
是"自主"与"互助",因此,对本课题有很大的借鉴与指导作用,保证了本课题研
究的科学性、可行性与实效性。

当然,本课题研究也有自己的创新点,一是不同地区之间的学生与教师存大

很大的差异,因此,不能将人家的教学模式简单移植与机械模仿,要结合学校实际情况进行本土化研究,形成区域特色的自主互助学习教学策略与运行机制;二是尽管许多创新教学模式取得了很大的成功,但并非已十全十美,还存在许多值得研究与改善的地方,如:教师如何有效介入指导,以避免学生停留在低思维水平的重复训练;自主互助学习在初中三年不同年级之间的操作方式有何差异;如何让学生在自主互助学习中发展元认知能力、获得策略性知识等高层次的认知能力与思维水平;如何加强课程资源的开发,将教材的学术形态转化为适合学生学习的教育形态;如何发挥信息技术在自主互助学习中的辅助作用等,这些正是我们研究努力与突破的方向。

## 三、课题的涵义及研究的预期目标

1.“自主互助学习”课堂教学的内涵。

“指导——自主互助学习”可概括为十六个字:施教从学,自主学习,合作互助,全面发展。其具体意义为:“施教从学”是指要突出学生在课堂中的主体地位,变课堂教学为课堂学习与课堂指导,教师的教是为了促进学生的学,以学定教,先学后教。“自主学习”是指在教师的指导下,学生根据自身需要自由地选择学习目标、学习内容、学习方法,并通过自我调控的学习活动完成具体学习目标。自主学习的最终目的是培育人生命发展之自觉,促进人生命发展之主动。“合作互助”是指学习小组内外的互动、合作、交往,由学生问学生、学生教学生、学生帮学生、学生评价学生、学生检查学生。互助的意义不仅是学习上的互相帮助,更重要的是个性的张扬、互补和人格上的相互影响、制约及共同发展。合作互助学习尊重学生个性差异,尊重生命的多样性与独特性,使每一个学生都能在合作互助中获得幸福成长。“全面发展”是指注重认知、情感与能力三维的和谐发展,课堂教学不仅仅是传授知识与发展能力,更是唤醒生命意识、启迪精神世界、开发生命潜能、提升生命质量。

2.研究的预期目标。

本课题研究的核心目标是变以教为主宰为以学为主体,变个体学习为主为以互助学习为主,变课堂教学为课堂学习与课堂指导,使课堂教学成为学生自主学习、研究、对话、交流的学习型场所,通过课题研究预期达成以下具体目标:

(1)通过课题的研究,实现学习方式的根本转变,唤起学生的主体意识,使学生能学;激发学生的内在动机,使学生想学;发展学生的学习能力,使学生会学;培养学生的学习习惯,使学生能坚持学,从而形成自主学习能力。

(2)通过课题的研究,在互助合作中培养学生交流能力、语言表达能力、合作能力、管理能力、人际交往能力等,塑造学生的集体荣誉感、责任心和义务感。

(3)通过课题的研究,实现教学方式的根本转变,更新教师的教学观念,提高教师的教学水平,形成自己的教学特色,提升教师的职业幸福感与生命价值。

(4)通过课题的研究,优化课堂结构,提高课堂效率,在生命的自主发展与生命质量不断提升的过程中,推动学校教育教学质量的全面提升,形成自己的教学特色,创建品牌学校。

(5)通过课题的研究,使"自主互助学习"课堂教学的理论与实践经验本土化,形成具有区域特色的"自主互助学习"教学操作体系与评价体系,开发系列课堂教学案例,包括教案、课件及视频等。

## 四、课题研究的内容及操作措施

本课题将从我校所有学科的课堂教学实施研究,结合已有实践经验和相关理论依据,本课题拟从以下几个层面展开行动:

### (一)课堂教学氛围的营造

课堂教学是师生人生中一段重要的生命经历,是师生生命有意义的构成部分,要给学生创设一个和谐的、充满关爱的课堂人际氛围,构建一个良好的生态课堂环境,创造一种宽松自由的成长氛围。我们计划从以下几方面入手探索:

1.将游戏引入课堂教学。依据脑科学研究,反射脑的作用是为大脑的出色表现提供有氧支持,从而提高整个大脑的学习效果和效率。基于这一认识,我们将开展如何将游戏教学法运用到课堂教学中的研究。

2.师生之间民主、平等。课堂教学中要保护学生的自尊心,要尊重学生的人格,为学生的学习创设一个主动摄取、积极建构的学习氛围。

3.关注每一个学生的学习状况。课堂教学中教师对全体学生一视同仁,尊重学生,在学生身上倾注了无限的爱心,关心每一位学生的发展。

4.教师肢体语言的合理运用。我们准备从面部表情、手势、眼神接触、身体接近与姿势等四个维度开展课堂中教师有效肢体语言运用的研究。

5.课前热身活动。课前让学生听一段音乐,朗读一句古诗词、经典格言警句、英文句子等。

### (二)还原学习内容的"生命"气息

知识承载着丰富的"生命"内涵。我们将通过教师的集体备课,利用教师的集体智慧,对学习内容进行重新建构,将学习内容由"学术形态"转化为"教育形态",还原学习内容的"生命"气息,然后根据学生的学习特点,编拟出为学生自主学习引路的导学案。我们将做以下几方面努力:

1.学习内容回归生活世界。

知识是对丰富多彩生活世界符号(这里的符号包括语言符号)表示结果,也就是知识在生活世界都可以找到相应的原型,并且学生在先前的生命活动中已获得了丰富体验,也就是学生的生活经验。如何将学生的生活经验上升为对人类文化的继承,如何在文化继承中丰富学生的生活体验,将是我们研究的落脚点。

学习内容回归生活世界,就是寻找学习内容所对应的生活经验与生活原型,可用以下框图表示:

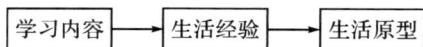

学习内容 → 生活经验 → 生活原型

2.预设知识的生成过程。

学习是一种文化继承的过程。知识的文化意义绝不仅仅是它的结论,更重要的是知识生成中所隐含在其中的精彩而又独特的思维过程。教材上呈现的学习内容是形式化了的东西,掩盖了知识的发生发展过程,我们将从知识发展史的视角挖掘知识形成的真实过程,把形式化材料恢复为当初发明创新时的火热思考,让学生体会到发明创造过程中"活"的思维,然后结合学生的思维水平,转换为符合学生认知水平的知识形成过程。其具体流程如下图:

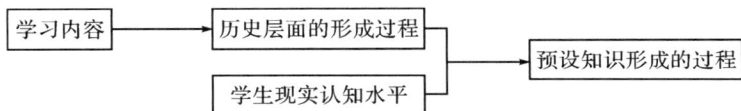

学习内容 → 历史层面的形成过程

学生现实认知水平 → 预设知识形成的过程

3.再现知识形成的文化背景。

知识作为人类重要的文化遗产,不仅在其生成过程中隐含一个思维过程,而且含有丰富的文化背景,都有一个艰辛曲折的发展历程,人类的历史是一部奋斗、创造的历史,这一历程包含了人丰富的情感、态度、价值观、精神世界。我们将对这些文化背景作深层挖掘,让学生在领悟前人的创新的过程中培育自身的创新精神、创新冲动、创新欲望,在领悟前人的生命意义、生命价值的过程中增进对生命意义、生命价值的理解与建构。

4.课堂生成资源的挖掘。

学生的学习过程是学生自主建构的过程,也就是意义赋予的过程,个体之间会存在差异,因此,前面所设计的符合学生认知水平的知识形成过程,还只是一种推断性的预设而已,所以,在教学实践中,我们要关注两个方面:一是充分利用课堂生成资源来推动学生的学习;二是我们要对课堂生成的资源进行分析整理,优化、改进设想的知识形成过程。

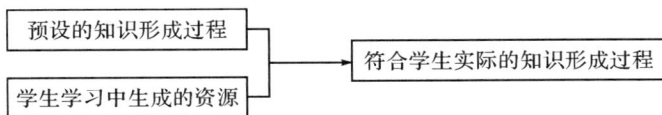

预设的知识形成过程 → 符合学生实际的知识形成过程

学生学习中生成的资源

5.开发课程资源。

课程资源是课堂教学的重要资源,以往学校除了添加一些基本的教学用具以外,对课程资源的建设很不够,今后将充分调动学校的人力、物力、财力和精力加强课程资源建设,计划做以下几项工作:一是建设校外学生综合实践基地;二是在校内建一个有一定规模的动植物园;三是建一座具有较高文化品位的文化书亭;四是发动家长建家庭小书房;五是发动全体老师和全校各班级都参与学校动植物园的建设。

## (三)小组学习共同体的组建与管理

基于小组的合作是合作互助学习最基本的方式,所以必须重视和加强小组建设并对小组建设和小组合作学习的有效性做进一步深入的研究。

1.小组组建。

我们将根据学生的学习风格、气质、学习基础等将全班学生分成 6 个大组,12 个小组,分组而坐,组内结对互助。一个小组的组织形式如图所示:

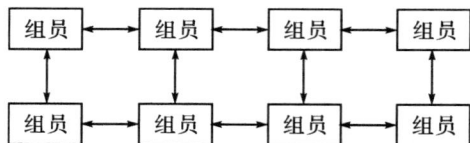

2.确定小组成员的职责。

(1)组长。选择 1 号学生为本组的组长,另外通过组内推荐的方式确定一名副组长。其中组长全面负责本组成员的学习工作,副组长负责本组的行为习惯和平时的纪律,在学习上采取重点帮扶,互相提高的原则。

(2)组员。确定小组的每一位成员分管小组一项管理任务。确定小组成员的帮扶对象,形成组内的交叉式帮扶体系。

(3)小组学科小组长。学科小组长充当本小组学科科代表的角色,每天要检查、督促本组组员的预习情况,负责维持本小组的课堂纪律,自主学习时要负责召集组员,分配任务,安排讨论,组织展示,课后负责小组各学科的资料、作业的收集,并及时上交班级的科代表。

3.设定小组自主学习要求。

要设定好各小组的工具准备要求、预习要求、讨论要求、板书展示要求、板书检查要求、知识讲解要求、思维导图(知识小结)要求、练习反馈要求等。

4.小组文化建设。

在教室设立专门的宣传栏,张贴小组全家福,各小组在这里公布自己的组名、组规、小组标志牌、口号、誓言等。

5.培养学生的合作意识与技能。

(1)日常学习活动中加强指导。(2)在班级中利用一定时间不定期举行学习方式专题讲座,介绍合作互助学习的优点及操作策略。

6.小组激励措施。

开展小组之星、管理之星、参与之星、精彩之星等评比。在教室四面黑板上每一位同学名字下面都有一个"♯",记录每节课每个同学参与课堂发言次数,即时评价个人与小组课堂的表现情况。

7.制定小组评价表。

从学习习惯、预习、讨论、展示、讲解、参与等方面制定小组评价表。

8.小组评价方式。

可采用学生自评、学生互评、教师互评,三个层面评价都制定相应的评价表。

### (四)构建"自主互助学习"课堂教学的基本流程

"自主互助学习"模式的基本教学流程是:三环五步。三环是指"学—导—练"三个环节,五步是指"独立自学、组内互学、展示交流、归纳梳理、检测反馈"五个步骤。独立学习是指学生依据导学案进行自主学习;组内互学是指小组交流学习心得,讨论疑难问题;展示交流是指展示小组成果,口头表述或黑板展示,同学质疑交流,老师点拨拓展;归纳梳理是指课堂知识的整体归纳;检测反馈是指做导学案上的分层练习,检测反馈学习效果。该基本流程可用下面的框图来表示:

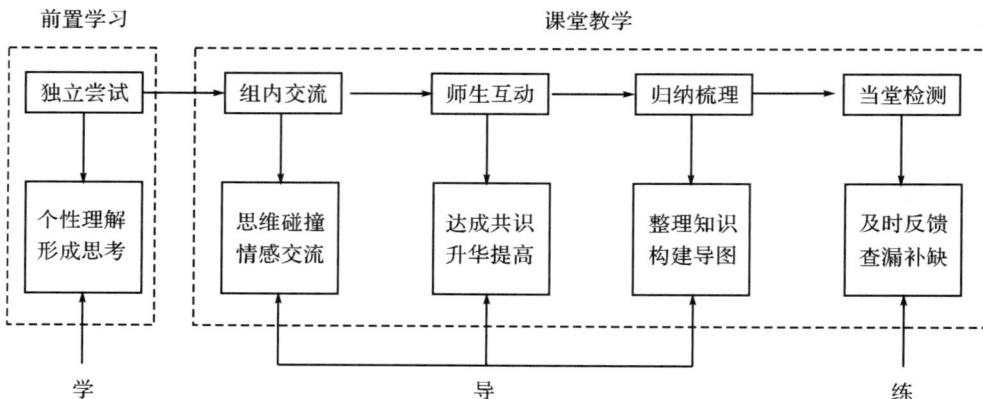

当然这一教学流程是行动研究前的理论构想,需在具体教学实践检验基础上进行调整完善。另外,由于学习内容的差异与学科特点的不同,相应的教学实施流程之间存在一定的差异。其基本的原则就是要突出学生的自主学习,要确保学生独立学习时间不少于总时间的三分之一,实现依靠生命自主发展之目的。下面就各个环节作进一步说明:

(1)独立尝试。教师编写导学案,课前发给学生,学生对照导学案独立进行自学,形成个性化的理解。

(2)组内交流。本环节是学生将独立思考环节获得的原生态的个人理解进行相互交流,相互启发,相互促进,既是知识的交流,也是情感的沟通,各学习小要记录下争议、分歧、困惑等。

(3)师生互动。本环节让学生汇报学习成果,存在的争议、分歧、困惑,然后在师生互动中解难、释疑,使学生获得的个人理解达成共识,努力形成统一规范,当然允许存在个体的差异。

此外,在师生互动环节,教师着重要做好以几方面工作:

①学生学习成功时,给以激励性评价;

②学生情绪低落时,唤起其学习热情;

③学生学习困难时,引导其走出困境;

④学生出现错误时,引导其进行质疑;

⑤学生认识肤浅时,引导其优化提高。

(4)归纳梳理。在这一环节,播放"帮助记忆"的巴洛克音乐,播放乐曲的前1—2分钟,由学生独立回忆和梳理当堂课所学的内容、方法,后1—2分钟教师作课堂小结或学生同桌交流所学的新知识。

(5)当堂检测。尝试将"莫扎特效应"应用于当堂检测,学生检测时,播放莫扎特不同曲目的钢琴 D 大调奏鸣曲,作为学生独立作业的背景音乐,检测结束,组内互批并纠错补漏。

上述课堂教学实施思路是一个总体框架的建构,各学科在教学实施中要结合学科特点进行个性化改进,形成符合学科教学特点的实施模式。

**(五)教学评价的改进**

1.通过作业设计减轻学生的课业负担,激发学生的学习热情,我们对作业设计进行以下几方面探索:

(1)作业设计研究。根据学生自主学习的需要,研究设计具有不同功能的作业,如:引导预习的作业、促进理解的作业、提高熟练性的作业、帮助记忆的作业、促进知识体系形成的知识整理作业。

(2)实施分层作业。每天布置作业时考虑学生的差异,给学生一个选择空间,让学生根据自己的需要进行选做。

2.以研究课取代考试。取消以往的考试制度,改为学习阶段总结研究课,具体操作思路为:研究课前一天,先让学生做一份题量与难度适中的练习,研究课中,先让学生组内研究,相互质疑,自我纠错,然后小组汇报,向大家介绍最难做的一道题、最容易错的一道题、创意的解法等。

3.课堂教学中教师的即时评价。通过课堂教学录像,对教师课堂的教学评价语进行精细研究,归纳提炼出有效的课堂教学评价语,可从激励性评价、导向性评价、发展性评价几个层面进行探索。

4.课堂教学评价的重构。从学生表现、教师表现、教学效果三个维度重构课堂教学评价标准,形成符合"自主互助学习"课堂教学相应的评价体系。

5.长效机制的建设。学校根据教学改革的实际需要,重构学校的教学管理制度,制定符合"自主互助学习"课堂教学的长效机制。

### (六)课外自主互助学习活动的开展

1.组织区域学习小组。根据学生家庭所在地就近原则组成区域学习小组,选取区域学习小组组长,区域学习小组成员可通过电话、QQ 或集中到一个地方,开展互助合作学习,相互督促,相互帮助,共同提高。

2.开展学生综合实践活动。综合实践活动主要包括研究性学习和社会服务两方面。综合实践小组的组成不局限于原有课内的学习小组,主要由研究兴趣相同的学生自愿组成,既可是组内,也可以是组际之间的组合。

3.开展系列学生课外竞赛活动。各学科根据自己学科的特点开展系列需要学生之间互助合作的学科竞赛活动。学校层面将开展阅读考级、古诗朗诵、文化艺术节等系列学生活动。

4.激励措施。开展课外自主互助学习系列评比活动,如阅读之星评选、研究性学习成果展示与评比、最佳区域学习小组评比,激励学生自觉地开展课外自主互助学习活动。

## 五、课题研究的方案

1.研究的方法。

采用"经验总结法"与"行动研究法"结合,辅以文献法,进行课题研究和实施。

2.研究过程设计。

研究过程拟分三个阶段进行:

(1)准备阶段(2010 年 9 月—2010 年 11 月)。研究国内外自主互助学习课堂教学的有关资料和理论;由研究人员初步提出实验方案,并完成申报立项工作。

(2)实验阶段(2011 年 2 月—2012 年 8 月)。根据制订的方案,拿出可操作的实验步骤和评价框架,分项分步组织研究实施,形成实现实验目的的方法和策略。每个实验者提供 1—2 份总结报告和专题论文;召开实验经验交流会。

(3)总结阶段(2011 年 9 月—2012 年 11 月)。针对实验阶段中所解决的问题,组织专项负责人对各项研究内容进行归纳、统计、总结,最后汇总撰写研究报告。

3.研究预期成果。

研究报告、论文、案例、教学设计、视频、教学软件等。

## 六、课题研究的条件分析

2010 年 3 月,现任校长周泽安调任到我校。具有强烈事业心和改革精神的周校长上任尹始,就派出了首批 11 名教师去往杜郎口中学学习。11 名教师学习回来,都对杜郎口中学的教学感到震惊,都有强烈在我校开展教改的愿望。后来,学校陆继派出第二、第三批教师共 40 多人到杜郎口中学及其他课改成功的学校学习,培训回来后,老师们都有同样的感受,为此,学校立即组织相关教师进行策略评估,确定推进方案,大家都认为时不我待,于是,拉开了自主互助学习课堂教学改革的序幕,全校掀起了自主互助学习课堂教学改革的热潮,边探索边尝试,协同作战,分头推进。2010 年 5 月,浙江省“全脑教育·高效课堂·相约仙人居”现场观摩与研讨会在我校召开。我校王柳芳老师的观摩课受到了与会人员的一致好评与高度肯定。这为自主互助学习课堂教学改革的有序、有力、有效推进奠定了坚实的实践基础。我们还对自主互助学习课堂教学的基本理论与研究成果进行了全面学习与梳理,这为课题研究奠定了坚实的理论基础。

学校领导向来重视教育科研工作,周泽安校长亲自担任课题组组长,对本课题的研究进行直接有效的筹划、组织和协调,无论是研究资料的获得,还是研究时间和研究人员的保障等,都给予充分考虑。课题组聘请了中央教科所沈鹤渝教授指导本课题的研究工作,使课题研究的科学性、方向性、实效性得以保证。学校全部教室均配备了多媒体教学设备,每位教师都配备了手提电脑,这些为我们的研究提供了坚实的教学设施条件。课题组有一批潜心钻研的科研骨干,其中周泽安校长是台州市名校长,曾主持国家级课题《学生综合实践活动指导策略的研究》优秀结题,承担多项省市课题研究。我校科研氛围浓厚,科研基础好,相信一定能取得预期成效。此外,本课题按学科分出子课题由各教研组教学科研骨干承担,研究时间和人员有充分保证。

## 附件7:《乌托邦的召唤——浙江省台州市仙居二中课改纪实(一)》

《中国教师报》2011年6月7日

仙居,地处浙江省台州市西,相传为宋真宗以其"洞天名山,屏蔽周卫,而多神仙之宅"而赐名,意为"仙人居住的地方",仙居二中就位于这片神奇的土地上。该校创办于1964年,有着四十多年的办学历史,曾是当地初中的翘楚,教育教学质量一枝独秀,中考考入重点高中的人数达全县总人数的一半以上。然而,几经沧海,如今桑田,由于种种原因,近年学校教育教学质量日趋下滑,2004年,被快速崛起的仙居安洲中学所超越。昔日的辉煌已成为历史,今日的华彩乐章正待续写,路在何方?

周泽安,台州市名校长,仙居教育界的代表人物之一。1993年就走上了校长岗位,2000年,调任安洲中学校长,仅用了短短四年多的时间,使安洲中学这所教育质量落后的新办学校成了仙居初中学校中的领头羊,在当地被誉为教育界的奇迹。几十年的学校管理经历,为其积淀了丰富的学校管理经验,尤其是在安洲中学的十年间,他潜心钻研中外教育理论,对教育形成了自己独到的认识与见解。他认为,教育的核心价值是让学生懂得什么是幸福,并有能力获取和感受幸福。他说:"教育是慢的艺术,不能太功利,不只是分数,其终极目标是为了人的幸福。"为人的幸福而教育,是他心中的乌托邦,是他信奉的教育理想。2010年初,周泽安奉命调任仙居二中校长,成了续写仙居二中华彩乐章的领路人,教改的大幕就此拉开。

## 一、改革序曲

教育是塑造明天的事业。在走马上任的老校长眼里,学校的发展不仅仅是扭转教育质量下滑的局面,而是实现教育的理想——为人的幸福而教育,为学生明天的幸福奠定基础。当前,学校的发展急需解决两个问题:一是理念的引领;二是行为的改进。理念是学校发展的航标,在学校开设的"教育大讲堂"上,周泽安向全体老师诠释了"为人的幸福而教育"的内涵,并提出了"让今天的学习更快乐,明天的生活更幸福"的办学理念,赢得了领导班子和全体老师的一致认同。理念的落实需要行为的跟进,在深入课堂教学现状调研的基础上,借鉴国内外教学改革的经验,学校领导班子通过反复研究,提出了以全脑教育和生态体验教育理论为指导,推行书香校园行动、构建自主互助学习课堂教学模式二项教学改革。

到庙宇去,远远就会看到褚黄色的墙,山门一进就是阿弥陀佛、香烟缭绕了。很多人在外面高声说话,到了这里就安静了,他们或许原本不信宗教,但此情此景却让他们成了虔诚的佛教徒。如果学校能有一种浓浓的文化、浓浓的书香,孩子哪怕闻一闻它的香味,也能受益终身。

仙居二中教学改革做的第一件事,就是构建校园文化,让校园溢满浓浓的书香。不知从哪一天起,孩子们发现单调的校园变得丰富了,"咦,这儿怎么多了几个字?""那儿怎么冒出一幅画?"很快,从大门口到教学楼的每一面墙都布置了文化主题,有励志文化长廊、古代勤学故事经典文化墙、古诗文休闲文化长廊、仙居名人墙、特色生态文化墙、锦绣中华世界之最博览园、学生文化创作墙……随着静态文化的布置,学校的活动也缤纷起来了,文化艺术节、书画作品展、古诗词朗诵、英语讲故事比赛、生活百科知识竞赛、辩论赛等一个接着一个,真可谓"周周有活动,组组有品牌"。这边,同学们参加课外阅读考级,考上三级就能参选"博学学生";那边,老师们参加抢答闯关,最高分者可以当选为"博学教师"。书香的氛围营造起来了,师生的热情也被瞬间点燃了。

一个人应当有平衡发展的左脑与右脑,但是传统教育一直在开发人的左脑功能,而忽视了右脑,造成了人智慧的残缺。全脑教育并不是要右脑功能取代左脑功能,而是唤醒被人们所忽视的拥有巨大潜能的右脑,给人一个完整的智慧。实施全脑教育,是当前国际教育改革的大趋势。

基于全脑教育的理念,仙居二中的教改着力于建立"基于脑、适于脑、促进脑的教育"的课堂教学。受传统教育的影响,英语课堂教学主要以左脑记忆为主,大多通过练习、反复记忆、测试等方法,灌输给学生,让学生读一遍,再读一遍,写一遍,再写一遍。学生学了又忘,忘了又学,学得快,忘得也快,学得多,忘得也多,教师苦教,学生苦读,造成学生学习负担重,学习效率低,部分学生出现厌学现象。然而,仙居二中的英语教学却是别有一番风景。结合全脑的概念,吸收广播操、健美操等相关元素,该校推行了一套融音乐、艺术、美学等为一体的音标操,同学们每天在课间操时做一遍,在手、口、脚的配合中轻松解决音标拼读的难题;脑图词汇快速记忆教学法的运用,让学生结合幽默、有趣的动漫来记忆英语单词,左右脑并用,达到了过目难忘的效果,解决了单词记忆的困难;他们还将游戏教学法运用到英语课堂教学中,通过学生适当的肢体运动,使反射脑区域充分运动来带动全脑的学习效率。新奇的"全脑教育"不仅解决了英语记忆问题,而且大大提高了学生学习英语的兴趣,彻底颠覆了传统英语教学。

生态体验教育模式,聚焦于教育实效性和方法科学化问题,谋求让未成年人在生态和谐环境中健康成长。通过主体间体验有助于不断消化体验者的生态阅历,实现人生意义的"瞬间生成"。生态体验引导人自觉成为自然界、社会和文化精神保持多样性与协调发展的生态因子。

一次体验胜过百次说教。"在实践中体验,在体验中感悟"成为推行生态体验教育的基本理念。正是基于这样的理念,仙居义工二中服务队成立了,为学生搭建了一个关心他人、帮助他人、服务社会的平台。自服务队成立以来,全校师生掀起奉献爱心,服务社会,服务他人的热潮,家庭、学校、社区有他们忙碌的身影;公园、孟溪、交通路口有他们走过的足迹。到目前,已有5500多人到仙居锦绣明珠、仙居县社会福利院、永安公园、城区养老服务中心等地开展工作,完成了服务时间22000多小时。爱在手上传递,温暖在心间流淌。在实践活动体验中学生学到了许多在课堂里无法学到的东西:整理房间、拖地、洗碗、洗衣服、做饭、带小孩等家庭服务让他们明白了父母生活的艰辛;为孤寡老人送饭、剪指甲、整理房间等社区服务,让他们懂得了关爱他人也是一种幸福;到公园、孟溪捡垃圾等环保行动,让他们明白每个人所肩负的社会责任。实践的亲身体验,教会了他们懂得怜悯,懂得尊重,懂得负责,与人为善,善待自然界中的一草一木。

## 二、义无反顾

什么是有效课堂?第一,尽可能使每个学生都能积极参与学习活动,都能积极进行自主学习;第二,学生的认知与情感两方面都得到提升,在知识的获得中培育理性与人文精神,激发与生俱来的学习能力。300多年前,捷克教育家夸美纽斯说:"教育研究的所有工作,目的就是让学生多学,让老师少教,让校园充满幸福与快乐。"这便是课改人共同的梦想。

任何理念都要降落于课堂,否则它只是传说。经过详细的调研,他们发现传统课堂存在两大弊端:一是学生处于"被学习"的状态。课堂教学简化为老师讲、学生听,学生与生俱来的学习能力和主体精神被忽视,被压制,学生的语言表达能力、交流合作能力等综合素质难以获得提升。二是"齐步走",忽视因材施教,妨碍个性发展。学生得不到全面发展,终生幸福更无从谈起。为了改变这一状况,借鉴国内外教学改革的成功经验,结合学校的实际情况,他们决定开展构建自主互助学习课堂教学模式的改革。

2010年4月,仙居二中率先在初一年级推行"自主互助"学习模式的探索。同学们惊讶地发现课堂变样了:原来排排坐的座位,竟变成小组围着坐,上课也不再是老师一个人讲,而是让同学上去讲。面对这些变化,同学们既忐忑又好奇,既紧张又兴奋。然而,正当孩子们还在为适应新课堂而手忙脚乱时,改革早已在小小的仙居城里"一石激起千层浪"了。面对这"不像课堂的课堂",人们议论纷纷,赞成拥护者"热风吹雨洒江天",怀疑消极者"冷眼向洋看世界";心急的家长们纷纷来电或来校了解,有的还反映到上级部门。一时间,压力如山,风雨如磐。鲁迅说过:"愈艰难,就愈要做。改革,是向来没有一帆风顺的。"凭着对教育事业的热爱、凭着对教育理想的追寻,二中人决定义无反顾地坚持走下去……

## 三、两大突破

目前,仙居二中"自主互助"课堂教学模式已在初一、初二年级全面推行,"自主互助"学习的核心思想是:施教从学,先学后教,自主互助,全面发展,以"学案导学、自主学习、展示交流、互助学习、当堂检测"为基本教学环节,使课堂教学成为学生自主学习、研究、对话、交流的生态体验场所,充分体现了新课改的精神和生本课堂的特点。尽管争议声一直不绝于耳,尽管在实践过程中也遇到种种多困难,但勇于进取的二中人没有在困难面前退缩,他们一边向家长们宣传解释"自主互助"学习课堂教学的科学依据,一边潜心研究完善自主互助课堂教学。面对"如何让习惯被动的学生主动学习、如何让习惯沉默的学生开口说话"等棘手问题,他们选择了导学案和小组合作作为两大突破口,而这也渐渐成了改革的亮点。

### 导学案——自主学习的指南针

学生要穿过一片广阔的森林,老师应该告诉他们带上水、食物和指南针,然后让他们自己去走,而不是抱着他们走。导学案便是学生学习的指南针,它的作用是一步步引导学生主动去学,从而激发他们与生俱来的学习潜能。

　　从 2010 年暑假开始,仙居二中的老师们就致力于编写一种新型的教学材料——导学案。导学案与传统教师编写的教案有着本质区别,教案是教师教学生的方案,导学案则是引导学生学习的方案。导学案包括学习目标、学习重难点、方法指导、情境导入、探究发现(知识导学)、知识应用(迁移、拓展)、评价交流、效果监测等具体内容,所有知识和问题均由旧到新、由浅入深,拓展部分分为 A、B、C、D 四个层次,便于好、中、差学生通用。导学案是近年全国各地新课改的产物,仙居二中在借鉴吸收已有导学案合理成分的基础上,依据学生的学习规律积极进行研究创新,形成了自己的特色。仙居二中的导学案有两大显著特点:一是重视教材的二次开发。将教材中的知识由学术形态转化为教育形态,展示符号的背后所隐藏的复杂的思维过程和艰辛曲折的探索历程。二是重视学生元认知能力的培养。学生学习能力薄弱的关键因素是缺乏对学习活动的自我调控能力,即元认知监控能力,在导学案中设计一些引导学生对学习活动进行有效监控的引导语,既能使学生顺利完成学习活动,又能促进学生元认知能力的发展。

　　有了导学案,如何使用才能加以落实呢?为了保证学生有充分的预习时间,仙居二中安排了每天 20 分钟的自主预习课,语文和英语是早读时间,数学和科学是下午第四节课。在自主预习课上,老师会把第二天的导学案发给学生,学生根据导学案的具体要求进行自主预习、小组交流。一般经过 20 分钟的预习,学生都能完成导学案,对第二天的学习内容做到心中有数,对第二天要展示的问题做好基本准备。他们也会锁定疑难问题,请教同学或老师,或者准备好拿到第二天的课堂上进行讨论。在仙居二中,每个学生都有一个预习笔记和一个纠错本,学生在预习时的感想、问题都可以记录在预习笔记上,保证第二天有备而来;而纠错本则是把学生在导学案、作业或者考试中的错题都集中起来,以便日后复习。一份科学编制、扎实落实的导学案,使得学生的自主学习从空想变为了现实。

### 小组合作——互助学习的法宝

大文豪萧伯纳说:"你我各有一个苹果,彼此交换,仍然各有一个苹果;倘若你我各有一种思想,彼此交流,那么我们每个人就有两种思想了。"二中的老师们常常跟学生说:"捐款说明你有爱心,但力量是你父母给你的,如果你帮助同学学习,你是用自己的力量在奉献爱心。"小组合作是学生的基本素养,也是现代社会的生存智慧。

导学案解决了学生自主学习的问题,但自主学习难免会遇到难题,如何让好、中、差学生都能学得会呢? 这就需要小组合作。在仙居二中,每班学生都分为A、B、C、D四个层次,课堂发言对应加分为1、2、3、4分,在各层人数均衡的基础上,每班分成6个小组,实施组内互助,组间PK。每组都设立一名组长与两名副组长,管理小组纪律、卫生、课堂学习、课后活动、家庭作业等所有事务。组长都是自主学习能力、自我管理能力强的学生,他们不仅是出色的小老师,还能带动班级的风气。

在科学分组的基础上,班主任和科任老师要对组长和组员进行培训。当组长可不简单,预习中若是同学不懂,要花时间帮他们讲解清楚;在分配到任务时,要根据难易程度"逼"组员去讲解;当组员在台上讲解卡壳时,要临时发挥去"救场"……组员也要经过种种训练,比如学生不愿意说话,老师就让大家做自我介绍,第一次说三句以上,第二次说十句以上;学生板书写不好,老师就给每人分一块黑板练习写字,字写多大,写成什么字体,都有规定;一位同学展示时,其他同学要跟随口令快速站位,站位时间不超过30秒;同学展示完毕,其他同学要实施一短两长的"全脑拍手",表示对同学的鼓励……

在小组合作中,互助是贯穿整个学习过程的。学校按照主学习能力与自主管理能力强弱就近原则将同学们两两结对,因此互助并非一定要小组交流,也可以是师徒之间的讨论。有的学生不清楚老师布置的任务,师傅就要给他指导任务;有的学生自学有困难,师傅就要给他点化指导;有的同学上课注意力不集中,师傅也要随时提醒。事实上,当今独生子女很多都以自我为中心,老师也经常发现小组合作中这样那样的问题,比如有的同学不耐烦地说"你怎么这么笨?"、少数同学直接抄袭别人的答案等。面对这种情况,仙居二中的老师也有独到的见解,他们认为:这种现象的出现恰恰反映了学生合作交流意识与能力的缺乏,这正好说明开展小组合作学习的必要性,越是小组合作存在问题,越需要加强小组建设,为学生合作交流能力的提升搭建平台。为了更好地建设小组,学校还利用了评价的导向机制。比如,老师都对小组进行捆绑式评价,一天一评价、一周一小结、一月一评奖。凡获得优秀小组、课堂之星的同学,校电视台的小记者会去采访他们。反之,如果某个同学表现不好,老师则会把整个小组都叫来教育,而不是教育他一人。

### 四、我的课堂我做主

#### 课,竟然还可以这样上

一年前,仙居二中的课堂上,老师滔滔不绝地讲,学生安安静静地听,课堂发言者寥寥无几。但如今,没有了老师的喋喋不休,取代之的是学生的侃侃而谈,他们争先恐后地上台发言,讲得津津有味,讲得眉飞色舞,台上台下,你来我往,你讲解我点评,你卡住我救场,你疏漏我补充,思想在交流中深刻,智慧在碰撞中提升。老师们没想到,课,竟然还可以这样上。

"千淘万漉虽辛苦,吹尽狂沙始到金。"一年多的潜心研究,一年多的艰辛探索,二中人终于让课堂发生了翻天覆地的变化,这一切,令他们欣喜不已。如今的仙居二中,每个教室四面都是黑板,每块黑板的顶端都有一排"井"字,一个"井"字对应一个同学的名字,上面记录着他每天的发言次数。同学们八张桌子拼成一个小组,两两相对,侧对黑板;两个小组组成一列,六个小组组成一个长方形。上课时,同学们有着充分的自由,因为反光看不见,因为展示需要,都可以搬着凳子移动"听课点"。

课堂上,最精彩的要数小组与小组之间的 PK 了。这是一场场知识与知识的碰撞,也是一次次心灵与心灵的对话,期间无时无刻不闪耀着学生智慧的灵光。每当 PK 开始,丛林般举起的手,蜂拥至聚焦点的身影,铿锵有力的回答,绘声绘色的讲述,"吹毛求疵"、一问到底的质疑总是使课堂热闹非凡。几乎每个同学都可以在组长的带领下融入课文的学习当中,每个人都平等地享受着自主学习带来的灵动和快乐。而同学们讨论时,老师们总是在一旁静静地倾听着、观察着,有时顺势给他们搭个梯子,但尽量让他们自己去解决问题。下课了,同学们总是迫不及待地在自己的"井"字里记上一笔,脸上写满了成功与喜悦。在这里,他们完全可以骄傲地说:"我的课堂我做主!"

### 我们与课堂一起成长

课改刚开始时,有家长曾气急败坏地找到学校领导说:"你们搞的这个模式不好,我的孩子不喜欢说话,回家又哭又闹,你们不要搞这种模式了。"学校好说歹说才让这位家长明白了"说话"的重要性。一个月前,又有家长来校反映问题:"你们学校某某老师上课没用导学案,我的孩子有意见。"从当初课改的质疑者,变成今日的课改的支持者,是因为看到了孩子的变化。

仙居二中的学生在自主互助中长大了。首先是增强了勇气,锻炼了口头表达能力。传统课堂"寻寻觅觅,冷冷清清",同学们发言都战战兢兢。现在,同学们学会了大胆发言,而且声音洪亮。八年级(5)班的柯悦颖同学是一位小组长,她第一次上台讲课时,一道简短的题目都讲得满头大汗,经过反复地锻炼,她的嗓音提高了,话语也越来越通顺了,在台上也不哆嗦了。英语课上,朱老师夸她讲得好;数学课上,周老师也表扬她。她心里多了一份荣誉感,也多了一份感激。组员们也和她一样,一开始死活都不愿意上台。为了激发组员的学习热情,给每一个组员展示的机会,树立他们的学习信心,每次柯悦颖都是想方设法逼着他们上台。现在,她连叫都不用叫,他们就抢着说:"我去讲第一题!""我去讲第三题!"随着课堂的参与面越来越广,同学们也都变得能说会道了。

其次是学会了互帮互助,培养了关爱他人的优良品质。七年级(7)班的杨孜恺同学有一次遇到了难题。"哎呀,烦死了,这题怎么这么难,一点思路都没有!"正当他眉头紧锁、抓耳挠腮时,旁边的同学对他说:"别急,让我看看……这题有哪几个量是不变的? 把它找出来,再把等量关系式写出来,列出方程不就行了?"他顿时恍然大悟。"多谢你提醒我,要不然我恐怕做一节课都做不出来。""哪里,我们本来就要互相帮助么!"两人相视而笑。就是在这样的互帮互助中,独生子女们不仅学会了教别人知识,自己对题目的理解更深刻了,对知识的掌握也更牢固了,并且学会了交流、沟通、表达、善群……随着"兵练兵""兵强兵"的不断加深,同学们很快就捅破了以往的隔膜,在谈笑间融成了一片。

第三是同学们学习的主动性和积极性也显著地提高了。以前,老师不讲学生就不会学,如今,同学们都会跟着导学案自主学习。学校下午放学了,好多班的学生还不愿意走,而是自愿留下来继续讨论学习一阵子再走。为了使自己的小组在班级中的表现更出色,同学们在课堂上都积极发言,谁也不敢睡觉或者偷懒。家长们反映,以前孩子回家都要催他去做作业,现在都主动地去做作业了,以前作业都不愿让家长看,现在会主动问家长问题了,在许多学生的家庭中都出现了这样的场景:"爸爸,这道题我想明天这样讲你看行么? 你来帮我看看。"一位学生在日记中写道:"自从爸爸妈妈进课堂听了一节课后,就一直夸我的小老师当得有模有样,我也觉得学习越来越有意思了……"

此外,自从班级分了小组之后,每个组都有 A、B、C、D 四个层次的同学,班里没有了第一名,也没有了最后一名,这让同学间的竞争变得更加激烈,特别是对于后进生恢复自信很有帮助。有一位同学以前总是排在倒数第一,自信心很受打击,分组后他和十几位同学一样都属于 D 层次的学生,老师就对他说:"老师现在没有要求你的成绩突飞猛进,但是你在 D 层次的同学里面不能落后,有信心吗?"孩子一听,眼睛马上就亮起来了。从此他发愤图强,成绩有了明显的进步。如今,学校像这样的学生不在少数。

### 五、刻骨铭心的历程

对于习惯了社会和公众羡慕的眼光的老二中人来说,学校的衰落是一个永远难以忘怀的伤。有段时间,老师们出去甚至都不敢说自己是二中的老师,因为他们心中惭愧。课改如同一针强心剂,不仅触动了学生的心弦,也给老师留下了一段刻骨铭心的记忆。如今,他们终于不再落寞,连走路也变得昂首挺胸了。

"成功的花,人们只惊羡她现时的明艳!然而当初她的芽儿,浸透了奋斗的泪水,洒遍了牺牲的血雨。"回首一年多来的课改旅程,每个二中人的心中都有太多的感慨。若不是对教育理想的坚守,若不是对教育事业的无私奉献精神,若不是学校领导班子的齐心协力、团结奋进,若不是学校有一支敬业奉献、业务精湛、勇于进取的活力团队,二中人不可能在课改的道路上走到今天,也不可能有今天课改的成效。为了亲身感受教改成功学校的课堂教学,他们不辞辛劳远赴各地学习,英国布莱登大学、山东杜郎口中学、杭州勇进中学、绍兴实验中学、丽水莲都外国语学校等都有他们团队学习的身影;为了使课改得到专家的引领,他们先后聘请了中央教科所刘惊铎教授、浙江省教研室师训处张丰主任、脑图词汇快速记忆教学法创始人沈鹤渝教授、杜郎口中学沈海军副校长等来校讲学;小组培训中,老师们尽管说得唇焦口燥,却仍不厌其烦,对于存在问题较大的小组,还利用放学和晚上时间继续培训;寒假,本是属于休息的时间,老师们却用寒假时间完成了下一学期所有导学案的编写,尽管没有一分钱的补贴;学校领导班子以身作则,带头搞课改,为了节省时间,副校长们甚至在办公室搭起了床铺;当课改中老师们面临困难时,学校领导总是鼓励老师要知难而进,老师之间也总是相互鼓励,共同解决问题,问题一个又一个地解决了,课堂渐渐地变顺畅了,领导和老师们的心团结得更紧了。有年轻老师的父母跟学校反映,有位老师在家里研究导学案经常到深夜,也就是这位老师,仅工作四年,就获得了台州市优质课评比二等奖的好成绩;有老师的妻子反映,她的老公每天回家都唠叨着导学案的事,如果家里有亲戚说教改不好,他会很生气;为了解决课改中出现的疑难问题,学校成立了教改研究小组,在省教科院申报了课题立项,开展了以课例为载体的行动研究,首先集体设计好教学方案,然后进行课堂教学实施,边实施边修改完善,有时一节课上了三遍、五遍仍不满意,却从不气馁,直到取得满意的效果,不知多少个本属于休息的夜晚,研究小组的老师们依然聚集在学校,讨论教改中出现的问题,提出针对性的解决措施,他们就是这样孜孜不倦地埋头于教学研究中……这一切都成了每个二中人永远难以忘怀的记忆。一路课改,一路艰辛,一路付出,也正因为这无私的付出,提升了他们生命的宽度,丰润了他们生命的内涵!

### 六、船长,我的船长

"一个好校长就是一所好学校"。校长的精神引领和价值引领对于课改来说至关重要,仙居二中的课改之所以能取得成功,正是因为他们有了一名能够正确把握二中发展航向的引路人。

课改一年多来,仙居二中呈现出了一派欣欣向荣的态势,也赢得了家长、公众、专家的认可,究其根本原因,就不得不重复一句老话:一位好校长就是一所好学校。作为一位经验丰富的校长,周泽安深知校长仅仅做好日常管理是不够的,一定要为全体师生指明发展方向。因此,自来到仙居二中之日起,他就将精力都放在了解国内外教改动态、研究教改理论上,他的办公桌上有许多书,他经常一个人坐在那里,从早到晚地看书。在确定课改模式的日子里,他专门去大学图书馆寻找关于全球课改模式的书籍,然后把自己关起来废寝忘食地阅读。从书籍中汲取营养,再融合学校的实践以及人生的感悟,他逐步确立了课改思想、课改模式,并且修改、完善了每一个课堂环节。他,是把握二中生命航向的船长。

而如果人们了解周泽安的人生,便会发现他本身就是一个传奇。这位在文革期间长大、当时仅有初中文化的他做了六年的木匠,硬是靠着顽强的自学学完了高中课程考上大学,也凭此在教育探索实践的道路上一路走来,从一名普通老师成为一名名校长,他深感自主学习习惯的养成和方法的掌握是何等的重要。正是有了这样的经历,他才坚信课改一定能够成功,因为培养学生自主学习的习惯,才是真正为他们一生的幸福奠基。从这个意义上说,课改不仅仅是他30年工作经验的积累与反思,也是他整个人生的总结。

二中的老师们说:自从周校长来后,大家的工作时间延长了,工作压力也增大了,但都感觉到有一股劲,有一种向着新的未知目标走去的冲动。老师们庆幸遇上了一位有坚定信念并知道航向的船长。现在,最困难的时候已经过去了,他们没有理由不坚定地走下去,是的,为了"为人的幸福而教育"的终极召唤,二中人将跟随他们的船长勇往直前!

# 附件8:《课堂跷跷板》

孩童时代玩跷跷板的印象还在我们的大脑里记忆尤深,一方翘起来一方就落下去,重心决定一切。游戏这样,教学也这样,教师思考问题的立场和重心关系着教师全部教学行为的成与败、得与失。下面我们就课堂上几个常见的问题进行一些必要的讨论。

## 一、学生和老师

有教学就有老师和学生,师生关系的历史演变是一个很有趣的现象,认清这其中变化的实质,对于确定我们的心态及其行为至关重要。

施教从学,以学定教不仅仅是一个一般般的原则而已,而是关系到教师所有行为的出发点和最后归宿。课堂教学的有效高效是指老师教得有效还是学生学得有效?教是为了什么?答案不言自明!正像陶行知老先生说的一样:"我以为好的先生不是教书,不是教学生,乃是教学生学。"

## 二、教师、教材和学生

"这是教材,是专家编的啊,还会有错?! 好好学吧。"这是一句在课堂上、在教学上,当学生对教材有看法、有疑问时,老师们的第一个反应,拼了老命地去维护教材、维护远在千里万里之外的专家的权威,而自然而然就站到了近在咫尺的学生对立面去了。这里的问题是,在教师、教材、学生三者的关系中,作为主导者的教师,思考问题的出发点和重心放在哪里? 是学生还是教材? 教师是教教材还是用教材? 教师是与教材结盟还是与学生结盟? 你想都没想就拼了命地去维护教材、维护教材背后的专家们的权威,你自然就站到学生的对立面去了,学生对你有意见有想法,你的课得不到学生的欢迎,得不到学生的积极响应,难道不应该的吗? 要想得到学生的爱戴、拥护和支持,就得站到学生这一边来,把自己当作学生,当作初学者,从这里出发思考问题、分析问题、解决问题。与学生结盟就得吃透、补充、批判教材,带着学生走向教材,向教材发起最后的冲击! 一切就自然 ok 啦!

## 三、知识的存和取

凡用过电脑的都有这么一些教训,经常使用的资料很容易就能找到,不常用的资料,再加上存的时候欠考虑,到有一天想用的时候就找不到了,想不起存在哪一个盘哪一个文件夹里了,真的是懊悔不已! 存是为了有一天要用,不打算用就没有存的必要。为了取用的便利,存放的麻烦就成为必须的代价。

知识的归类整理、编码、尝试性提取(课堂提问、练习、自我展示、汇报、演示、考试、实践)等,都是好老师们常用的法宝。

## 四、优、缺,长、弱

评教师的教也好,评学生的学也好,是把着眼点放在优点上好还是放在缺点上好? 是放在长处好还是放在弱处好? 放在哪一处更有用、更有效? 俗话说得好:"良言一句三冬暖,恶语伤人六月寒。"拓展优点、放大优势比克服缺点、消除弱项更容易些,也更使人愉悦些,事实也是如此:当你听完一节课,大家一起讨论课的时候,就会产生这么一个有趣的现象:发现了教师的优点,接下来是探究其产生的原因,请他或她谈谈做得这么好的经验,这位老师的眼睛就会发亮,就会产生成就的快感,人也会变得更加可爱,沟通就会更加顺畅,经验就会更加无保留,良性互动也就自然带来业务与人际关系的双提升。反之,为了显示你的高明,抑或为了帮助他或她提高业务水平,发狠地发起批判,被你的火眼金睛发现了一大堆的缺点和问题,结果是对方无力或不愿改变,其信心却因此受挫,不仅如此,你与上课的老师、学校的人际关系也会因此发生相应的改变。

对于学生评价也是一样的结果,当我们用火眼金睛发现学生的种种缺点、不足,但消除缺点这是一件多么艰难的事啊,已经成了习惯、成了他的一部分了,他会感到被动,感到沮丧。唯一的好处是体现了教师的价值、智慧,但学生并不会因此得到真正的发展,山还是那座山,路还是那条路。若能及时敏感地发现学生的优点、长处,探究原因,加以放大,学生会倍感愉悦,成就感从心底直冲脑门,主动要求提高目标,继续前行。这显然有利于体现学生的能力、素质,更利于学生的发展。

## 五、学科知识与知识点

首先必须明确一个关系,就对学科知识的认知而言,无论是广度还是深度,教师与学生都不在同一个平面上,是专业教练和业余运动员的关系。我们说两者之间是专业教练和业余运动员的关系,还有另一层的意思,教师教书教这一学科几乎是一个终生的职业,一般不大会改变,而学生还有多种选择,学和不学是一个选择,学你教的学科还是学别的更觉得有兴趣的老师教的学科也有更多的选择,是"业余"的,不是"专业"的,专业的运动员早已作了选择,也就不再选择,而业余的全凭一个性字,性之所至就主动地学、拼命地学,不感兴趣了就应付着学或干脆不学。

　　能不能把这位业余的运动员吸引住留在你教的学科上，就成了教师首先必须思考的一个问题。而这一问题一时、一堂课的解决比较容易，长期的解决，让你的学生无怨无悔地跟着你在科学探索的漫长曲折的道路上，一路地往前走绝非易事。随着知识点的慢慢累积，学生的学习负担逐步加重，以致感到痛苦、感到疲惫，学科知识学习的动因也就随之衰减。只有具有可持续性的成就感才会激发内在的持久的兴趣，学科知识点的掌握不大可能具有可持续性。这里的关键在于及时有效地将学生掌握的知识点，进行归纳、整理，串成串、连成线、织成网，上升为学科知识。具体到解题方法就是，从一道题的解法上升到一类题的解法，再到这一学科知识学习的通用的学习思路和原则，从而形成学科思维和学科逻辑。思维和逻辑是从知识点到学科知识的桥梁，只有到这里，学生跟着你一路学习下来，就不会感到越学越累，反而感到越学越想学，越学越轻松。

## 六、教什么和怎么教

　　想起很久前看过的一则有趣的故事，叫《南辕北辙》，说一个人要乘车到楚国去，由于选择了相反的方向又不听别人的劝告，还说自己的马跑得快，自己驾驶技术好，路费也多，结果只能是离楚国越来越远了。无论做什么事，都要首先看准方向，才能充分发挥自己的有利条件；如果方向错了，那么有利条件只会起到相反的作用。做什么和怎么做，前者是一个方向、路线问题，后者则是一个方法问题、策略问题。就是做正确的事和正确地做事，前者是价值的思考，后者是方法的取舍。作为教师就是"教什么"和"怎么教"的问题，把什么样的价值思想、什么样的思维方法、哪一些知识理论和技术能力传授给学生。即使是教材确定的情况下教师也还是有取舍、强调的作用在。怎么教就是一个方法和策略，马儿跑得快，驾驶技术好，路费多，实现目标到达彼岸的可能性就大，课堂效率就高。只是关心"怎么教"的教师是没有思想的教师；只是关心"教什么"的教师则是无用的教师。

　　做人做事做教师也都如此，把教师当作职业也好、当作事业也好、当作信仰也好，课堂这一关你都必须过！课堂的重心、课堂上教师的着眼点则是你成败得失的关键！

周泽安

2012 年 10 月 8 日

# 后　记

都说人生的路很漫长，但是关键在于其中的几步。问题是，很多人并不知道那几步在哪里，往往事后想起，才恍然大悟。

镇海中学王雍斌老师对此有很深的体会，他一直把周校长当成自己的恩师，常常念叨。数年前，他在一次接待任务中，邂逅了周泽安校长。周泽安校长是他曾经的中学校长，当时是周泽安校长给了他读书的机会，因为他的户籍并非在仙居。周泽安校长给了像王雍斌这样的寒门学子求学读书的机会，而他们也通过自己的努力回报母校。那年的中考，安洲中学在周校长的带领下，重高升学率首次领先老牌的仙居二中，成为仙居教育史上的奇迹。很多安洲中学的学子都会想念那段读书的日子，因为，周校长经常出现在校园里，他既有宏观视野，又亲力亲为，抓好细节，学校的发展和学生的发展让这些已经毕业的孩子在回忆起来时仍倍感温暖。

王雍斌老师和很多寒门学子一样，是这个奇迹的直接受益者。如果没有安洲中学的飞跃，也许很多人会是不同的命运。在仙居这个经济相对落后的地方，教育被寄予了更多更大的希望，因此，周泽安校长的教育情怀塑造和滋养了仙居太多的学子，改变和影响了太多的家庭，甚至是家族。

有感于当年周校长改变他们命运的辉煌成就，又同处教育行业，外语学校周日升董事长、周苑董事和王雍斌老师一拍即合，萌生了为周校长的教育生涯作总结的念头。这里必须提一个人，一个令人尊敬的教育实践者，他就是周日升董事长，在 20 年前他和他的两个兄弟一起创办了仙居外语学校，夙兴夜寐，在困难的时候把家里的房子都卖掉了。他从不拖欠教师一分工资,克服了无数的艰辛和艰难,把外语学校办成了台州最好、规模最大的民办学校之一,有多少外语学校的孩子从大山深处飞向了更广阔的天空。周日升董事长对教育的热爱与对教育的情怀和周泽安校长一样,是心有灵犀,是相通的。

数年前,我有幸参与了镇海中学报告文学《叩问梓荫》的写作,又与人合写了《自觉者——来自镇海中学的报告》这本书,对于镇海中学这所全省乃至全国闻名的中学,有一定的了解,也钦佩扎根于教育事业的镇海中学的老师们。当我面对他们的教育情怀时,我依然被他们所体现的宁静、超然、平和所折服。机缘巧合,我遇到了王雍斌老师,他的真情感动了我,在林伟老师的指点和鼓励下,于是来到了仙人居住的地方,沿着周泽安的人生轨迹,深入采访了周泽安的许许多多的同事和学生,为大山深处有这么一份至厚至深的教育情怀,这么一个精彩的励志人生故事所感动,于是有了这本关于仙居教育界奇人周泽安的报告文学。

教育与我们每个人息息相关,它牵动着所有人的心。对于教育,每个人都可以说出一堆感受。正当我写下这些文字的时候,微信朋友圈里转发的一篇文章《直面中学教育的血肉人生》,又撞击了我的心。其实,这些年来,关于教育的话题不计其数,让人不由觉得,我们的教育沉疴已重。

正因为如此,我们探索教育的意义是如此的重要。一所好学校,可以使学生拥有丰富而自由的心灵、独立的人格,以及获得和创造知识的能力,把学生培养成有智慧、有思想并积极生活的人;一位好校长,可以提升一所学校的精神气质,让我们厘清与洞察教育给予我们的丰富内涵和宽阔外延。

幸运的是,我遇到了周校长,遇到了王雍斌老师,还有周日升董事长、周苑董事,还有镇海中学那些沉浸在自己精神世界里的老师们。是他们,让我看到了为人师表的精神力量,让我对生命的意义、对生命的本质有所顿悟,让我有与智者对话的精神愉悦。

我去采访周校长时,是一个冬日。记得那日暖阳照着大地,仙居的山水是那般明媚,我们相对而坐,采访结束时,他淡淡地说:“教育不能像做生意一样斤斤计较，你培养学生，你教他道理，或许在很长的时间里都没有起作用，你也不要灰心，心的觉悟是一个漫长的过程。教育是一种修行，静下来，让心灵自我觉悟。教育必须用心去做，让一个灵魂唤醒另一个灵魂。"

当听多了愤世嫉俗的言论，看多了这个社会的戾气后，周校长的话让我深深感动。若要对人性不失望，对社会有信心，是需要莫大的勇气和智慧的。任何一个以实用为本的教育，任何一个短视的社会，最终都无法获得长足的发展，会为此付出沉重的代价。

在周校长陪同下，我重游了他曾经走过的路。数十年的光阴，让所有山路、村庄都改变了面貌，唯有满山的青翠、山涧的清流依然如昨。四周寂静，一派耀眼的阳光，透过云层照耀在陡峭山岭间，眼前的一切清晰、鲜明、美丽。走过那寂寂的山路，我仍然沐浴在那盛年古风中，夹道高大葱翠的树木，婉婉向上结合成一溜新月。

感谢这次写作机会，使我在一个人才辈出的煌煌社会中，看到超越奋进的光芒，同时，也透过周校长、王雍斌老师以及他们的同行，让我感受到扎根于教育事业的老师们的努力和付出，以及他们给予我们这个社会的温情和力量。

我相信，周校长和王雍斌老师他们点燃的是火种，代代相传，不绝如缕。

著　者

2019 年 5 月 17 日

因为受王雍斌老师（左，浙江省教坛新秀、镇海中学校办主任）的委托，所以有了本书的写作。

——作者